JN089538

若者が考える「日中の未来」vol.7

# 中国でドローン産業が育つのはなぜか？

―第9回宮本賞 受賞論文集―

元中国大使
宮本 雄二 監修　日本日中関係学会 編

日本僑報社

# まえがき

日本日中関係学会（会長：宮本雄二元中国大使）は、2012年から毎年、「宮本賞（学生懸賞論文)」を募集してきました。本書では、2020年度に募集した第9回宮本賞の受賞論文15本を全文掲載し、皆様にお送りします。

第9回宮本賞では、「学部生の部」で41本、「大学院生の部」で28本、合計69本の応募がありました。87本という過去最多の応募数を記録した第8回宮本賞には及びませんでしたが、昨年年初から拡大した新型コロナウィルスの影響が日常生活においても様々な影を落とす中、日本、中国等のたくさんの大学から応募してくださった学生の皆さんの健闘を大いに讃えたいと思います。

2020年12月に審査委員会を開催し、厳正な審査を行った結果、「学部生の部」では、最優秀賞に吉田泰地さん等7名（日本大学商学部チーム）による「中国でドローン産業が育つのはなぜか？　～日本ドローン産業育成への示唆～」を選びました。このほか優秀賞4本、特別賞3本もそれぞれ選びました。また「大学院生の部」では、最優秀賞に南部健人さん（北京大学大学院中国語言文学部中国近現代文学専攻博士課程前期2020年1月修了）の「老舎の対日感情の変化　～『日中友好』を再考する～」を選びました。この他、優秀賞2本、特別賞4本を選びました。

今回の日本大学商学部チームによる最優秀賞作品「中国でドローン産業が育つのはなぜか？　～日本ドローン産業育成への示唆～」では、中国において急速に社会実装が進むイノベーション技術からドローン産業を選び、文献とアンケート調査により、日本では慎重な法整備が民間の意欲を抑制し、その結果としてドローンの社会実装が遅れていることを解き明かしていきます。そして、日本の特徴である安全性と、中国のスピード感・チャレンジ精神を共に取り入れることで、今後の日本のドローン産業の発展の可能性を提起しています。この「スピード感」と「チャレンジ精神」は、ドローン産業の発展のみならず、今後、日本社会全体が活力を取り戻し、自らの社会を変革していくための重要なヒントに成り得るかもしれません。

院生の部の最優秀賞に輝いた南部健人さんの「老舎の対日感情の変化　～『日中友好』を再考する～」では、「日中友好」という使い古された言葉の可能性を、3人の日本人の出会いを通じ、「憎悪」から「友好」へと変化していった老舎の対日感情を丹念に分析することで、追求していきます。南部さんは、「国民国家としての『日本と中国の友好』という大きな言葉の次元にとどまらず、老舎が述べたように、日中友好を『日本人民と中国人民の友好関係』という人民の次元に落とし込んで理解すること」が肝要であり、「大きな舞台のなかでは個人という存在は小さく無力なものとして見られるが、個人と個人の顔の見える交流が持つ力強さや可能性は決して侮れない」と結論付けています。日中双方の国民意識の改善を図る上で、重要な手掛かりになると言えるでしょう。

上記の2作品のみならず、いずれの受賞論文にも、若者らしい斬新な切り口と興味深い分析が溢れており、今後の日中関係を発展させていくうえで、貴重なヒント、手掛かりを提供してくれるものと確信しております。

募集に際しては、今回も日中の大学の多くの先生方から応募学生のご推薦・ご指導をいただきました。とりわけ日本大学の高久保豊先生、明治大学の郝燕書先生には、ゼミ活動の一環として今回も多くのゼミ生に応募いただきました。東華大学の張厚泉先生には、上海を中心とした多くの大学に、応募の働きかけをしていただきました。このほか、日本華人教授会議、NPO中国留学生交流支援・立志会、日中交流研究所などの諸団体からも心強いご支援をいただきました。この場を借りて厚くお礼をお申し上げます。

米中対立の激化、新型コロナウィルスの世界各国における感染拡大等、世界が不安定さを増す中、安定した日中協力関係は、日中両国にとってだけではなく、この地域ひいては世界全体にとってもますます重要になってまいります。とりわけ若い世代の皆さんの新しい発想と行動は大きな意味を持ちます。

日本と中国のより良い関係を構築・維持するため、若い世代の人材発掘・育成を目的として創設された「宮本賞」は順調に回を重ね、日中の若者による相互理解を深める上で大きな役割を発揮しており、今年2021年には、記念すべき10回目を迎えます。第10回宮本賞についても、皆様方のご協力を得て、よりすばらしい「宮本賞」に発展させていければと願っております。

日本日中関係学会会長・「宮本賞」審査委員長

宮本雄二

第9回宮本賞（学生懸賞論文）の実施プログラムは、東芝国際交流財団からの助成を受けております。

最優秀賞



優秀賞

特別賞



付　録

# 中国でドローン産業が育つのはなぜか？

## ～日本ドローン産業成長への示唆～

日本大学商学部経営学科 代表 **吉田泰地**（3年）
**楊旻昊**（3年）、**内田海斗**（3年）、**佐藤藍里**（3年）、
**伴場順美**（2年）、**檜山かな子**（2年）、**松室直友樹**（2年）

## はじめに

近年、ドローンは「空を飛ぶスマートフォン」とも呼ばれ、その技術と独自性から、様々な場面での活用が見出されている。上空からの撮影のみならず、農業の分野では効率的な生産を可能にし、物流の分野では自動車による運送が難しい地域への配送や緊急性を伴う医療具配送などが実現している。中でもアメリカや中国では、ドローンの社会実装に向けて盛んに研究や実験が行われており、その有用性は世界的に注目されている。

その一方で、日本においてはドローンの社会実装が進んでいるとは言えない。山間部に住む所謂「買い物弱者」への生活必需品の配送、災害時の現場視察などの場面で活用が期待されているが、日本のドローンに対する法規制や実験設備が整わない現状によって、導入が阻害されている。本論文の先行研究の一つである武田ら（2019）によると、ドローンを含むロボット産業の発展は、政府が前面に出て介入するのではなく、企業や大学などの民間が中心となって推し進めることが肝要である。ところが法規制が抑制的に働いていて、遅れが目立っている。その他にも、なぜ日本ではドローンが普及していないのか、さらなる解明が緊要の課題であると考えられる。

そこで、社会実装や研究がより盛んである中国のドローン産業に注目することにした。中国のドローン産業発展の実態を詳細に分析することによって、逆に日本における遅れの原因をより明確にし、ドローン普及を進めていくためのヒントや答えが得られるのではないか、と考えたからである。

第1章では世界並びに日本におけるドローン市場を紹介し、第2章では日本と中国の法規制、国民意識、産業支援の違いを比較する。なお、国民意識の違いを検証するために私たち独自で、日本・中国それぞれの居住者にアンケート調査を行った。第3章ではその比較の総括的な考察を行う。

# 一、世界と日本のドローン産業の現状

本章では、ドローンとはどのようなものか、世界においてドローン産業はどのような様相を見せているのかを紹介する。その上で、日本のドローン産業の現状を踏まえ、本論文における問題意識や疑問、仮説とその検証方法について論じる。

## 1-1　ドローンの活用例と定義

本節ではドローンの活用例を示した上で、本研究におけるドローンの定義付けを行う。

ドローンの代表的な活用例には撮影分野が挙げられる。ドローンは空中を自在に飛べるため、被写体に接近した撮影が可能であり、空中からより迫力のある映像が撮影できる[1]。近年、テレビ番組や映画などの撮影にドローンを用いる機会が多くなった。また、夜間にLEDをつけた大量のドローンを編隊飛行させるなど、パフォーマンスツールとして活用されたり、コースを飛び、速さを競うドローンレースが開催されたりしている。

次に産業における代表的な活用例には、農業分野が挙げられる。日本の農業は農業従事者の高齢化、人手不足などの問題を抱えており、若者の間では過酷な労働というマイナスイメージが先行している。農業用ドローンが導入されることにより、重機よりも活用方法が多岐にわたるため、農業の効率化が図られる。その他にも、農作物の育ち具合や作業工程のデータ管理、農薬散布や収穫物運搬などの活用法がある[2]。農業以外では、点検測量や物流など、幅広い分野でドローンの活用が期待される。

以上の活用例を踏まえ、本研究ではドローンを、日本の国土交通省の「航空法」を参考に「飛行機、回転翼航空機、滑空機、飛行船であって構造上人が乗ることができないもののうち、遠隔操作又は自動操縦により飛行させることができるもの」と定義付ける。

### 1-2　ドローン産業の現状

ドローン市場を整理するため、まずは世界のドローン市場に着目する。2020年現在の市場全体は約2兆円と予測されており、そのうちアメリカが約7000億円、アジアが約9000億円と高い数字を誇っている[3]。ドローン製造企業としては、中国が著しい成長を遂げており、中でもDJIは世界の民生用ドローンの販売シェアで約7割を占めるとされている。

一方、DJIは民生用ドローンの成績こそ他を圧しているが、産業用向けでは未だに他企業との競合状態が続いている。物流、農業、測量のように、様々な領域での活用が見込める産業用ドローンは、ドローンの未来を牽引する役割を有しているため、世界中の期待を背負い、急速な発展をしている。

昨今の米国と中国の政治経済的な覇権争いである米中デカップリング問題は、両国のドローン産業にも影響を与えており、ドローン市場の競争を激化させている。アメリカ政府は国家安全の観点からDJI製ドローンの使用禁止を各国の政府や企業に求め、自国製ドローンの開発を進めるために、偵察用の自国製ドローンの開発事業に対して、総額約14億円の支援を行っている[4]。またDJI製ドローンには、多くのアメリカ製部品が使用されている。これらが経済制裁措置の標的になれば、部品調達が困難となってしまい、ゆくゆくはDJIとしての対応が迫られることは必至だろう[5]。

アメリカの中国に対する強硬姿勢は今後も続きそうである。その要因として、中国の産業育成政策である「中国製造2025」への牽制や、先進技術に関する世界の覇権争いが関係している[6]。このため、米中デカップリング問題の渦中にあるドローン産業の情勢は、両国の思惑によって複雑な様相を見せるだろう。

### 1-3　日本のドローン産業の課題

本節では日本と世界、中国のドローン市場について述べ、その後に日本のドローン市場の問題点を提起する。

**図1**は世界と日本並びに中国のドローン市場の規模予測である。全体市場予測の内訳として、日本・中国の市場規模予測を表している。中国のドローン市場規模予測の情報は少なく、日本のように正確な数字は発表されていないため、2020年のみの記載となる。2020年時点で中国は、日本の5.3倍の約1兆3220億円の市場規模が予測されている。加えて中国は民生用ドローンで世界の約7割のシェアを持つとされるDJIのように、活発な輸出を行っており、それらを含めれば、中国の世界における存在感は日本を遥かに上回って

いることが分かる。[7]

ではなぜ日本では、中国、アメリカのようにドローンが普及していないのか。理由として考えられるのは、日本におけるドローンに関する法規制が厳格であり過ぎることである。日本の法規制は、航空法を中心に整備されている。しかし、2015年4月の首相官邸無人機落下事件の後、法規制はより厳格化された。[8]一方で、ドローンによる情報収集の規制は不十分であり、事故が起こった際の責任問題やその保険、機体の管理免許制度の導入を含め、制度設計は不明瞭である。

世界各国における新型コロナウイルス感染症拡大によって、人との接触を最小限に抑えるため、無人化の需要が増し、ドローンの必要性はより高まっている。それにも拘わらず、日本でのドローン普及率は未だ低い。後述するアンケート結果から、日本に比べて中国の人々の方が、ドローンに対して関心があり、ドローン普及率も高いことが判明した。日中のドローン産業の比較をさらに進めることで、日本でのドローンの社会実装に向けたヒントが得られるのではないかと考え、次の章では日中比較による検証を行う。

図1　世界と日本・中国のドローン市場規模予測　　単位：億円

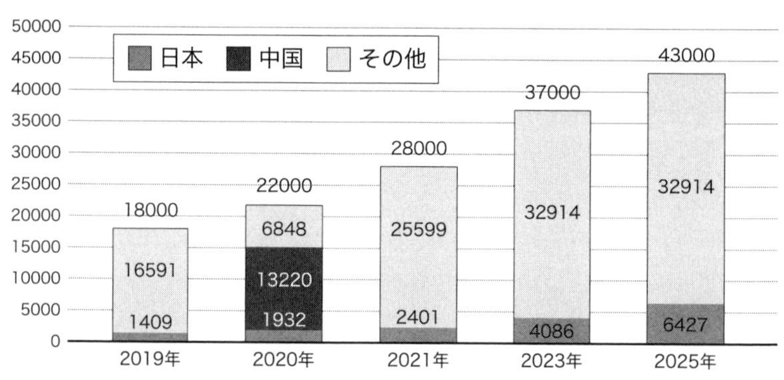


出所：DRONEII.COM（2020）、インプレス総合研究所（2020）、ロボティア（2018）より作成。データ未入手のため、中国の内訳は2020年のみを表示。

# 二、ドローン産業の日中比較

本章では、日本と中国のドローン産業はどのように異なっているのかを検証する。第1節では法規制、第2節では国民意識、第3節では産業支援の観点から比較を行う。

## 2-1 法規制上の比較

日中のドローン市場の違いとして、法規制の観点から比較する。まず、中国のドローンに関する制度について紹介する。**表1**、**表2**は中国のドローン管理に関する法律、規定、規範性文書を概括したもので、現在中国には、2015年に民用航空局が発表した「軽小型無人機運用規定」をはじめとする多くの規定が存在している。

表1 中国のドローン管理に関する法律、規定、規範性文書

| 法律規定および規範性文書の名称 | 発行年月 | 発行部門 | 内容 |
|---|---|---|---|
| 民用ドローン及びパイロット管理暫定規定 | 2009.6 | 民用航空局空中交通管理局、同局空管行業管理弁公室 | ドローンの飛行空域の管理規定策定。 |
| 民用無人機システム操縦者管理暫定規定 | 2013.11 | 民航局飛行標準司 | ドローン操縦者が満たすべき条件を規定。 |
| 民用ドローンパイロットの資質管理問題に関わる通知 | 2014.4 | 民用航空局 | ドローン操縦者及びそのトレーニングについての規定。 |
| 測量図を製作する資格認定に関する規定とレベル標準についての通知 | 2014.7 | 国家測絵地理情報局 | 測量図製作資格に関する規定とレベル標準に対する修正。 |
| 低空区域の使用に関する管理規定（試行版） | 2014.7 | 中国民用航空局 | 民用ドローンの飛行申請についての規定。 |
| 無人機システム周波数帯域に関する通知 | 2015.3 | 工業情報化部 | 840.5-845MHz、1430-1444MHz と2408-2440MHzを無人機システム周波数帯域と設定。 |
| 小型無人機輸入許可に関する問題の通知 | 2015.7 | 国家機電製品対外貿易弁公室（2015）47号 | ドローンの輸入管理の審査強化。 |
| 軽小型無人機運行規定 | 2015.12 | 民航局飛行標準司 | 無人機を重量別に区分し、電子柵への対応、無人機クラウトドシステムへの飛行情報の送信、第三者責任保険の加入等を規定。 |
| 農用植物保護に関する無人機運用プロジェクト通知 | 2016.5 | 農業部弁公庁（2016）9号 | 農作物保護ドローンに関する統計作業を実施することを通知。 |
| 民用無人機操縦者管理規定 | 2016.7 | 民航局飛行標準司 | 軽小型無人機運航規程の内容を踏襲し、無人航空機パイロットの要件やパイロットの管理団体の要件を改訂。 |
| 民間無人機航空機システム空中交通管理弁法 | 2016.9 | 民航局空管業界管理弁公室 | 民間航空使用空域の業務運航に影響を及ぼす無人機に対する空中交通管理を定める。無人機は隔離空域内のみ飛行し、飛行時の重量速度等の条件等を規程。 |
| 中華人民共和国民用航空法 | 2016.11 | 中華人民共和国大統領令 | 民間航空活動の安全かつ秩序ある実施を確保、民間航空活動に関与するすべての当事者の正当な権利と利益を保護、民間航空開発を促進。 |

| 民用無人機実名制登録管理規定 | 2017.5 | 民航局航空機適航審判司 | 飛行重量250g以上の民用無人機の、無人機製造事業者、個人の無人機所有者、法人の無人機所有者、の実名登録を義務付け。 |
|---|---|---|---|
| 民用無人機生産企業と製品情報の提出に関する通知 | 2017.5 | 商務部、税関総署、国防科工局、総装備部公表2015年第20号 | 無人機の生産企業と製品の登録と毎年の生産量の届け出を規定。 |
| 無人機システム標準化建設ナビ（2017～2018版） | 2017.6 | 国家標準化管理委員会弁公室 | 管理と技術の観点から、無人航空機システムの基準を提案。 |
| 民用無人航空機の経営性非行活動従事管理弁法 | 2017.9 | 民用航空局 | 無人機を農薬散布、航空撮影、航空写真の分野で経営性活動する際の事業許可を規定。 |
| 無人機管理を固めることに関する通知 | 2017 | 国務院弁公室（2017）5号 | 空軍、地方自治体、民間航空の協力で、明確な責任と標準化された手順を備えた共同の予防・管理計画。 |
| 印発〈無人機専項管理方案〉 | 2017 | 国空管（2017）24号 | 2017年6月1日以降、民間ドローンの所有者の本名での登録を規定。 |
| 民用無人機操縦者管理規定（意見募集案） | 2018.8 | 民航局飛行標準司 | 対応する資格、航空知識、飛行スキル、および飛行経験の要件を満たす申請者に、ドローン免許証とレベル証明を発行。 |

出所：NEDO北京事務所（2020）を基に作成。

**表2　軽小型無人機運行規定におけるドローンの重量ごとの規定**

| ドローンの自重 | 離陸重量 | 電子柵の設定 | 無人機クラウドシステムへの報告 |
|---|---|---|---|
| 0～1.5kg | | 特になし | 特になし |
| 1.5～4kg | 1.5～7kg | 重点地区、空港無障害地帯などで必要 | 重点地区、空港無障害地帯では1分間に1回以上報告 |
| 4～15kg | 7～25kg | 必要 | 人口密集地域では1秒に1回以上報告、それ以外の地域では30秒に1回以上報告 |

出所：NEDO北京事務所（2020）を基に作成。

**表1**により、民間無人機パイロットの資格免許や事業目的での使用に関する規定、さらに飛行可能な場所の設定、ドローンの生産、製造の要件に関しても明確に定められていることが分かる。**表2**の「軽小型無人機運行規定」は飛行区域や重量ごとに分けられた飛行可能条件、飛行中の安全性に関わる位置情報の送信に関する要件などが規定されている。こうした事例から、中国が10年程度で迅速に制度整備を行っており、重量による区分や、クラウドシステム等を使用したデータ管理による規制など詳細に定めていることが分かる。

表3　日本のドローンに関する法規制

| 法律名 | 所轄官庁 | 内容 |
|---|---|---|
| 航空法 | 国土交通省 | 飛行禁止空域（空港周辺150m以上の上空人口集中地域（DID地区））を規定。日中の飛行目視の範囲内のみ、催し場所での飛行禁止、危険物輸送の禁止、物件投下の禁止を規定。 |
| 小型無人機等飛行禁止法 | 国土交通省 | 国会議事堂や内閣総理大臣官邸、外国公館、原子力事業所の周辺地域周囲300mの飛行禁止空域を規定。 |
| 道路交通法 | 国土交通省 | 道路上を飛行する際は、管轄警察署に対して申請料（2100円）を払い、許可をもらう必要がある。 |
| 民法 | 法務省 | 私有地の上空でドローンを飛ばす場合は所有者や管理者の許諾を得なければならない。私有地には電車の駅や線路、神社仏閣、観光地、山林なども含む。 |
| 電波法 | 総務省 | 特殊な電波体をドローンに用いる場合、操縦に「特定無線設備の技術基準適合証明（技適）」の取得を義務付け。 |
| 河川法<br>海岸法 | 国土交通省 | 河川海岸でのドローンの飛行は管理者の管理行為として禁止。 |
| 港則法<br>海上交通安全法 | 海上保安庁 | ドローンを使用しての海上イベント時の許可が必要。 |
| その他 | | 地方自治体独自に条例で規制を定めている。<br>防衛省、警察庁、国土交通省、外務省では連名で、米軍施設の上空やその周辺において飛行禁止を呼びかけ。 |

出所：国土交通省（2020b）、警察庁（2020）、総務省（2020）を基に作成。

次に日本のドローンに関する法規制について概括する。**表3**より、日本の法律では主に飛行禁止とされる場所や条件について規定されており、安全性を保つために包括的にドローンを規制している。一方で、飛行するドローンの管理制度がなく、すべて利用者に委ねられている。こうしたことから消費者や企業が気軽にドローンを飛ばせる環境にないと考えられる。

中国と日本のドローンに関する制度の比較から、中国の制度はドローンを対象とした規制が多くあり、また重量ごとの規制やクラウドシステムを用いた管理、製造に関する規制などドローンを細かく統制、管理している。一方日本の法律では、飛行禁止区域などは定められているものの、重量による区分けや独自の管理制度は定められておらず、ドローンを積極的に活用できる枠組みは見られない。

ドローンの安全性を保つための両国の法整備への取組み姿勢は異なっており、中国はドローンの活用を目指した国による管理に基づく法整備を、日本はドローンの危険性を重視した法整備を行っていることが分かる。そして中国は、ドローンを利用しやすい環境を、法規制の面から構築していると考えられる。

## 2-2　国民意識の比較——アンケート調査より

ここでは日本と中国の居住者が抱くドローンへの印象、国民意識を比較することで、それぞれの国のドローン普及の度合いや考え方を理解できると考え、以下のようなアンケート調査を行った。

**⑴目的**

ドローンが日本人と中国人の生活の中にどれほど浸透しているのか把握するため、webアンケート調査を実施した。

**⑵方法**

webアンケートについては、日本人には「Google Forms」を用いて日本語で、中国人には「問巻星」を用いて中国語で、同じ内容のアンケートを2020年9月18日から同年10月10日の期間に行った。

**⑶対象**

日本人111名、中国人122名から回答を得た。

**⑷結果**

アンケート結果を①属性、②ドローンへの関心、③実際のドローンの目撃経験、④生活の中のドローンへの第一印象、の4点に注目して分析していく。

**図2**のアンケート結果より、属性については20代の回答者が多かった。なお日本在住の場合、中国人も一部含まれているため、国別の正確な回答は得られていないが、その上で考察していきたい。

日本と中国の間でドローンへの関心がある人の割合は大差なく、どちらの国でも関心があると回答した人は半数以上いた。次にドローンの目撃経験について、「ある」と答えた人は中国では79.5%であったのに対して、日本では36.9%にとどまった。

さらにドローンへの第一印象に対しては、「悪い」と答えた人の割合が、中国では1.6%であったのに対して、日本では18.9%であった。「良い印象と悪い印象が同じくらいある」と答えた人の割合は中国では14.8%、日本では32.4%となり、両国ともドローンに対して少なくとも負の感情を抱く人がいることがわかる。「良い印象と悪い印象が同じくらいある」と答えた理由は、両国ともに共通して「撮影や配送などの良い側面を認めつつも、プライバシーの侵害や安全性への不安といったドローンへの不信感」であり、ドローンの功罪に対する複雑な「アンビバレントな感情」を抱えていることがわかる。

アンケート結果から以下のように考察する。日本ではドローンへの関心が低く、ドローンの目撃経験がない人の割合が高いことから、中国と比べ、日

図2 アンケート結果

調査期間：2020年9月18日～10月10日（23日間）

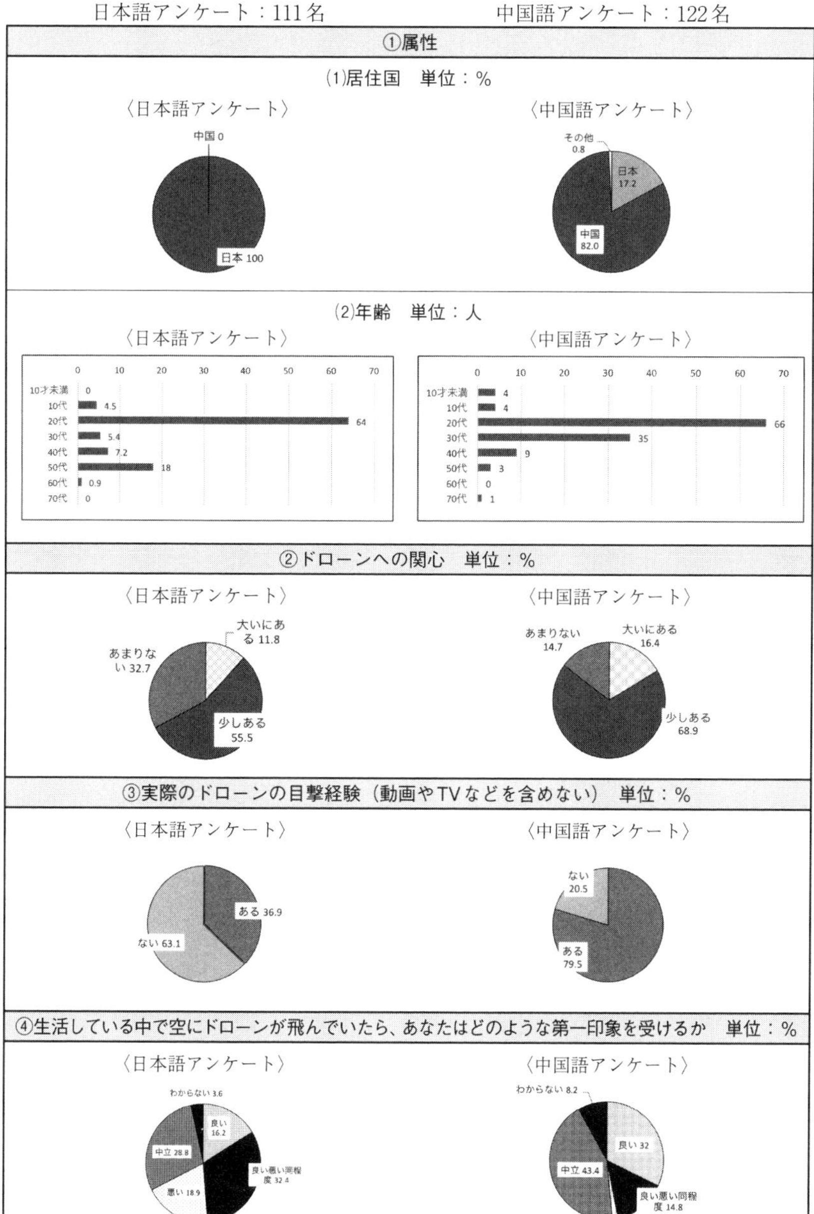

本ではドローンの普及が遅れているのではないかと推察できる。加えてドローンへの第一印象に関する結果から、日本では半数以上が負の感情を抱いており、それは日常でドローンを見たことがないなどの経験の不足によって、不安感を覚えているのではないだろうか。

日本では、免許制度の確立を急ぐ声や、災害への活用や防犯などの使われ方への期待も高いが、飛行目的が不明な場合や落下による不信感などのアンビバレントな感情から、ドローンの社会実装が進まず、結果的にドローンが普及できていない。

一方で、普及できていないことでドローンが身近なものとならず、それが不安感を抱かせる。その不安感がまたドローンの普及自体を停滞させるといった「悪循環」に陥っていると考えられる。この「悪循環」を日本が脱却する方法を、次節および第3章で明らかにしていく。

## 2-3　日中における産業支援の比較

本節では、中国と日本の産業支援を比較することで、政府のみならず、企業やベンチャーキャピタル（以下VC）などのインキュベーターの存在が、どれほどドローン市場の活発化に影響するのかを調査し、その違いを明らかにする。

まず、中国のドローンに関する産業支援について述べていく。中国における産業支援で特筆すべきは、中央省庁を中心とした支援政策である。「中国製造2025」計画を皮切りに、国務院弁公庁や工業信息化部、民用航空局がドローン産業の推進について言及し、各省で農業用ドローンの支援策を出している。

さらに地方でも、例えば河南省では農用無人機補助、農機補助により、ドローン企業は支援を受けられ、上海市や瀋陽市では地方政府により航空無人機の実験施設が管理され、企業の自由な実験や研究に役立っている[9]。

またDJIの本拠地である深圳市でも、多様な用途の産業用ドローン事業の育成を目的とした政策「深圳市航空宇宙産業発展計画2013－2020年」を掲げている[10]。さらに「衆創空間」と呼ばれる施設は、創業者に対してオフィスや社交環境、設備などの経営資源を共有し、創業支援や事業支援を提供している。これらは民間により運営されるオープンな創業空間となっている[11]。

このほか浙江省では、「安行無人機リモートセンシング衆創空間[12]」や、ドローンを含むロボットに特化したインキュベーター「创摩尔（ソウモル）[13]」など、数多くの施設・団体が起業や事業展開を支援する取り組みを行っている。

以上のことから、中国の産業支援には、中央政府や地方政府という「官」による産業基盤の明確な方向づけに加え、VCや衆創空間という「民」による主体的な産業成長を推進する環境が存在し、両者が相まって産業発展の役割を果たしていることが分かる。これにより、着実な発展環境が構築されている様子が見て取れるであろう。

次に日本の支援策をみていくと、ドローンのスタートアップ企業に対してVCが支援を行っている。一例を挙げると、Drone Fundは2017年に設立されたドローンに特化したVCであり、2018年までに68億円を調達し、国内外40社以上のスタートアップ企業への投資活動を行った[14]。加えて、農林水産省の支援策「産地パワーアップ事業」では、収益力強化に取り組む生産地に対し、農業機械や施設の経費を支援する事業を行っている。この事業では、ロボット技術やICT、IoTを活用した農業を実現する「スマート農業」へ導入されるドローンを対象に、農業事業者を支援している[15]。このほか、福島県や岡山県などの地方自治体が主導し、ドローン企業やANA、楽天と協力して実証実験を行っていることは、新たな取り組みとして注目される[16]。

一方、国土交通省は神奈川県や長野県の山間部で、物流分野のドローンの実証実験を行ったものの、頻繁に行っているとは言い難い[17]。

以上が日本の主な産業支援であるが、VCや企業の「民」による産業成長の取り組みはあるものの、自治体や国土交通省主導の取り組みでは実験回数すらも少ない。これは法規制が試験段階においてさえ、抑制的に働きすぎているからだ。産業全体の成長を促す取り組みは、「官」が前面に立ちすぎ、「民」が活躍できていないため、十分な産業支援に取り組めていないことが要因だと考える。

日中における産業支援の比較から、ドローン産業発展には「官」、「民」それぞれの役割を理解し、着実な発展環境を構築できる関係性が求められることが分かった。中国は産業の成長のために「官」、「民」が目的に沿ってそれぞれ役割を発揮できるメカニズムが機能しているのに対し、日本は地方自治体と企業による独自の協力体制はできているものの、あくまでも「官」主導であり、「民」が自由に実証実験を行えていない。日本のドローン産業を成長させていくためには、「官」が中心とならず、「民」がのびのびと社会実装に向けて取り組めるようにすべきである。「官」はあくまでも、産業の下支えとなることが求められるのではないか。日本のドローン産業の「官」「民」の関係性を見直す必要があると考える。

# 三、今後の日本ドローン産業への示唆

本章では第2章で比較した法規制、国民意識、産業支援の3つの観点を整理し、そこから得られる中国のドローン産業発展の要因と、日本の同産業の発展の道筋を考察する。最後に、それを踏まえた日本のドローン産業発展の課題を明らかにし、日中協力の今後についても提言を行う。

## 3-1　日中比較の総括と考察

まず、中国のドローン産業発展とその背景について考察する。第2章第1節、第3節では中国のドローン産業の特徴として、法規制の迅速な整備や衆創空間・インキュベーターの企業支援、クラウドシステムや保険制度などの関連サービスの充実から、民間企業がドローンを積極的に活用し、新たなインフラとしての役割を見出そうとする姿勢があることが分かった。

この発展に至った背景には、ドローン飛行場などの活用場所の提供や、重量や用途によっての機体区分など、使用制度や法律の整備が充実していることが大きいのではないか。また、アンケート結果からドローンが生活環境の一部として許容されており、積極的な活用が望まれていることが見て取れる。このように国と民間の協力体制が確立しているため、ドローンを社会実装させようとする力が増大し、積極的な活用や大規模な実証実験が可能になると考えられる。

次に、日本のドローン産業の発展の道筋とその背景について考察する。第2章第3節にあるように、日本のドローン産業は地域ごとの自治体が主導し、企業とともに地域の問題の解決を図る動きがみられる。しかし、第2章第1節に述べた法規制では、ドローン自体が包括的に規制されており、許可取得が煩雑で管理方法が曖昧であることもあり、ドローンを気軽に用いることができない環境に陥っていると考えられる。

その結果、企業がのびのびと社会実装に向けた実験活動を行えていない。さらに消費者が積極的にドローンを取り扱えないため、ドローンを目にする機会が限られてしまい、不安感や不信感を強めてしまっているのではないだろうか。こうした不安感や不信感が、ドローンの社会実装を遅らせる要因となってしまい、ドローン産業の成長を抑制する「悪循環」をもたらしてしまっている。つまり、日本ではドローンを使用した社会インフラの構築や「官」「民」の協力体制が整えられておらず、中国のような民間企業の大規模なドローン活用事例や実証実験が見られないのだと考えられる。

### 3-2 日本ドローン産業の今後の課題

ここまで、日本と中国のドローン産業とそれを取り巻く環境を見てきたが、2020年では新型コロナウイルスの感染拡大によって、更なる社会環境の変化が起こっている。目に見えず、ヒトからヒトへ感染していくウイルスは、人々の生活に大きな影響を与え、安易に人と会うことを難しくしている。このような状況もあり、人がなるべく接触しないための工夫として、様々なロボットを導入する取り組みが行われるなど、より一層ロボット産業への注目が集まっている。

ドローンもその注目されるロボットの一つであり、空中を自由に飛び回ることができるという大きな利点を生かし、広範囲の消毒作業[18]や市中で人が集まる場所への警告など、人の代わりにできる様々な用途が見出されている[19]。このような柔軟な発想に基づいた新しい活用方法は、実際に使用したり、日々その可能性を探っていたりしなければ生まれないだろう。

ドローン産業の成長を抑制する「悪循環」に陥る日本は、成長を遂げている中国から学べることがある。中国のようにドローンの可能性を見出し、それを信じて大胆に「官」が「民」のために法規制・支援策を整え、伸びやかに研究開発や実験を行える施設を設けることで、期待以上の成果を上げることができるだろう。

日本は失敗を恐れ過ぎず、今の技術の可能性を信じ、期待し、法整備と支援策のみならず、積極的に実生活に導入していくような具体的な取り組みを示す必要がある。それによって産業の中心である企業が成長し、国民の多くが目にする機会を持つことにより、ドローンに対する国民意識が改善されるのではないか。これが「悪循環」から脱却する道筋であると結論付ける。

## おわりに

本論文では世界でその有用性や将来性が注目されるドローン産業について、市場が拡大しつつある今、日本のドローンの社会実装が遅れていることを問題視し、より成長している中国の同産業を調査することで、日本の同産業の問題点を明らかにし、その発展への方策について考察してきた。

アンケート調査により、中国ドローン産業が大きく発展しているのは、「まずはチャレンジ、あとで修正」という姿勢で法整備や産業支援に取り組み、いち早く産業基盤を確立させたことが要因であることが分かった。これに対し日本のドローン産業は、「まずは慎重に、その後も慎重に」という姿勢で法規制を進めてきたため、「民」は産業の将来性に懐疑心を抱き、産業基盤が未だに確立できていない。それによって「悪循環」を生じさせ、産業の発展が一層委縮してしまっている。ドローン産業発展のためには、「官」による明確な方向性の提示と、「民」による伸びやかな研究開発や実験が必要であり、これらの面で「官」「民」双方の阿吽の呼吸が求められることが中国の事例から示唆された。

最後に、ドローンをめぐる日中関係について言及しておきたい。日本は中国のような大胆な政策を打ち出すことは難しいが、「民」の意欲を削ぐような厳しい法規制では産業成長を妨げてしまう。意欲を掻き立てるような方策として、例えばドローン利用者の意見を積極的に取り入れられる枠組みを設置することが有効だと考える。もしくは日本の特徴である安全面への慎重さを、中国のスピード感とチャレンジ精神に掛け合わせる試みはどうであろうか。例えば中国で社会実装されたドローンを、日本でより安全面で精度の高いものにしていくという関係性の構築を提唱したい。お互いの弱みをお互いの強みで補う共創関係を築き上げることで、より良いドローンを作り上げることができ、日本のドローン産業の発展にも資することができるのではないか。

ドローン産業発展の日中両国の比較分析を通して見えたものは、伸びやかな成長環境があるか否かの違いである。新たな日本のドローン産業発展の方策を見出すためには、「官」が「民」との対話を通して、合理的な制度を構築し、その方向性を明確にする必要があるだろう。まさに今こそ現実的なグランドデザインが求められる時代と言えるのではないか。

**参考文献**

**（日本語文献）**

36KrJapan「深圳のドローンメーカーは600社超え、年間取引総額は約8000億円」、2020年 https://36kr.jp/99394/（2020年10月16日アクセス）

Drone school NAVI「農業におけるドローンの使われ方とは？　今後の展望も併せ」、2020年 https://drone-school-navi.com/news（2020年9月28日アクセス）

Future Dimension「空撮」 https://www.fddi.jp/business/example/example4（2020年9月28日アクセス）

NEDO北京事務所「中国におけるドローンの制度整備と利用の現状」、2020年12月28日 https://www.nedo.go.jp/content/100917611.pdf（2020年10月16日アクセス）

PR TIMES「DRONE FUND、設立4年目をむかえ、空の産業革命を加速―代表千葉功太郎のパイロット免許取得を追い風に―」、2020年6月1日　https://prtimes.jp/main/html/rd/p/000000023.000026186.html（2020年10月9日アクセス）

伊藤亜聖「中国ドローン産業報告書2017 動き出した『新興国発の新興産業』」東京大学社会科学研究所・現代中国研究拠点リサーチシリーズ No.18、2017年

インプレス総合研究所「ドローンビジネス調査報告書2020」、2020年　https://research.impress.co.jp/report/list/drone/500869（2020年10月25日アクセス）

技研商事インターナショナル「買い物弱者とは」、2020年 https://www.giken.co.jp/glossary/disadvantagedshoppers/（2020年10月10日アクセス）
金堅敏「中国で急増する「衆創空間」を読む」富士通総研、2016年 https://www.fujitsu.com/jp/group/fri/report/newsletter/2016/no16-019.html（2020年10月10日アクセス）
金堅敏「『中国製造2025』はなぜ米中貿易紛争に巻き込まれたのか？」富士通総研、2018年 https://www.fujitsu.com/jp/group/fri/column/opinion/2018/2018-5-1.html#a02（2020年10月11日アクセス）
警察庁「小型無人機等飛行禁止法に基づく対象施設の指定関係」、2020年 https://www.npa.go.jp/bureau/security/kogatamujinki/shitei.html（2020年10月25日アクセス）
小池良次「ドローン、脱・中国に挑む米国ソフトウエアで対抗」日本経済新聞、2020年9月29日 https://www.nikkei.com/article/DGXMZO64222380V20C20A9X12000（2020年10月31日アクセス）
国土交通省「物流用ドローンポートシステムの検証実験を行います－小型無人機を使用した荷物配送の実現に向けて－」、2017年 https://www.mlit.go.jp/common/001173167.pdf（2020年10月11日アクセス）
国土交通省「過疎地域等におけるドローン物流ビジネスモデル検討会中間とりまとめ」、2019年 https://www.mlit.go.jp/common/001305917.pdf（2020年10月10日アクセス）
国土交通省「飛行ルールの対象となる機体」『航空法』、2020年 https://www.mlit.go.jp/koku/koku_fr10_000040.html（2020年10月25日アクセス）
国土交通省「無人航空機（ドローンラジコン機等）の飛行ルール」、2020年 https://www.mlit.go.jp/koku/koku_tk10_000003.html（2020年10月10日アクセス）
総務省「ドローン等に用いられる無線設備について」『電波利用ホームページ』、2020年 https://www.tele.soumu.go.jp/j/sys/others/drone/index.htm（2020年10月25日アクセス）
武田実沙子、王思鋭、鶴岡智也、鄭亨黙、李文志国、佐藤藍里、田村浩樹、吉田泰地「日中発ロボット産業の新しい担い手～障壁を乗り越える活力の源を探る～」(日本大学商学部髙久保豊ゼミナールディスカッションペーパー＝『砧アジアビジネス集志』第11号、2020年に掲載受理済)
日本経済新聞「首相官邸にドローン落下 国の中枢、空から脅威 普及進み手軽に入手『セシウム』で主張か」、2015年4月23日朝刊、p.39
日本経済新聞「ドローンで野球場など消毒 松江市の中小2社」、2020年6月4日 https://www.nikkei.com/article/DGXMZO59992160U0A600C2LB0000/ （2020年6月20日アクセス）
日本経済新聞「中国ドローン、汎用部品８割、DJI製品解剖、コストは競合の半分、米国製多く調達懸念も」、2020年8月29日朝刊、p.10
農林水産省「農業用ドローンの普及拡大に向けて」、2019年 https://www.maff.go.jp/j/kanbo/smart/pdf/meguji.pdf（2020年10月25日アクセス）
山谷剛史「コロナ危機下の中国はドローンをどう活用したか？」、2020年 https://japanese.engadget.com/jp-2020-05-11-china-drone.html?guccounter=1 (2020年6月12日アクセス）
ロボティア「2020年に中国のドローン市場は1兆円へ…民間活用拡大で2017年の6倍に」2018年 https://roboteer-tokyo.com/archives/11518（2020年10月25日アクセス）

**（中国語文献）**

中商産業研究院「2020年無人機産業園行業市場発展 前景及投資研究報告」、2020年
李誠竜、曾新宇「民用無人機運行事故致害法律責任探究」北京航空航天大学学報(社会科学版)、2019年4月16日 http://html.rhhz.net/BJHKHTDXXBSKB/20190416.htm#outline_anchor_1（2020年10月18日アクセス）
王沢誠「【北研院】創摩爾—聚焦無人機＆服務機器人的AI孵化器」捜狗、2018年1月4日 https://www.sohu.com/a/214856869_99924008（2020年10月11日アクセス）
平湖網「譲無人機在衆創空間飛得更高」、2017年11月30日 http://ph2009.zjol.com.cn/phnews/system/2017/11/30/030551794.shtml（2020年10月11日アクセス）

**（英語文献）**

DRONEII.COM "THE DRONE MARKET SIZE 2020-2025: 5 KEY TAKEAWAYS"、2020年 https://droneii.com/the-drone-market-size-2020-2025-5-key-takeaways（2020年10月11日アクセス）

---

1 Future Dimension、2020年
2 Drone school NAVI、2020年
3 DRONEII.COM、2020年
4 小池良次、2020年9月29日
5 日本経済新聞、2020年8月29日
6 金堅敏、2018年
7 伊藤亜聖、2017年
8 日本経済新聞、2015年4月23日
9 NEDO北京事務所、2020年
10 36KrJapan、2020年
11 金堅敏、2016年
12 王沢誠、2018年
13 平湖网、2017年
14 PR TIMES、2020年
15 農林水産省、2019年
16 国土交通省、2019年
17 国土交通省、2017年
18 日本経済新聞、2020年6月4日
19 山谷剛史、2020年

最優秀賞

# 老舎の対日感情の変化

## ～「日中友好」を再考する～

北京大学大学院中国語言文学部
中国近現代文学専攻
博士課程前期2020年1月修了
南部健人

## はじめに

近代中国文学界において、日本語で全集が出版されている作家は2人いる。一人は魯迅（1881～1936年）で、もう一人が老舎（1899～1966年）だ。魯迅が今も日本で有名な近代中国文学の作家だということには、異論はないだろう。『故郷』は国語科の教科書で今でも取り上げられており、魯迅本人にも日本での長期生活の経験がある。しかも、有名な藤野先生とのエピソードや、医学の道から文芸の道へ進むことを決意した所謂「幻灯事件[1]」など、日本滞在時に由来する印象的な逸話が残っていることも、日本での知名度の高さにつながっていると考えられる。

一方の老舎と言えば、日本とのつながりはそこまで強くはない。老舎が日本に滞在したのは、公式の記録に残っている限りでは、1949年10月にアメリカ長期滞在を終えて船で中国に帰る際に一時停泊した横浜と、1965年に中国作家団を引き連れた訪日交流の2度だけである。老舎の海外滞在で言うならば、イギリス、シンガポール、アメリカでの長期生活を連想する方が自然だろう。

老舎と日本のつながりを紐解いていくと、むしろ苦く辛い記憶の方が多いことが分かる。自身の父親は「8カ国連合軍」の侵略による戦闘で戦死しており、老舎が生まれて間もない頃にも、生家は日本軍による略奪に遭っている。イギリスとシンガポールでの生活を終え帰国した際には、第1次上海事変に遭遇し、自作原稿を焼失した。これらの個人的記憶に加え、満州事変から日中戦争に至る侵略を経験することで、老舎の日本への憎しみはピークを迎える。幼少期から日中戦争勃発までの経験を通じて形成された老舎の日本への嫌悪感は、シンガポール滞在中に大半の原稿を書いた童話風小説『小坡的生日（小坡の誕生日）』（1931年）や、日中戦争勃発当時に書かれた小文「且講私仇（私怨について語る）」（1938年）、「此仇必報（この恨みは必ず晴らす）」（1938年）などに、はっきりと記されている。

ただ、そんな老舎の対日感情に明らかな変化が見られるのが、実は日中戦争の期間であることは、今一度深く掘り下げるべき事実ではないかと筆者は考える。そこには、魯迅のように青年期に藤野先生から受けた恩を晩年に増田渉（1903～1977年）らなどへ返したような、生涯を通じて一貫した日本への友好感情[2]とは異なる、老舎独自の日本への友好感情、ひいては世界平和の希求があるように思われる。

本考では、それぞれの時期における老舎の対日感情をまず整理し、そして日中戦争期に対日感情に変化が生まれた理由や背景について考察していく。そこには、もちろん大きな時代の変化の影響があることは否定できないが、同時に、老舎と3人の日本人の個人的なつながりがあることを筆者は指摘したい。そこから生じた老舎の対日感情のダイナミックな変化が作品をはじめ、老舎の言動にも反映されていく過程を追いながら、「日中友好」という、ある意味では使い古された言葉について、もう一度考えてみたい。

## 一、幼少期から開戦前まで

老舎が1899年2月に、満州旗人の家に生を授かって間もなく、北京は義和団事件から8カ国連合軍の占領、王朝の崩壊という動乱の歴史を迎える。老舎の父親は旗人の務めとして、8カ国連合軍の騒乱のなか、皇帝の守護に当たっていたが、戦火をこうむり命を落とす。一家の大黒柱を失ったことに加え、満州族による統治の清朝から漢族による統治の中華民国へと時代が移り変わる影響もあり、老舎一家は没落していき、非常に貧しい幼少期を送ることになる。散文「我的母親（私の母親）」（1943年）にも綴られているように、生後間もない頃に自身の家が日本軍の略奪に2度遭い、日本軍が乱雑に投げ捨てた空の衣装箱が幼児だった老舎の身の上にかぶさったこともあった。もしも衣装箱が空でなければ、そこで窒息死していた可能性があったと振り返っている。

青年期における老舎の対日感情をより仔細に理解するならば、童話風小説『小坡的生日』（1931年）を紐解くのが良いだろう。この作品は、老舎がロンドンでの5年半に渡る生活を終え、中国へ帰国の途上、旅費不足と自らの興味もあって留まることになったシンガポールで書かれた。老舎自身によるあとがきに相当する、「我怎様写《小坡的生日》（私はどのようにして『小坡の誕生日』を書いたか）」という一文のなかに、この作品を支える思想のひとつとして「弱小民族が団結して戦う[3]」精神があると述べている。さらに同文の末尾には「今日において、何を革命と呼ぶのかについて、それは東洋に来なければ分からない。なぜなら、東洋民族こそが人類に対するあらゆる圧迫を一身に受けているからだ[4]」と述べている。

シンガポールに来る前のロンドンで書かれた『二馬（馬さん親子）』（1929年）には、イギリス社会における、中国人への差別や嫌悪感が至るところに表現されている。シンガポールに来てからも、「白人の子どもと東洋の子供が一緒に遊んでいるところを、ついに一度も見たことがなかった[5]」と述べている。こうした背景を総合して考えると、イギリス、そしてシンガポールの生活を通して知った白人と東洋民族との断絶、西洋列強のアジアへの帝国主義的侵略に対する、ある種の理想主義的なアンチテーゼとして、アジアの民族間での団結をこの作品で描きたかったことが分かる。

実際に作品のなかでは、多民族の子どもたちが仲睦まじく遊んだり、冒険に出たりする様が微笑ましく描かれている。それ以外の描写からも、老舎が今作に託した多様性が実現されたユートピア的世界を比喩的に描写したと思われる箇所がある。

> 船の上に一枚の旗を掲げているのもあれば、いろんな色の旗を連ねて翻しているのもある……それに何艘かの小さなモーターボートが、あちらこちらをトットッと走り回って空っ騒ぎをしているようである。船は実に多い！　大きいの、小さいの、高いのや、低いの、かっこうの悪いもの、いいもの、長いのもあれば短いのもある。けれども海は決して狭そうには見えない。みんな悠々と停泊したり、あるいはまたゆっくりと動いたり、船が多ければ多いほど海はますます広がるかのようである[6]。

「海納百川 有容乃大」という言葉が中国にはあるが、まさにどんなものでも吸収していくおおらかな精神と、異なるものを吸収することでより豊かになることを熟知している知恵とが、上の老舎の描写にもあらわれている。

そのような理想主義的世界が表現されている『小坡的生日』では、日本について描かれた部分が第2章の冒頭に出てくる。

> 小坡は自分が福建人であるのか、広東人であるのか、インド人であるのか、マレーシア人であるのか、白色人種であるのか、それとも日本人であるのか、よくわかっていない。しかし、最近、彼はこの人種のリストのなかから、日本人を消し去った[7]。

主人公の小坡が自身のアイデンティティについて述べた箇所であるが、アジア人から白人までもが連ねるリストのなかで、少なくとも自分自身は日本人ではないということだけははっきり自覚しているという。先ほども述べたが、この作品には、西洋列強の帝国主義に抑圧されてきた弱小の東洋民族の団結を描くという動機があった。例えば、作品のなかでは、広東人である小坡は福建人である三多と仲良く遊んでいる。しかし、老舎が実際に語るところによると、「広東と福建の人たちの間に衝突やいさかいがあることは私もよく承知している[8]」ようだ。また、「マレーシアとインドの人たちの無知やのろさ[9]」も十分承知した上で、作品ではこれらの東洋民族の子どもたちが主人公と団結していく姿を描いている。

こうした背景も考慮して、小坡のリストから日本人が排除されていることの含意を考えると、老舎の日本人に対する暗く重たい感情が行間からひしひしと伝わってくる。帝国主義的拡大を続けていた当時の日本は、東洋民族に含まれていないことはもちろん、簡単に和解することのできない相手であることが、そこには暗に示されていると言える。

『小坡的生日』が完成したのは1931年の夏であった。その次に取りかかり、完成させた長編作品『大明湖』は、もう間もなく上海商務印書館から出版されるという折に、第一次上海事変に巻き込まれ、老舎の原稿、及び出版予定だった本はすべて焼失した。老舎は原稿の写しをとる習慣がなく、また大きく気を落としたこともあり、友人らの励ましと説得もかなわず、『大明湖』が完全な形で再現されることはついになかった。

## 二、日中戦争の勃発から『四世同堂』前夜まで

これらの個人的な体験がベースにあるなかで、時代は満州事変、日中戦争の勃発を迎える。日中戦争期に老舎は非常に強い愛国意識を様々な場面で表明する。これは当時、多くの人にとって意外なこととして受け止められたようである。

その理由として、これまで老舎が政治的活動から一貫して距離をとってき

たことがあげられる。左翼作家連盟に所属していた楼適夷（1905～2001年）は、戦前の老舎のイメージを「平時はどんな政治運動にもあまり参加する習慣がなかった方[10]」であると述べている。確かに、少し時代をさかのぼって、反帝国主義と新文化運動の象徴でもある五四運動（1919年）が起きた際にも、老舎はその運動の傍観者であったと自ら述べている。その後は自身が長く中国を離れていたことに加え、多くの研究者が指摘していることではあるが、満州人というアイデンティティが、漢族が中心の中華民国の社会において蔑視される存在だったことが、老舎を政治的活動から遠ざけていたと考えられる[11]。

その老舎が、思想や立場の違いを超えて作家たちがひとつにまとまって成立した「中華全国文芸界抗敵協会（以下「文協」とする）」の常務理事、及び総務部主任を務めることになるのだが、これは組織のヒエラルキーにおいても、実務的な意味においても、トップに就任したことを意味する。老舎が文協のトップを務めることについて、上記の楼適夷の言葉からも日中戦争前の老舎のイメージとはかけ離れた人選だったことが伺える。実は、「無党派」であったからこそ、右と左で激しく対立しあっていた当時の政治状況をうまく中和させられた存在だったのであるが、このことをいち早く見抜き、老舎を当該ポストの適任者として強く推薦した周恩来の慧眼には舌を巻く。

こういった事情もあってか、日中戦争初期には、相当に激しい言葉で老舎は日本の蛮行を非難し、全体の士気を高めていく。「且講私仇」（1938年1月）、「此仇必報」（1938年2月）などの文章では、先述したような自身の個人的な体験を振り返って、日本への糾弾の声をあげる。ただ、これらの文章での、日本への批判の仕方は、漠然とした大きな対象としての「日本」であることに留意したい[12]。

表現上、老舎の日本批判に変化が見られるのは、同年の児童節に寄せて書かれた「打退儿童最大的仇人（子どもの最大の仇人をやっつけろ）」（1938年7月）の文章からである。この文章では「日本軍人こそがあなたたちの最大の仇人なのである……私は決して残虐な殺しを勧めるわけではないが、しかし日本軍人はあまりにも卑劣で、非人道的であり、何としても殺してしまわねばならないのである[13]」と、極めて激しい筆致ではあるが、憎しみの対象が漠然とした「日本」から「日本軍人」へと明確に変化しているのが読み取れる。

「保衛武漢与文芸工作（武漢と文芸工作を防衛する）」（1938年7月）でも、「去年の7月7日、日本軍閥は最高の侵略の夢を見た。今年の7月7日も、日本軍閥はより一層多くの攻撃を仕掛けたが、彼らの表情からはすでに笑顔が失われていた[14]」とある。同年8月以降、老舎が戦火に追われ武漢を出て重慶に着いたあとに創作した相声『中秋月餅』のなかでも、「必ず日本軍国主義を打倒しなければならない！[15]」と明確に書かれている。1938年の後半になってから、「日本」ではなく「日本軍人」、「日本軍国主義」を非難する傾向が顕著になり、それは日中戦争期に書かれた戯曲『大地竜蛇』（1941年）や、長編小説『四世同堂』（1944 〜 1949年）といった文学作品でも表現されていく。

上記の老舎の日本批判のスタンスの変化から、毛沢東が日中戦争中に提出した「区別論」、すなわち「日本軍国主義と日本人民」の区別を、多くの人が連想するのではないだろうか。諸説あるが、毛沢東が「区別論」を提出したのは、1938年5月から6月にかけて発表した『持久戦論』であると言われている。たしかに、これを上記の老舎が発表した様々な文章のタイムラインと照らし合わせてみると、老舎が漠然とした「日本」批判から「日本軍国主義」批判へと舵を切っている時期と符合する。ただ、老舎本人が毛沢東の「区別論」自体に言及している文章が、筆者の調べた範囲内では残っていない以上、この仮説をこれ以上進めることは難しい。

ここでは、もうひとつの事実に基づいた仮説への考察を進めていきたい。老舎の日本批判に質的変化が生じたこの時期に、実は老舎は中国の地で、日本の帝国主義的侵略に反対の声をあげていた日本人反戦活動家たちと邂逅している。最も早く出会ったのは1938年5月の文協の結成記念大会が行われた席上に参加した、鹿地亘（1903 〜 1982年）である。その2カ月後の1938年7月には、別の日本人反戦活動家・緑川英子（長谷川テル）（1912 〜 1947年）とも出会う。さらに、戦後に渡ったアメリカの地では、アメリカで反戦活動に従事していた石垣綾子（1903 〜 1996年）と出会い、友人として関係を深めていく。これらの人々との出会いが、老舎の対日感情へダイナミックな変化と深化をもたらしたという仮説を考察してみたい。

日本にいた頃には治安維持法で逮捕され、獄中生活も経験した鹿地亘は、1936年に上海に渡る。上海の地で鹿地は、内山完造の紹介を経て、晩年の魯迅と交流を結ぶ。1937年の第二次上海事変で上海が陥落し、鹿地は香港へ逃れる。香港滞在期に『新華日報』で鹿地が発表した『所謂“国民的公意”（いわゆる「国民の総意」について）』という一文には、「日本軍国主義」への強烈な批判がなされている。

私は日本を愛している。何故なら私の祖国だからだ。そこには私の両親、兄弟と姉妹、そして親戚や友人たちや、忘れられない多くの人々がいる。私は中国を愛している。ここは私の新しい故郷であり、親密な活動家の同志たちがいる。私が憎んでいるのは今まさに中国人民を虐殺している日本軍閥なのだ……もし可能であれば、将来的には中国の軍隊に加わりたい。何故なら彼らは民族の自由と独立のために戦っているからだ。彼らが反対しているのは日本帝国主義であり、日本人民ではない[16]。

鹿地亘と老舎が出会った文協の結成記念大会のことを、老舎はのちに文章として記録している。文中、特に鹿地に対して抱いた印象を、老舎は以下のように述べている。

日本の著名な作家である鹿地亘氏は、身体はそこまで小さいわけではないが、痩せ細っている。青白い顔にふさふさの髪をした彼は、あまり日本人らしく見えない。胡風氏は彼に付き添っており、みなに彼を紹介した。鹿地氏は背筋を伸ばし、腰と手は人々にお辞儀と握手をするためにすでに準備されている。かしこまった態度から真摯さが、謙虚さのなかから毅然さがにじみ出ている。彼の小さな身体は、彼の身体の何千、何万倍にも大きい重任を背負っているかのようである。彼の表情には憂鬱さが漂っているが、凛々しく身体を伸ばして、真に平和を愛する朋友たちと握手を交わし、共に艱難ではあるが正義へとつながる道を歩んでいる。彼の妻は舞台下に座っており、その風貌は広東の女性にそっくりである……（鹿地氏が）一言発言するたびに、会場には雷のような拍手が沸き起こり、そしてまた静寂に包まれる。この動と静のなかで、正義と平和はまだこの世に存在すること、そしてそれは心に雄大な思想をもった人のみが見ることができ、そのような人々こそが世俗を省みることなく卑劣な暗闇に攻撃を加え、人類に光をもたらすことができるのだと感じさせられる[17]。

上記の老舎の言葉から、鹿地亘に対して好印象を抱いたことが伺える。その後老舎たちは、武漢を襲う戦火から逃れるために重慶へと移り、鹿地は1939年12月に在華日本人民反戦同盟西南支部を組織し、本格的な反戦活動を推し進めていく。それぞれの場所で抗日活動に従事する老舎と鹿地の間に直接的な交流は多くなかったものの、上記の文協成立大会以外に、鹿地たちの組織した反戦同盟が成立一周年を迎えた際に、老舎は鹿地たちのために詩歌を献上している。このことから、直接の交流は多くなかったが、老舎が日中戦争期間、鹿地たちに注目し理解を示していたことが分かる。

緑川英子との出会いは、『日本の粘土の足』の著者であるイギリス人作家のフリーダ・アトリーを招いた座談会での席上だった。緑川英子は学生時代からエスペラント語を経由して、国際主義、平和主義へと目覚めていき、日中戦争下での武漢、重慶などで日本軍に反戦・停戦の声をラジオから呼びかけた。緑川と老舎が出会った座談会は、文協が企画したもので、老舎自身が司会を務め、緑川も発言をしている。緑川はこのとき、エスペラント語で以下のように発言している。

> 私は中国語と英語をうまく話すことができませんが、かといって侵略者の言葉である日本語でみなさんに語ることもできません。エスペラント語で私の願望を述べるほかないでしょう。なぜならエスペラント語が志向しているのは、人類の愛と平和なのですから！……私が願うのは、中、英、日三カ国の人民が団結し、日本軍国主義をともに打倒することです！[18]

この日の座談会が収録された文協の発刊物『抗戦文芸』第2巻4期には、緑川の署名記事『趙老太太会見記（趙おばあさんとの会見録)』が掲載されている。東北の抗日ゲリラ部隊の一員として活躍した中国人婦人へのインタビューをもとに構成したこの記事のなかで、緑川は「もしも私たちが日本人を憎んでいると思っているのなら、それは間違っています。中国を侵略しているのは一部の日本人に過ぎないのですから[19]」という言葉を婦人から直接聞き、深く感銘を受けたことが記されている。老舎自身もこの前号の『抗戦文芸』に寄稿しており、何よりも文協の実務者のトップであることも考慮すると、老舎が上記の緑川の記事に目を通している可能性は極めて高いと言えるだろう。

ただ、老舎は鹿地亘と緑川英子と直接会ったことがあるものの、彼らから受けた影響を具体的かつ詳細な言葉として書き残したり、語り残したりはしていない。その意味では、2人の日本人との邂逅も、毛沢東の区別論と同様に仮説の域を出ることはないだろう。しかし、理論ではなく実体験として、「抗日戦争に反対している日本人がいる」と知ったことは、やはりその後の作家としての日本への眼差し、日本の描き方に何らかの変化をもたらしたと考えることは、自然な思考の流れであると筆者は考える。事実、日中戦争前の憎しみ一辺倒だった日本観から、日中戦争下で育まれた老舎の多層的な日本観への昇華を、我々は老舎の畢生の大作『四世同堂』（1944～1949年）から読み取ることができる。

## 三、『四世同堂』、そして戦後のアメリカで

『四世同堂』（1944～1949年）は日中戦争での日本軍占領下の北平と、そこに生きる市井の人々を描いた長編作品である。老舎の作品のなかでも最も長いこの作品における日本への愛憎入り混じる複雑な眼差しは、そのまま老舎の対日感情の変化を反映したものであると筆者は考える。

例えば、主人公の祁瑞宣が、大東亜文学者大会を模したような文芸大会に参加するくだりが作中にある。そこで井田という文学者が演説をするのだが、実は瑞宣は戦前に彼の著作を読んでおり、演説を聞いたこともあった。当時の井田は「たしかに尊敬に値する作家であった」のだが、今、目の前で大東亜主義に染まった演説をする井田に、瑞宣は失望するほかなかった。

この井田の姿は、老舎の全くの想像の産物というわけではなく、似たような経歴を持つ作家が当時の日本には確かにいた。その代表的な人物として武者小路実篤（1885～1976年）が挙げられる。武者小路の作品は魯迅兄弟の翻訳を通して1910年代からすでに中国へと伝わっており[20]、また白樺派の人道主義、理想主義的な思想も五四文学（中国近代文学）へ大きな影響を与えたと考えられている。武者小路をはじめとする白樺派の作家たちに、日中戦争当時の中国の作家たちは、きっと反対の声をあげてくれるのではないかというかすかな期待を抱いていたようだ。巴金（1904～2005年）は戦時中にしたためた『給日本友人（日本の友人へ）』（1937年）という手紙のなかで、武者小路を名指しにしながら、「武者小路氏は罪悪（＝日本軍の中国侵略を指す。筆者注）を前にして沈黙するばかりではないか[21]」と厳しく非難している。

井田をはじめとする侵略者としての日本人は他にも登場するのだが、それとは正反対の日本人も登場する。それが物語の後半から登場する日本人婦人である。主人公の祁瑞宣は占領を進める日本軍やそれを援護する日本人知識人たちに怒りと憎悪を募らせる一方だったが、この日本人婦人も、自身の身内で戦死したものや、従軍慰安婦として戦争に駆り出されたものがいたことを知り、心境に変化が生じる。彼女は自身の体験からこの戦争の欺瞞性に気が付き、反戦の思いを強く持ち、そのことを何度も瑞宣にも語っていく。最初は婦人のことをスパイではないかと疑っていた瑞宣であったが、婦人の思いが真実であることを知るにつれ、瑞宣の日本人、そして戦争そのものへの

考え方が徐々に変化していく。それが象徴的に描かれているのが、有名な同作の結末部分だろう。戦争に勝利し興奮状態に陥った人々が、これまでの仕返しとして今まさに日本人婦人へ暴力を加えようとしたとき、瑞宣は身を挺して婦人を守ったのであった。

2017年に発売された『四世同堂（完整版）[22]』では、これまでの版では収められていなかった、老舎の戦争、そして原子爆弾に反対する言説が多く見られる。婦人と出会ったあとの瑞宣の内面の変化に焦点をあてて見てみると、たとえば戦争の勝利が見えてきた頃に瑞宣は、「もしも日本人が本当に戦争に敗れたとして、どうして全く戦争に参加していない、何の守りの備えをしていない人たちまでもが殺されなければならないのだろう。それは非人道的であるだけでなく、不公正であり、同じように2つの民族の間により多くの憎しみを植え付けることになるだろう[23]」と述べている。また人類の滅亡すら可能にしてしまう原子爆弾を発明した者を日本軍と同様に「粗暴で愚昧[24]」と厳しく断罪しており、瑞宣をして抗戦（抗日戦争）よりも大切なのは、「人類の滅亡を免れる方法を考えること[25]」であると言わしめる。瑞宣を通して表現される2国間の個別的な争いである「抗戦」から、人類の幸福・福祉という普遍の大地に根ざす「反戦」の思想への昇華に、老舎の成熟が伺える。

日本人婦人が活躍し、瑞宣をはじめとした登場人物たちが体現する老舎の普遍的な平和思想が描かれた『四世同堂』第3部は、1946年から1949年にかけてのアメリカ長期滞在中に執筆された。このアメリカ滞在期にも、老舎はアメリカの地で反戦活動に従事した日本人、石垣綾子と出会う。

明治36年に東京の知識人家庭に生まれた石垣は、幼い頃から教育の機会にも恵まれていた。大正デモクラシーの時期に青春を過ごし、リベラルな価値観を育んだ石垣は、19歳の時に経験した関東大震災で、朝鮮人に関する流言の拡散を目撃し、また憲兵が混乱に乗じ左翼思想を持つ人々を迫害する様を見て、日本を離れたいと思うようになる。1926年に渡米の機会を得て、アメリカに長期で移り住み、満州事変の勃発の頃から日本の中国侵略に反対の声をあげるようになる。

石垣が反戦活動に従事していた理由は多くあるが、彼女自身が子どもを生後すぐに亡くしていることが、ひとつの大きな要因として挙げられる。

> 「わずか十日の命だったわが子でさえ、その喪失は母たる私の生きる勇気をも奪い取るようだった。まして丹精をこめて成人させた子を戦場におくり出す母の心は、日本人だろうが中国人だろうが変るはずがない[26]」

我が子を失うという個人的な痛みは、国家やイデオロギーの差異を超えて、石垣を普遍的な反戦思想へと走らせた。

老舍と石垣は1946年、作家たちのために準備されたヤドというコロニーに似た芸術施設で出会った。老舍がヤドに滞在した期間は1946年9月の1カ月間だけであったが、ヤドを出たあとも『石垣綾子日記』（1996年）を紐解くと、老舍から石垣を誘いニューヨークのチャイナタウンで食事をともにしたり、入院中の老舍を見舞ったりした出来事が記されている。また、老舍がアメリカを去る直前の時期に、石垣夫妻を自宅に招き食事を振る舞ったことは、後に石垣自身が回顧録として残している[27]。

石垣と『四世同堂』の日本人婦人は、開かれた思想を持っている点や、英語が堪能で海外生活の経験を有している点など、いくつかの共通点が見られる。ただ、日本人婦人が作中に初めて登場したのは同作第2部からで、すなわち老舍の渡米前である。しかし、婦人が主に活躍する第3部は、老舍の渡米後で、かつ老舍と石垣が出会ってから執筆されたものなので、二人の出会いが生んだ化学反応が同作に反映されている可能性を完全に排除することはできない。実際に老舍が石垣と何度も会食を重ねたことなどを踏まえると、両者の間で共鳴するものがあったと考えることはできるであろう。例えば、原子爆弾の使用は人道に対する罪であるという点で、石垣も老舍も同様の見解を有している。両者の持つ、国家や民族という枠組みを超えた人類益に立つコスモポリタニズム性が共鳴しあっていたのかもしれない。

『小坡的生日』（1931年）に記されていたように、青年期の頃から老舍のなかには、国民国家の枠組みを超えていく普遍性を帯びた連帯の精神が強くあった。しかし、その老舍をしても、当時はまだ日本に対して簡単には和解できない憎悪の感情をつのらせていた。その憎悪は憎悪として、『四世同堂』（1944～1949年）の祁瑞宣へも確かに引き継がれてはいる。しかし、日本人として日本へ戦争反対の声をあげる婦人との出会いが、憎しみ一辺倒だった瑞宣の日本人への認識を多層的なものへと変化させた。そこに、老舍が戦中・戦後を通して出会った日本人反戦活動家たちの姿が重なって見えるのは、筆者の思い込みに過ぎないのだろうか。

## 結論に代えて――老舍の対日感情の変化から考える「日中友好」

冒頭に記したように、戦後に老舍は2度、日本の地を踏んでいる。特に1965年春の作家団を引き連れた2度目の訪日では5週間滞在し、この間、作家の井上靖、水上勉、城山三郎をはじめとする数多くの日本人作家たちと交流を結んだ。その翌年に老舎が受けた日本メディアの取材の音源を、先日中国の動画サイトで初めて聞く機会を得た。取材の最後に、先の日本滞在を行く先々で多くの歓迎を受けてとても愉快な時間だったと振り返りつつ、老舎は「私たち訪日団は中日人民の友好関係を体験しました。中国人民と日本人民はひとつです。これは抑えることのできない大きな時代のうねりであり、それは両国にとって有益なことであり、世界の平和にとっても実に大きな出来事なのです[28]」と語っている。青年期の老舎の対日感情を踏まえた上で、老舎のこの言葉と改めて向き合ってみると、その変化の大きさに感慨すら覚える。

さて、老舎の生涯を通しての対日感情の変化を確認したところで、ようやくではあるが、副題にもある「日中友好」を再考して、本小考を締めくくりたい。青年期から壮年期までを振り返って、老舎の対日感情は明らかに好転しているように見える。ただ、具体的に何が好転しているのか厳密に考えてみると、実は老舎は漠然とした国民国家としての「日本」への友好は述べていないのである。或いは鹿地亘、緑川英子、石垣綾子といった反戦活動を行った日本人たちとの出会いを通して、或いは日本滞在中に出会った日本人作家たちや名もなき庶民たちとの交流を通して、老舎は「日本人民」への友好を述べているのである。

国家と国民をむやみに一体化せずに、異なるものとして考えることの大切さは日中両国間のみならず、今もって多くの場合に有用なことだと筆者は考える。例えば、今でも少なくないメディアが諸外国とその国民の日本への態度を「親日」「反日」という単純化した言葉で評価することが多く見受けられる。特に「反日」という言葉は、「日本を嫌っているから、日本人のことも嫌っている」という図式的な理解へと読み手を安易に導き、「日本を嫌ってはいるものの、目の前の日本人は大切にする」という感情を持つ人々の存在を往々にして忘却させてしまう。

後者はまさに、『四世同堂』で描かれた祁瑞宣が体現しているところである。国家の態度は必ずしもすべての国民の態度に反映されるわけではないことと、人間の精神活動では相反する感情でも同時に混在し得るということによくよく留意したい。また、こうした人間精神の多様性や複雑性を単純化しようとする言説へは十分に注意を払っていきたい。

日中友好という言葉にぼんやりとしたイメージや、ひいては空虚な響きすら聞こえてしまう場合があるのは、それが国民国家としての「日本と中国の友好」という大きな言葉の次元にとどまっているからではないだろうか。老舎が上記のインタビューでも述べているように、日中友好を「日本人民と中国人民の友好関係」という人民の次元に落とし込んで理解することで、より相手を知ることができ、地に足のついた交流を結べると筆者は考える。そうした交流や出会いを通じて、相手の良いところだけを見て悪いところに目を閉ざすでもなく、悪いところだけを見て良さすらも全否定してしまうのでもない、光と影を同時に受け止められる強くしなやかな精神を持つ人たちが日中両国に増えれば、一時的な利害関係に流されない、地中深くに根を張った「日中友好」が育まれるのではないだろうか。

もちろん、これは決して容易なことではない。何より老舎自身も若い頃には、一方で国民国家の枠組みに囚われないコスモポリタニズム性を有しながらも、もう一方では日本と日本人への拭いきれない思いを抱いていた。その老舎の日本と日本人への認識を変化・深化させた要因のなかに、反戦活動に従事する日本人たちとの直接の出会いがあったことは、日中友好を考える上で参考にすべき点が多くあると筆者は考える。歴史でも政治でも、大きな舞台のなかでは、個人という存在は小さく無力なものとして見られるが、個人と個人の顔の見える交流が持つ力強さや可能性は決して侮れない。

**主な参考文献**

**全　集**

『老舎全集』人民文学出版社、2013年

『老舎小説全集』学研、1982年

**書　籍**

段从学『“文協” 与抗戦時期文芸運働』北京大学出版社、2012年

杉本達夫『日中戦期老舎と文芸界統一戦線——大後方の政治の渦の中の非政治』東方書店、2004年

井上桂子『中国で反戦活動をした日本人——鹿地亘の思想と生涯』八千代出版、2012年

石垣綾子『石垣綾子日記（上・下）』岩波書店、1996年

長谷川テル編集委員会『長谷川テル——日中戦争下で反戦放送をした日本女性』せせらぎ出版、2007年

**論文、機関紙**

楼适夷「憶老舎」『新文学史料』1978年1期

舒済「回憶我的父親老舎」『新文学史料』1978年1期

関紀新「『老舎民族心理刍説」『満族研究』2006年3期

董炳月「夢与夢之間——中国新文学作家与武者小路実篤的相遇」『魯迅研究月刊』2003年2期

石垣綾子、夏姮翔訳「『老舎——在美国時期的生活」『新文学史料』1985年3期

孫長虹「魯迅の日本観--日本留学を通しての日本認識」『多元文化』2003年

『新華日報』

『抗戦文芸』

『烽火』

**インターネット資料**

「老舍-最后的声音 1966年1月日本NHK訪問録音」 https://v.qq.com/x/page/a0513oa8aqe.html（2020年10月27日閲覧）

---

1 魯迅が細菌学の授業中に見せられた日露戦争のスライドの中の一枚が、魯迅に大きなショックを与えた。そのスライドは、中国人がロシア軍のスパイとして捕らえられ、処刑される場面だった。魯迅が医学から文学の道へと進む転機となったことから、「幻灯事件」として知られている。

2 孫長虹「魯迅の日本観——日本留学を通しての日本認識」『多元文化』2003年

3 老舍「我怎様写〈小坡的生日〉」『老舍全集』第16巻、人民文学出版社、2013年、p.177。本文は拙訳。以下、訳者名のないものはすべて拙訳。

4 同上、p.180

5 同上、p.177

6 老舍「小坡の誕生日」『老舎小説全集３』学研、1982年、pp.361 ～ 362

7 老舍「小坡的生日」『老舍全集』第2巻、人民文学出版社、2013年版、p.9

8 老舍「我怎様写〈小坡的生日〉」『老舍全集』第16巻、人民文学出版社、2013年、p.178

9 同上。

10 楼适夷「憶老舍（老舍を偲ぶ）」『新文学史料』1978年1期

11 関紀新「老舍民族心理刍説」『満族研究』2006年3期

12 「且講私仇」では、8カ国連合軍、日清戦争、満州事変などの出来事を振り返り、国家としての「日本」が行ってきた数々の悪事を激烈に批判している。「此仇必報」でも同様に、日中戦争で「日本」が行っている残虐非道な行為は決して簡単に清算できるようなことではないと非難している。

13 老舍「打退儿童最大的仇人」『老舍全集』第14巻、人民文学出版社、2013年、pp.149 ～ 150

14 老舍「保衛武漢与文芸工作」『老舍全集』第17巻、人民文学出版社、2013年、p.139

15 老舍「中秋月餅」『老舍全集』第13巻、人民文学出版社、2013年、p.50

16 鹿地亘「所謂"国民的公意"」『新華日報』1938年3月9日

17 老舍「記"文協"成立大会」『老舍全集』第14巻、人民文学出版社、2013年、pp.144 ～ 145

18 「阿特麗女士歓迎会小記」『抗戦文芸』1938年8月13日第2巻第4期

19 「趙老太太会見記」同上

20 董炳月「夢与夢之間——中国新文学作家与武者小路実篤的相遇」『魯迅研究月刊』2003年2期

21 巴金「給日本友人」『烽火』1937年第10期

22 失われていた一部原稿の英訳がアメリカで見つかり、これまでの版では削除されていた10万字ほどが新たに中国語に重訳されて発売されたもの。『四世同堂』の冒頭に記された当初の老舍の構想に最も近い。

23 老舍著、趙武平重訳『四世同堂（完整版）』東方出版社、2017年、p.1023

24 同上、p.1028

25 同上、p.1025

26 石垣綾子『我が愛 流れと足跡』新潮社、1982年、p.112

27 石垣綾子、夏姮翔訳「老舍——在美国時期的生活」『新文学史料』1985年3期

28 "我們体験到中日人民的友好。中国人民和日本人民是一致的。這是一个无可遏制的大德浪潮。這也是対我們両国有利，也是対世界和平有利的一件大事情"「老舍-最后的声音 1966年1月日本NHK訪問　https://v.qq.com/x/page/a0513oa8aqe.html（2020年10月27日閲覧）

# 日本人大学生の対中認識とその影響要因に関する一考察[1]

## ～中国留学経験の有無の比較を中心に～

中国人民大学
代表 外国語学部日本語学科3年 **劉牧原**
外国語学部日本語学科3年 **肖蘇揚**
財政金融学部金融学科3年 **何暁華**
外国語学部英語学科3年 **潘雨葳、陳諾**

## はじめに

日中両国は「一衣帯水」の隣国であり、古代から、政治や経済など様々な分野において交流が盛んに行われてきた。しかし、この十数年間、歴史認識や領土などの諸問題を巡って、両国の間に衝突事件も起こっている。言うまでもなく、日中関係の改善には、両国政府と人民の共同の努力が必要である。互いに偏狭なナショナリズムを排除しながら、民間交流を活発に展開していけば、両国間に何らかの問題が起こったとしても、それらの問題を乗り越え、より良い関係を築くことができるだろう。

今後こうした民間交流を一層推進するために、若者たちは担い手としての役割を果たさなければならない。まさに私たちの肩には、異文化への差別や偏見を取り除き、相互理解を深める歴史的使命がかかっている。

2018年10月、安倍晋三元総理大臣が中国を訪問した時、両国は双方向の国民交流、特に若い世代の交流を更に拡大する必要があるとの認識を共有した。その上で、2019年を「日中青少年交流推進年」と銘打って、今後5年間で3万人規模の青少年交流を実施していくことで一致した。これによって、日中の青年交流に対する関心がますます高まっていることがわかる。日本からの留学生を受け入れる中国側から見れば、日本の若者が中国での生活を直接に体験し、自らの目を通して中国を見て、さらにそれらの見聞を日本の人々に伝えていくことによって、日中友好を大いに促進していくことが期待できるのではないだろうか。

日本人の対中認識に関して、これまで多くの調査研究がなされているが、国家（「中国」）、国民（「中国人」）、言語（「中国語」）に対するイメージが主な研究対象となっている。そして、中国に対してどのような誤解や偏見を抱えているかを捉え、国際社会において中国への理解を深めるための方策を講じようとするものが多い。しかし、その認識が如何にして形成されたのかを具体的に考察する研究は少なく、大学生を対象とする研究もほとんどないのが現状である。

したがって本研究は、中国留学経験の有無の比較を中心に、日本人大学生を対象にオンラインアンケート調査を行う。アンケート調査の結果に基づいて、現在の日本人大学生の対中認識を明らかにした上で、それに影響を与える要因を分析し、さらに民間交流における問題点や日中関係改善の道を探ることを目的としている。

具体的な研究課題として、①中国留学の経験の有無によって、日本人大学生の対中認識には差異がみられるか、②日本人大学生の対中認識に影響を及ぼす主要因は何か の2つを設定する。

## 一、調査の概要

### 1-1 「対中認識」とは？

孫有中（2009）によると、国家のイメージとは「政治（政府の信頼性・外交姿勢など）、経済（財政状況など）、社会（安定さ・国民性など）、文化（科学技術・文化遺産など）と地理（自然環境など）を含む、各方面における国民及び外国人のその国に対する認識・評価」のことである。それを踏まえて、本調査では政治、経済、社会、自然環境、科学技術、文化、両国関係、中国国民、訪中意欲の9つの項目から、5段階のリッカート尺度で「対中認識」を測定することにする。

### 1-2 調査内容

中国留学の経験がある日本人大学生（以下、経験者）と中国留学の経験がない日本人大学生（以下、非経験者）を対象とし、オンラインアンケートによる調査を取り入れ、①人口学的特徴（年齢、性別、学年、所属する学部・研究科、一カ月の生活費）、②対中認識（1-1で述べた9つの項目）、③情報源（テレビ、新聞・雑誌、ラジオ、ウェブサイト、SNS）について把握する。

また、経験者の ①留学前後における対中認識の変化、②影響要因 を考察する。影響要因の考察項目は、具体的に留学期間の長さと直接経験（中国での生活における実感、中国を旅行した経験、中国人との付き合い）、間接経験（SNSの利用、教科書から学んだこと、中国の新聞・雑誌・ラジオ・テレビニュース、中国のテレビドラマ・映画・音楽・文学作品、中国語のレベルアップ）などである。

### 1-3　アンケートの実施

本研究は2020年8月20日から9月29日にかけて、専門のアンケートサイトを通し、クローズ型調査によって、日本人大学生向けにアンケートを配布した。この方法で、日本国内各地域からのデータを収集できるほか、サンプル数や回答数を増やすこともできる。最終的に300名の対象者からの回答があったが、アンケート回答時間・注意力チェックによってスクリーニングを行った後、有効とみなされたものは265名（経験者137名、非経験者128名）である。

## 二、調査結果

### 2-1　サンプルの構成

サンプルの詳しい構成は、**表1**に示した通りである。

非経験者の年齢は、20歳以下が4.69%、20代前半が14.84%、20代後半が59.38%、30代前半が14.06%、30代後半が5.47%、40歳以上が1.56%である。そのうち、女性（53.13%）は男性（46.88%）より多く、学年では学部3～4年生の割合（57.03%）が最も大きい[2]。

経験者の年齢は、20歳以下が27.74%、20代前半が22.63%、20代後半が13.87%、30代前半が19.71%、30代後半が7.30%、40歳以上が8.76%。そのうち、男性（62.04%）は女性（37.96%）より多く、学年では学部3～4年生の割合（60.58%）が最も大きい。

表1　研究サンプルの構成

| 項 目 | 選択肢 | 非経験者 | | 経験者 | |
|---|---|---|---|---|---|
| | | サンプル数(人) | 相対度数（%） | サンプル数(人) | 相対度数（%） |
| 年 齢 | 20歳未満 | 6 | 4.69 | 38 | 27.74 |
| | 20代前半 | 19 | 14.84 | 31 | 22.63 |
| | 20代後半 | 76 | 59.38 | 19 | 13.87 |
| | 30代前半 | 18 | 14.06 | 27 | 19.71 |
| | 30代後半 | 7 | 5.47 | 10 | 7.30 |
| | 40歳以上 | 2 | 1.56 | 12 | 8.76 |
| 性 別 | 男性 | 60 | 46.88 | 85 | 62.04 |
| | 女性 | 68 | 53.13 | 52 | 37.96 |
| 学 年 | 学部1～2年生 | 18 | 14.06 | 23 | 16.79 |
| | 学部3～4年生 | 73 | 57.03 | 83 | 60.58 |
| | 修士課程 | 30 | 23.44 | 18 | 13.14 |
| | 博士課程 | 4 | 3.13 | 9 | 6.57 |
| | その他 | 3 | 2.34 | 4 | 2.92 |
| 学部・研究科 | 理科系 | 50 | 39.06 | 80 | 58.39 |
| | 文科系 | 46 | 35.94 | 48 | 35.04 |
| | 医歯薬系 | 30 | 23.44 | 6 | 4.38 |
| | その他 | 2 | 1.56 | 3 | 2.19 |
| 一カ月の生活費 | 5万円以下 | 20 | 0.16 | 31 | 22.63 |
| | 5 ～ 10万円 | 32 | 0.25 | 55 | 40.15 |
| | 10 ～ 15万円 | 53 | 41.41 | 19 | 13.87 |
| | 15 ～ 20万円 | 15 | 11.72 | 19 | 13.87 |
| | 20万円以上 | 3 | 2.34 | 10 | 7.30 |
| | わからない | 5 | 3.91 | 3 | 2.19 |

出所：筆者作成

表2　日本人大学生の対中認識の調査項目の平均値のｔ検定

| | 項 目 | 非経験者 | 経験者 | $t$ 値 | 効果量 |
|---|---|---|---|---|---|
| 政 治 | 中国は責任ある大国である | 2.80 | 3.55 | -5.01** | 0.62 |
| | 中国は民主国家である | 2.95 | 3.26 | -2.09* | 0.26 |
| 経 済 | 中国は経済が持続的かつ迅速に発展している | 2.95 | 3.43 | -3.06* | 0.38 |
| 社 会 | 中国は社会秩序が安定している | 3.26 | 3.31 | -0.29 | 0.04 |
| 自然環境 | 中国は自然環境が良い | 3.13 | 3.27 | -0.88 | 0.11 |
| 科学技術 | 中国は科学技術が発達している | 3.06 | 3.61 | -3.44** | 0.42 |
| 文 化 | 中国は豊かな伝統と文化を持つ | 3.75 | 3.51 | 1.64 | 0.20 |
| 両国関係 | 中国は信頼できる友好国と思う | 2.66 | 3.29 | -4.38** | 0.54 |
| 中国国民 | 中国人は親切で親しみやすいと思う | 2.93 | 3.42 | -3.16** | 0.39 |
| | 中国人と付き合うのが好きだと思う | 3.50 | 3.52 | -0.13 | 0.02 |
| 訪中意欲 | 中国にぜひ行ってみたいと思う | 2.70 | 3.25 | -3.75** | 0.46 |
| 平 均 | | 3.06 | 3.40 | -3.19** | 0.39 |

出所：筆者作成

注：$^{**}p < 0.01$、$^{*}p < 0.05$

## 2-2 調査結果

1-1で述べた通り、アンケートでは、政治、経済、社会、自然環境、科学技術、文化、両国関係、中国国民、訪中意欲の9つの項目について、対中認識を考察するための項目を設け、5ポイントのリッカート尺度の選択回答を求めた。選択された数字が大きいほど、その項目に同意できることを表す（1＝全く同意できない、2＝あまり同意できない、3＝どちらともいえない、4＝ある程度同意できる、5＝非常に同意できる）。

**表2**は日本人大学生の対中認識の調査項目の平均値を、$t$検定[3]にかけた結果を示したものである。また、$t$値に基づいて$p$値を計算し、「$p<0.05$」を「*」、「$p<0.01$」を「**」と表記する。有意確率がそれぞれ0.05と0.01を基準にした場合、非経験者と経験者の対中認識に差があるとみなすことが出来る。また、効果量によってその有意差の大きさがわかる。0.2以下は小さく、0.2～0.5は中位で、0.5～0.8は比較的に大きく、0.8以上は大きいとみることが出来る。

**表2**の最後の行を見ると、$p<0.01$の場合、全体的には非経験者と経験者の対中認識に有意な差があり、効果量は0.39で中位のレベルであることがわかる。さらに、「中国は責任ある大国である」、「中国は科学技術が発達している」、「中国は信頼できる友好国と思う」、「中国人は親切で親しみやすいと思う」、「中国にぜひ行ってみたいと思う」の5つにおいて、$p<0.01$の場合、非経験者と経験者の認識に有意な差があり、かつ効果量は中位か比較的に大きいレベルである。

また、「中国は民主国家である」、「中国は経済が持続的かつ迅速に発展している」の2つにおいて、$p<0.05$の場合、非経験者と経験者の認識に有意な差がある。ただし、前者の効果量は小さいので、非経験者と経験者に差はあるが、それは小さいと考えられる。

以下、非経験者と経験者の項目別平均値を見てみよう。

## 2-3 非経験者の対中認識

非経験者の場合、まず「中国は責任ある大国である」「中国は民主国家である」「中国は経済が持続的かつ迅速に発展している」「中国は科学技術が発達している」の4項目の平均値が、それぞれ「2.80」、「2.95」、「2.95」、「3.06」であり、「中国は信頼できる友好国と思う」「中国人は親切で親しみやすいと思う」「中国にぜひ行ってみたいと思う」の平均値がそれぞれ「2.66」、「2.93」、「2.70」であった。これらのことから、彼らの対中イメージはややマイナスであることが分かった。また、すべての項目の平均値（3.06）が3に近いことから、大体「どちらともいえない」という態度を持っていることが分かる。

### 2-4　経験者の対中認識

経験者の場合、まず「中国は責任ある大国である」「中国は民主国家である」「中国は経済が持続的かつ迅速に発展している」「中国は科学技術が発達している」の4項目の平均値がそれぞれ「3.55」、「3.26」、「3.43」、「3.61」であり、「中国は信頼できる友好国と思う」「中国人は親切で親しみやすいと思う」「中国にぜひ行ってみたいと思う」の平均値がそれぞれ「3.29」、「3.42」、「3.25」であった。これらのことから、中国に対して、彼らはややプラスのイメージを抱いていることが窺える。

そして、経験者に「中国に対するイメージは留学前と比べて、どのように変わったか」を調査したところ、「とても悪くなった」と答えた人はいなかった。その代わりに、「とても良くなった」は16.79％、「少し良くなった」、「あまり変わらなかった」と答えた人はそれぞれ38.69％、36.50％であった（**表3**）。留学後、中国に対するイメージがよくなった傾向が見てとれる。

**表3　留学前後中国に対するイメージの変化**

| 項目 | サンプル数（人） | 相対度数（%） |
|---|---|---|
| とても悪くなった | 0 | 0.00 |
| 少し悪くなった | 11 | 8.03 |
| あまり変わらなかった | 50 | 36.50 |
| 少し良くなった | 53 | 38.69 |
| とても良くなった | 23 | 16.79 |

出所：筆者作成

## 三、影響要因の分析

次に、経験者と非経験者の対中認識はそれぞれどのような要因に影響されているのかを考察してみたい。

まず、日本人大学生の対中認識を従属変数とし、人口学的変数や情報源、中国留学経験の有無などを独立変数に、多項ロジスティック分析を用いて日本人大学生の対中認識に影響を与える要因を分析する。次に、経験者グループの対中認識の変化を従属変数として、その影響要因を検討する。以下はそれらの分析結果である。

## 3-1 情報源の影響

対中認識を尋ねた11つの項目をより容易に扱うために、平均値を取り、それぞれ「印象が悪い」(1 ～ 1.8)、「どちらかと言えば印象が悪い」(1.8 ～ 2.6)、「普通」(2.6 ～ 3.4)、「どちらかと言えば印象が良い」(3.4 ～ 4.2)、「印象が良い」(4.2 ～ 5) とする。また、分析を簡略化するため、「普通」をそのままとし、「印象が悪い」と「どちらかと言えば印象が悪い」を「マイナスイメージ」とし、「印象が良い」と「どちらかと言えば印象が良い」を「プラスイメージ」とする。すなわち、5つの変数を3つの合成変数にまとめることにする。

さらに、日本人大学生の対中認識を従属変数とし、多項ロジスティック分析を用いて影響要因を分析する。$p$値は「0.1」を基準にし、即ち$p < 0.1$の場合、独立変数による影響に有意差があると考える。

まず、人口学的特徴が日本人大学生の対中認識に与える影響について考察する。年齢・性別・学年などを独立変数として検定した結果は有意だが($p < 0.1$)、影響作用の大きさから見ると特に顕著ではない。また、情報源(マスメディア・SNS・学校教育・家族や知人・テレビドラマ・映画・音楽・文学作品・在日の中国人)が日本人大学生の対中認識に与える影響を考察する場合、それぞれの変数による影響に有意差がある($p$=0.00)。

**表4**が示すように、経験者にとって、主な情報源が「家族や知人」で、認識傾向が「普通」、同意度が「同意できない」の場合と、主な情報源が「在日中国人」で、認識傾向が「普通」、同意度が「普通」の場合は、$p$値が0なので、ともに彼らの対中認識に大きな影響を与えている。家族や知人を主な情報源としない大学生は、マイナスイメージよりも普通の姿勢で中国のことをとらえる確率が高い。在日中国人を主な情報源とする大学生は、マイナスイメージを持つ傾向が比較的に低い。

**表4 情報源の影響(経験者)**

| 主な情報源 | 同意度(同意できる＝参照カテゴリ) | 認識傾向(マイナス＝参照カテゴリ) | 有意確率($p$値) |
|---|---|---|---|
| 家族や知人 | 同意できない | 普　通 | 0.000 |
| | 普　通 | | 1.000 |
| | 同意できない | プラス | 1.000 |
| | 普　通 | | 1.000 |
| 在日中国人 | 同意できない | 普　通 | 0.997 |
| | 普　通 | | 0.000 |
| | 同意できない | プラス | 0.998 |
| | 普　通 | | 0.998 |

出所：筆者作成

一方、非経験者（**表5**）にとって、主な情報源が「日本のマスメディア」の場合と、主な情報源が「学校教育」で、認識傾向が「普通」、同意度が「同意できない」の場合と、主な情報源が「在日中国人」で、認識傾向が「プラス」、同意度が「同意できない」の場合は、$p<0.1$なので、それらの情報源の影響が著しい。「日本のマスメディア」・「学校教育」・「在日中国人」を主な情報源とする大学生は、それぞれマイナスイメージよりもプラス・普通、普通、プラスイメージを持つ傾向がある。

表5　情報源の影響（非経験者）

| 主な情報源 | 同意度（同意できる＝参照カテゴリ） | 認識傾向（マイナス＝参照カテゴリ） | 有意確率（$p$値） |
|---|---|---|---|
| 日本のマスメディア | 同意できない | 普　通 | 0.001 |
| | 普　通 | | 0.070 |
| | 同意できない | プラス | 0.008 |
| | 普　通 | | 0.007 |
| 学校教育 | 同意できない | 普　通 | 0.010 |
| | 普　通 | | 0.108 |
| | 同意できない | プラス | 0.325 |
| | 普　通 | | 0.783 |
| 在日中国人 | 同意できない | 普　通 | 0.848 |
| | 普　通 | | 0.358 |
| | 同意できない | プラス | 0.011 |
| | 普　通 | | 0.399 |

出所：筆者作成

### 3-2　メディアタイプ・ニュース題材による非経験者への影響

前節で述べたように、日本のマスメディアが非経験者の対中認識に影響を与えている。したがって、ここでマスメディアの分類とニュース題材をさらに絞り込んで検証してみたい。

マスメディアをテレビ、新聞・雑誌、ラジオ、ウェブサイト、SNSに分類し、非経験者に以上のルートで情報を得る頻度を調査した。そして、ニュース題材を政治・経済・社会生活・科学技術・文化・教育・娯楽・スポーツなどの分野に分けて、直近の一週間でどの分野の中国関連ニュースを見たかと聞いた。人口学的変数に基づいて、マスメディアとニュース題材の変数を順に加えて、多項ロジスティック分析をしたモデルは全体的に有意である（$p$=0.00）。

表6 メディアタイプ・ニュースの影響（非経験者）

| 項目 | 利用頻度（高い＝参照カテゴリ） | 認識傾向（マイナス＝参照カテゴリ） | 有意確率（$p$値） |
|---|---|---|---|
| テレビ | 低い | 普通 | 0.166 |
| | 普通 | | 0.398 |
| | 低い | プラス | 0.021 |
| | 普通 | | 0.064 |
| SNS | 低い | 普通 | 0.347 |
| | 普通 | | 0.827 |
| | 低い | プラス | 0.001 |
| | 普通 | | 0.001 |
| 項目 | 一週間内閲覧頻度（ある＝参照カテゴリ） | 認識傾向（マイナス＝参照カテゴリ） | 有意確率（$p$値） |
| 政治関連 | ない | 普通 | 0.109 |
| | | プラス | 0.019 |
| 文化関連 | ない | 普通 | 0.679 |
| | | プラス | 0.005 |
| 経済関連 | ない | 普通 | 0.021 |
| | | プラス | 0.405 |

出所：筆者作成

その結果（**表6**）の考察として、テレビとSNSは、認識傾向が「プラス」の場合、$p < 0.1$なので、非経験者の対中認識に大きな影響を与えている。テレビ・SNSの利用頻度が高いほど、プラスイメージを持つ傾向がある。

また、一週間内の閲覧頻度で中国の政治・文化関連のニュースを見たことがあり、認識傾向が「プラス」の場合と、一週間内の閲覧頻度で中国の経済関連のニュースを見たことがあり、認識傾向が「普通」の場合も、ともに$p < 0.1$なので、これらのニュースを見る頻度が非経験者の対中認識に影響を与える。政治・文化関連は、ニュースを見る頻度が高いほど、プラスイメージを持つ傾向がある。一方、経済関連のニュースは、見る頻度が高いほど、普通の姿勢で中国のことをとらえる傾向がある。

## 3-3 留学経験者の認識変化

前章の2-4で述べたように、経験者に「中国に対するイメージは留学前と比べて、どのように変わったか」と聞いて、5段階の尺度でのリッカート尺度の選択回答を求めた。分析を簡略化するため、「とても悪くなった」「少し悪くなった」という選択肢を「マイナス傾向」、「あまり変わらなかった」を「普通」、「とても良くなった」「少し良くなった」を「プラス傾向」とする。その上で、留学経験者の人口学的特徴、留学期間の長さ、直接経験（中国での生活における実感、中国を旅行した経験、中国人との付き合い）、間接経験（SNSの利用、教科書から学んだこと、中国の新聞・雑誌・ラジオ・テレビニュース、中国のテレビドラマ・映画・音楽・文学作品、中国語のレベルアップ）を独立変数、中国に対するイメージの変化を従属変数にして、多項ロジスティック分析を行った。

その結果、留学期間の長さは中国に対するイメージの変化に特に影響がないことが分かった。一方、社会人口学的特徴、直接経験、間接経験の中には、留学前後に中国に対するイメージが変化したことに影響を与える重要な変数が3つ発見された。すなわち、「性別」、「中国での生活における実感」及び「SNSの利用」である（**表7**）。なぜなら、「性別」と「中国での生活における実感」の2つの変数において認識傾向が「普通」の場合と、「SNSの利用」の影響程度が低く、認識傾向が「普通」の場合は、$p < 0.1$だからである。

表7　経験者の認識変化の要因

| 変数 | 選択肢（女性＝参照カテゴリ） | 認識傾向（プラス＝参照カテゴリ） | 有意確率（$p$値） |
|---|---|---|---|
| 性別 | 男性 | マイナス | 0.998 |
| | | 普通 | 0.035 |
| 変数 | 程度（高い＝参照カテゴリ） | 認識傾向（プラス＝参照カテゴリ） | 有意確率（$p$値） |
| 中国での生活における実感 | 低い | マイナス | 0.998 |
| | 普通 | | 0.998 |
| | 低い | 普通 | 0.024 |
| | 普通 | | 0.007 |
| SNSの利用 | 低い | マイナス | 0.999 |
| | 普通 | | 0.998 |
| | 低い | 普通 | 0.018 |
| | 普通 | | 0.120 |

出所：筆者作成

中国での生活における実感とSNSの利用頻度の高い日本人大学生は、中国に留学した後、中国に対するイメージが「良くなる」確率が高い。また、男性は中国に留学した後、中国に対するイメージが「良くなる」確率が高いことも分かった。

表8　「SNSの利用による影響」項目回答の男女比較　　単位：％

| | 全く影響なし | あまり影響がない | どちらともいえない | ある程度影響がある | 非常に影響がある |
|---|---|---|---|---|---|
| 男性 | 2.35 | 12.94 | 22.35 | 43.53 | 18.82 |
| 女性 | 9.62 | 19.23 | 32.69 | 19.23 | 19.23 |

出所：筆者作成

興味深いことに、「SNSの利用はあなたの中国に対する認識にどれぐらい影響しているか」という質問に対して、「ある程度影響がある」「非常に影響がある」と答えた男性は62.35％にのぼる一方、女性は38.46％にすぎず、男女差が目立つ（**表8**）。原因の一つとして考えられるのは、女子学生と比べて男子学生はより社交的で、外向性が強い傾向があるということである。この点に関してはさらなる研究が必要だが、曽雅麗ら（2011）による大学生の人付き合いとその影響要因に関する研究で検証されており、異文化の場合にも適用されると程剛（2015）が指摘している。

## おわりに

本稿は、日本人大学生の対中認識の実態とそれに影響を与える要因を分析した上で、中国留学経験者と非経験者の比較および経験者間の比較を通して、経験者の対中認識の変化とそれを生み出す要因を検討した。

調査の結果、中国留学経験の有無が、日本人大学生の対中認識を左右する重要な要因の一つとなっていることが分かった。非経験者に比べて、経験者の方が中国によりよい印象を持っている。

その要因として、主に情報源の違いが挙げられる。日本のマスメディア、学校教育、在日中国人を主な情報源とする非経験者は、ややマイナスのイメージを持つ傾向がある。そして、テレビ・SNSの利用頻度が高く、中国の政治・文化関連のニュースを見る頻度が高いほど、プラスイメージをもつ傾向があることも明らかになった。しかし、これらの変数は経験者にはほとんど影響を与えていない。

一方、5割を超える経験者は、留学後、中国に対するイメージが「とても良くなった」あるいは「少し良くなった」と答えている。経験者の場合、「中国での生活における実感」と「SNSの利用」は、留学後の対中認識が「良くなる」ことに特に大きな影響を与えている。また、男性は留学後の対中認識が「良くなる」確率が高いのも興味深い。男性が女性より社交的で、異なる文化を柔軟に受け入れられるかもしれない。

本調査によると、中国への訪問や中国人との交流などの直接的な経験がない日本人大学生は、自国メディアなどの間接的な情報に依存するしかない。一方、中国での生活を直接体験した日本人の留学生が、自らの目を通して中国を見て、現地での生活（SNSの利用も含めて）を通して、プラスイメージを持つ傾向が見られる。逆に推論してみれば、実際に日本を肌で感じた中国人留学生も、日本留学によってその対日認識は改善されるだろう。

したがって、両国民の相互認識を深め、相手国のイメージを改善する一つの方策として、両国政府は今後、一層積極的に留学活動をサポートすべきではないだろうか。若者たちにより多くの直接の異文化体験や学習機会を提供する方が、ステレオタイプを解消し、相手国に対する認識を深められる。これから日中両国において、留学生支援や受け入れ体制の整備が一層推進され、青少年を中心に両国国民の「直接交流」の場がますます多くなることを願ってやまない。

**参考文献**


曾雅麗・蔡茂華・宋迎秋「高校大学生人際敏感与社交焦慮相関因素分析」『社会心理科学』、2011年第26（Z1）、p.35

陳文「両広地区東南亜留学生眼中的中国国家形象」『世界政治』、2012年第11号

陳雨璇・陳豔豔「跨文化伝播視閾下中国文化産品対国家形象的影響——基于韓国4校大学生的抽様調査」『阜陽師範学院学報』、2019年第5号

程剛・肖友琴「社交焦慮障礙的性別差異及其生物学解釈」『中国健康心理学雑志』、2015年第23（02）号、pp.307 ～ 312

崔世広「中日相互認識的現状、特征与課題」『日本学刊』、2011年第6号、pp.56 ～ 70

範穎「日本電視媒体与日本民衆対中印象——以NHK渉中紀録片為例」『現代伝播』、2015年第37号、pp.105 ～ 108

林煦丹・陳暁亮「跨国教育流働中的刻板印象与身份建構——以在美中国留学生為例」『人文地理』、2019年第3号

劉志明『中国のマスメディアと日本イメージ』エピック、1998年

孫有中『解碼中国形象』世界知識出版社、2009年5月

呉献挙「国家形象的跨文化生成机制研究——基于主体評価的分析視角」『南昌大学学報』、2016年12月

徐蒙「媒介使用、文化産品消費与大学生対日本人刻板印象」『青年研究』、2018年6月

姚君喜「外籍留学生対中国人形象認知的実証研究」『当代伝播』、2015年第4号

張昆・崔汝源「我国公衆心目中的隣国形象及其影響因素研究——基于両輪全国性民意調査（2014 ～ 2015）」『新聞与伝播研究』、2016年第10号

江藤名保子「日中関係の再考—競合を前提とした協調戦略の展開—」『フィナンシャル・レビュー』、2019年第3月号

石田若菜「日本留学の満足度向上を目指して—日本の留学生受け入れ政策と留学生のアンケート調査を踏まえた一考察—」『日語教育与日本学研究』、2018年

穆紅・孟慶栄「日本人大学生の中国に対する意識の変容－国際交流プログラムへの参加を通して－」『東アジアへの視点』、2015年6月号

田中名彦『日中関係1945 － 1990』東京大学出版会、1991年

文部科学省「若者の海外留学促進のための関係省庁等連絡会議（第2回）議事次第：参考資料2 若者の海外留学を取り巻く現状について」、2014年

工藤泰志「なぜ、日本人に中国へのマイナス印象が大きいのか 15回目の日中の共同世論調査結果をどう読むか」 https://news.yahoo.co.jp/byline/kudoyasushi/20191025-00148261/ （2020年10月16日アクセス）

独立行政法人日本学生支援機構（JASSO）「2018年度日本人学生留学状況調査結果」 https://www.studyinjapan.go.jp/ja/statistics/nippon/date/2018.html（2020年10月20日アクセス）

外務省ホームページ「日中青少年交流推進年認定行事（行事の認定、ロゴマーク使用申請）」 https://www.mofa.go.jp/mofaj/a_o/c_m1/cn/page25_001777.html（2020年10月24日アクセス）

1 本稿は中国人民大学大学生創新創業訓練計画「課題番号 RUCCX2020226」による研究成果の一部である。

2 非経験者において20代後半の学部3年生、4年生が多かったのは、一般的に考えられている日本人大学生の年齢分布とは違うので、筆者は今回のアンケートの信頼性（Reliability）と妥当性（Validity）を検定した。その結果、アンケートにおけるデータの内部に一貫性があり、信頼性と妥当性も確認されたため、このデータを採用することにした。

3 *t*検定とは、母集団が正規分布に従うと仮定し、*t*分布が直接、もとの平均や標準偏差にはよらないことを利用しており、2組の標本について平均に有意差があるかどうかの検定に用いられる統計的仮説検定の一つである。

4 **表4**における参照カテゴリの英語名称はreference categoryである。多項ロジスティックを用いて変数のセットを分析する場合、参照カテゴリ（reference category）は通常、このセットの最初の変数或は最後の変数とされる。本稿では、変数セットの最後の変数を参照カテゴリ（reference category）にする。以下同じ。

# 日中比較による中国アニメ産業の一考察

浙江工業大学外国語学部日本語学科4年
杜沁怡

## はじめに

「アニメ王国」である日本は、アニメやマンガなどを通じて、商業利益を得るだけでなく、文化の輸出にも成功している。一方、中国のアニメを見ると、『西遊記 ヒーロー・イズ・バック（西遊記之大聖帰来）』（2015年）などの作品が世界でもヒットし、現在、アニメの生産量は世界一を誇るようになっている。このように、非常に順調に発展しているように見えるものの、実際のところ日本と中国のアニメ界は両方にも改善すべき点が多々あり、より良い発展が望まれる。

中国のアニメ産業は、まだ最も良い時代を迎えてはいないかもしれないが、それに近づきつつあるのは確かである。現在、中国アニメのソフトパワーは、まだまだ日本に較べると作品力が弱い。しかし国力を挙げて予算を増やし、このパワーを育成しているので、そのうち強くなれるはずだ。またアニメのみならず、中国のマンガ産業も著しい発展を遂げていることから、中国アニメが台頭できる条件は揃いつつあると予想出来る。

これまで「日中間におけるアニメーションビジネスの一考察」という研究では、「現在、中国アニメーション市場は制作能力不足、（中略）国家支援への過度の依存など、自立した産業発展を制約している要因がたくさんある」と言われてきた。それに加え、「日中アニメ産業の市場争奪～国産アニメ振興を図る中国とどう向き合うのか～」の研究では、「中国のアニメは日本の真似が多くて恐れるに足りない」とも言われてきた。しかしやはり双方とも、中国アニメ業界の実態という点で間違っている。本稿は、この問題を第1章で分析している。また本稿では、日中対比を加味しながら、中国のアニメ業界への分析にアクセントを置き、様々な仕組みを紐解いていく。

# 一、中国のアニメ産業の現状

## 1-1 日本アニメの導入

1979年に改革開放[1]がスタートした時、中国のアニメ制作能力は皆無に近い状態だった。1980年、中国のテレビ局は日本を含む海外からアニメーション番組を輸入し始めた。最初に中国テレビで流されたのが、手塚治虫原作の『鉄腕アトム』である。

その後の1980年代から90年代にかけては、中国においてテレビの普及が急速に進行した時期である。ちょうど同じ時期、『一休さん』などが放映され、日本のアニメは中国大陸の数世代に渡る人々を惹きつけてきた。さらに1990年代に入り、中国の国民的アニメともなっている『ドラえもん』が放映開始されてヒットアニメとなり、現在に続いている。

そして2000年から現在に至るまでは、中国政府が海外アニメの輸入と放送を意識的に制限し始める時期であった。しかし、中国におけるインターネットの普及と関連技術の向上に伴い、政府の制限があるにもかかわらず、インターネットや横行する非合法的な海賊版を通して、より多くの関連情報を得られるようになっており、アニメファンにとって特に不自由はしなかった。

年間100本を越える日本アニメは、ネット経由で公式か非公式ルートから中国に入り、「好きなアニメは全部日本もの」と言われるほど、見事に中国人の心を鷲掴みにしたのである。

このような日本アニメの導入は、中国大陸に“大和魂”を吹き込むきっかけとなり、中国における日本文化発展の土台を築いたと言っても過言ではないだろう。

## 1-2 中国アニメ産業振興政策

『漫動作』の統計によると、中国の青少年が魅了される20のアニメキャラクターのうち、そのほとんどが「made in Japan」で、中国生まれは「孫悟空」のみであった[2]。また、「一推し[3]のアニメ作品」においては、国別に日本が50%を占め、欧米が30%、中国は20%となっている。その理由は、日本のアニメは ①テーマが幅広く、②想像力に満ちており、③魅力的なストーリー性を持ち、④精巧に制作されている などが挙げられている。そのため30年以上にわたって、青少年層だけでなく、幅広い層に受け入れられてきた。

これ以上、海外アニメに圧倒されてたまるかと言わんばかりに、自国アニメ産業の衰退を危惧した中国政府は、よりよく発展させるため国産アニメの保護と育成に本腰を入れる政策を行うことにした。

具体策としては、2004年に海外作品のテレビ放送を制限し、国産アニメの割合がアニメ放送全体の70%を下回らないように規定を設けた。2008年になると、夕方以降のゴールデンタイムに海外アニメを放送することを禁止するなど、国産アニメを重視する政策が取られている[4]。それまではほとんど何の制限も受けていなかったが、これにより、海外アニメの放送時間に対する制限が明文化され、1990年代以降、海外アニメが謳歌してきた黄金時代も幕を閉じた。

こうした「保護主義」と並行して、中国政府は全国各地に「国家動画産業基地」というアニメ産業の拠点を設立することとした。まず2005年に杭州・上海・湖南などの9カ所、その後2006年には深圳・大連・蘇州・無錫などの6カ所が加わり、2008年までに合計20カ所の国家動画産業基地が指定を受けた。

国産アニメの生産は、1926年以前にはゼロだったが、同年に『大鬧画室』を作成し、スタートを切った。その後、国産アニメ振興政策の強力な働きの下で、中国アニメ産業は速やかな量的進展を遂げた。国家広播電影電視総局（国家広電総局）の統計データによると、2004年に制作された国産アニメは年間約2万分だったが、2011年には435本、放送時間26万1,224分で、前年比18%の勢いとなった。7年間で10倍以上に増えたことになる。この時点で中国は日本を追い越し、一気に世界一のアニメ生産大国となった。『喜羊羊と灰太狼』『秦時明月』『闘羅大陸』など影響力を持った作品も生まれてきた。

2011年のピークに比べれば、2018年には241本、放送時間8万6,200分、2019年には305本、放送時間9万4,700分とやや減ってはいるが、それでも傾向としては着々と向上している。日本が2006年を境に減少傾向にあるのとは、好対照である。

### 1-3 人気作品を生み出す仕組み

実際のところ中国では、マンガはあくまで将来的にアニメ化されるための先行投資であって、それ自体が読まれるために作られていない。アニメなどの原作を供給するために作られているに過ぎないのが、中国マンガの実質的役割ということになる。

第二次大戦後、中国のマンガは停滞期を迎え、その間、日本マンガの影響力が徐々に大きくなり、1980年代には「日本マンガ一強」とも呼べる時代が訪れた。中国国内で描かれるマンガも、日本マンガのテイストを取り入れた作品が少なくなかった。

好転の動きが見えたのは、1990年代からである。中国の若手作家が次々と台頭してきて、2000年代にはインターネットを経由して描くという、新たな世代が誕生した。中には、夏達を筆頭に、日本のマンガ雑誌で連載を持つような作家も現れた。2010年代の初頭には、顔開も『機動戦士ガンダムUC』の中国版コミカライズを手掛けている。わずか数年後の2016年、米二という作家のバトルマンガ『一人之下』も、日本でアニメ化され、大人気となった。

つまり、中国はアニメ産業の躍進を遂げるための「仕込み」には、困っていないということである。中国のマンガ家は、自らの力でその事実を日本にのみならず、世界にまで叩きつけている。

中国のアニメ産業は現在、ネット配信プラットフォームの急成長も伴い、さらに市場規模が拡大している。まだ歴史こそ浅いが、今後の成長性という点では大いに期待が持てる。その基盤となっているのは、まさにマンガなのである。

そのメカニズムを解明するには、日本側の実情に触れておく必要がある。これからは両者を比較しながら、中国マンガのメカニズムを明らかにさせていく。

まずは作り手だが、日本はマンガ家主体で描くのがお決まりである。しかし、中国は違う。ネットが普及してからシステム化されたこともあり、ここ10年ぐらいの中国では、アメコミ（アメリカの漫画作品の総称）と同じように、集団で創作をするプロダクション方式が主流となった。掲載媒体も日本とは相違があり、中国の場合はWeb連載がメインで、紙で出版されることはほぼない。すなわち、出版段階をスキップし、インターネットが業界の発展を後押ししている。

実は近年、日本でもマンガのネット配信を着々と始めようとする動きはあったが、マンガが雑誌や単行本の形になるまで待つという読者の方が依然として大多数を占めている。このため、中国のネットやモバイルの即刻配信に比べれば、流布スピードや範囲などの面において一気に差をつけられてしまった。

次はマンガ編集部の光景である。日本の編集者は出版社に所属し、作品の連載や出版に携わる者として、マンガ家と二人三脚で作品を作っていく。故に、編集者がマンガ家の戦友的存在だと思われることもある。彼らはマンガ家の改善すべき点を指摘し、作品に専念してもらうため、その悩みをどうにかして解決してあげたいという強烈な思いの持ち主でもある。

中国の編集者は、ある意味、日本とは相当に異なっている。そもそも出版社で働いているわけではないので、単行本化という工程もない。主にスケジュール管理したり、原稿をWebにアップロードしたりといった、マネジメントやサポートがメインの仕事とされる。彼らはパソコンでマンガ家とやりとりをし、新作の持ち込みや、連載作品の修正もすべてチャットで行い、直接顔合わせするのは、年に1回のみだというところもある。編集部は送られてきた新作マンガなどを選別した上で、まずは無料で掲載する。閲覧数などを参考に人気作を有料化し、人気が続けばアニメやゲームに展開する。オンラインで打ち合わせをすることで、双方にとっても相当な時間の節約になるし、仕事の効率も共に上がってくる。

作品の形式やテンポなどにおいても、日本の週刊連載マンガはモノクロで約20ページほどなのに対し、中国のマンガは縦スクロールで読み進める形式で、フルカラーの約10ページを、プロダクションごと週に2～3本ずつ連載している。日本側に比べると、ハードなスケジュールではあるが、中国のマンガにおいて最も大事なのはスピードである。なぜなら、Webマンガの読者層は主に、ネットのスピード感の中で育った10代から20代前半の若者たちである。彼らを飽きさせないためには、いかに早く更新できるかが重要なポイントだからである。

### 1-4　中国アニメの日本進出

マンガにおいて国内外問わず、大いに人気を集める作品を続々と産出したことで、アニメにおいても新たな進展が見えた。2016年の頃から、中国の企業やスタジオ制作のテレビアニメが、日本で相次ぎ放送されるようになった。その中で先陣を切ったのは、同年1月8日より日本国内の独立系テレビ局など5局で放送を始めた『霊剣山星屑たちの宴（従前有座霊剣山）』という中国発のアニメである。放送開始1カ月で、『アニメージュ』、『アニメディア』、『月刊ニュータイプ』の日本アニメ界3大雑誌でも取り上げられた。この「快挙」について多くの人が、中国によるアニメ・漫画・ゲームなど「二次元」世界の文化輸出だと認識している。その後、コメディ、3DCGバトル、劇場版作品など様々な形で、中国発アニメの日本進出に勢いが付いている。

17年には、シリーズ化もされた『銀の墓守り』や、日本のコミックス原作で上海に本拠地を置くアニメ制作スタジオ「ハオライナーズ」の『セントールの悩み』などが放送された。

この勢いはテレビにとどまらない。2018年5月には、中国版「ニコニコ動画」と呼ばれる動画共有サイト「ビリビリ動画」が、東京に制作スタジオを立ち上げ、年間3本のペースで配信アニメを制作すると発表した。ビリビリ動画は2019年、中国のオリジナルマンガを改編し、4月から同社が制作した新作アニメ『群青のマグメル（拾又之国）』の中国と日本での同時放送を開始した。原作は、2015年6月から日本の集英社傘下のマンガアプリ「JUMP＋」上で連載された中国のマンガ家、第年秒と同名の作品である。

中国大陸発の作品が「JUMP」シリーズで連載されるのは非常に珍しく、その後、ビリビリの働きかけによりアニメ化されることになった。ビリビリが中国に版権のあるアニメ作品を海外で発表するのは、これが初めてではない。同社制作の『TO BE HERO（凸変英雄）』も以前、日本のテレビ局で放送され、大きな反響を呼んだ。

2020年秋、中国発コメディのTVアニメシリーズ『兄に付ける薬はない！』第4期が放送開始し、11月には中国制作アニメーション映画『羅小黒戦記 ぼくが選ぶ未来』が、名声優陣の演じる日本語吹き替え版の形で、全国ロードショー公開された。

中国発作品はこれまで、『ドラえもん』のコピーマンガが出回るほどの深刻な盗作問題で、幾度となく批判を受けてきた。ところが今では、フロンティア精神が働き、オリジナリティに富んだストーリーにキャラデザインを加え、本来のイメージをすっかり変えたとは言えないものの、改めつつあるのは確かだ。もしや、一昔前は「パクリだらけで技術も無い」が代名詞だった中国産アニメに対する日本側の印象が少しでも変わったとしたら、これらの作品が大きく働いていたのではないかと思われる。中国アニメ界には確かにまだまだ日本から学ぶべき点は多いのかもしれない。しかし、今の中国が示している姿勢を前に、間違いなく言えるのは、すでに「とにかく単純にパクって済ませる」時代が終わりを告げようとしていることだ。

## 二、日中比較による中国アニメへの評価

### 2-1 意識観念及び題材

中国のアニメについて、今までなかなか革新的なものが見られなかった理由の一つは、アニメに対するイメージがまだ70、80年代のレベルに留まっており、「子供が見るものだ」「就職には役に立たない」などマイナスに思われることが多かったからである。また、アニメ番組も子供向け番組にカテゴ

ライズされ、より広範なターゲット層までには普及できなかった。

確かに、国産アニメは子供向けがメインだが、一方で大人向けテレビアニメの増加も近年目につくようになった。例えば、ネットで配信された人気の国産アニメ『画江湖之不良人』、『闘羅大陸』などは、大人向けのアニメである。近頃のアニメ制作現場では、有妖気の『鎮魂街』や、両点十分の『爆蛋晶英』など、一部大人向けアニメを意識していると思われる企画も出てきている。果たしてこのような動きが、国産アニメをさらなる舞台へと連れて行くことができるか、今後への期待が高まっている。

一方、日本アニメのターゲット層は幼児から年寄りまで、幅広く展開している。『アニメマーケティング白書2018』によると、日本ではアニメ視聴人口が一番多いのは、40代なのである。週に1本以上アニメを見たと回答したアニメ視聴者数は、40代が10代とほぼ同じ600万人で、一番多い（図1)。年齢帯内のアニメ視聴者比率は32%ではあるものの（図2)、そもそもの人口が多いこともあって40代がアニメ視聴者数の最も多い年齢帯となっている。この年代なら子連れの親が多いので、子供向けアニメを一緒に見て楽しむことも考えられる。

図1 日本の年齢帯別アニメ視聴者数（推定値）　単位：千人

| 年齢帯 | 視聴者数 |
|---|---|
| 5-9才 | 3768 |
| 10-19才 | 5924 |
| 20-29才 | 5401 |
| 30-39才 | 5647 |
| 40-49才 | 5995 |
| 50-59才 | 3762 |
| 60-69才 | 2751 |

出所：『アニメマーケティング白書2018』

図2　日本の年齢帯別アニメ視聴者比率　　単位：%

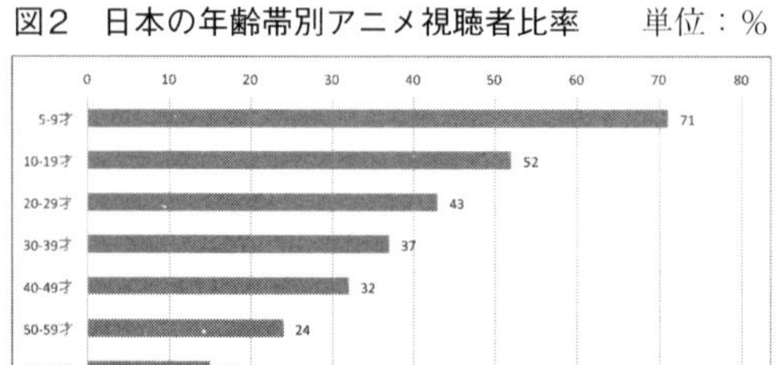


出所：『アニメマーケティング白書2018』

中国のアニメの題材の殆どは、『宝蓮灯』、『三国演義』のような古い神話や著書等であり、その固定な枠組から容易には踏み出せなかった。近年、話題にのぼった『西遊記 ヒーロー・イズ・バック（西遊記之大聖帰来）』、『ナタ～魔童降臨～（哪吒之魔童降世）』などヒットアニメ映画の多くも、こういった昔の物語を素材にしている。この場合、懐かしさや安定感があるのは確かだが、どうにも目新しく感じさせられないのが問題である。大人はともかくとして、テンポの早い子供ならすぐに飽きてしまうだろう。今のようなアップテンポライフでは、ひたすら昔に浸っていることは、良い意味で捉えるなら「レトロ」、厳しく言うなら「陳腐」になる。従って、各種の分野や物事に目を光らせ、常に新たなトピックを発掘せねばならない。

一方、日本のアニメは題材において絶え間なく工夫してきた。アニメイトタイムズがまとめた「2020年秋アニメ一覧」によれば、2020年10月放送開始のものだけでも、犯罪者のクライムアクション、動物と暮らす日常、クライミング・ストーリー、昭和ギャグ漫画の改作物語など、題材がかなりのバリエーションに富んでいることが伺える。恐らく各年齢層や趣味圏の視聴者の嗜好に応じて、個々の作品の競争力を上げていくという、巧妙な戦略があるのだろう。

### 2-2 教育性及び経済性

中国のアニメは基本的に教育を目的としている。制作側も昔は「○○美術制作会社」や「○○テレビ美術部」等が殆どであり、国からの資金補助が得られるので、それらの作品が経済性よりも教育性に傾きやすい。それで楽しんでもらえるなら、知識を授かるのに絶好な方法となるかもしれないが、もしだらだらと理詰めの長広舌を振るおうものなら、興味本位の青少年視聴者に好まれることはまずないだろう。

しかし近年、中国のテレビや動画配信サービスで放送されている『熊出没』は、環境保護主義の面における教育的価値を持ち合わせつつも、ストーリーが多彩である。2014年に封切られた3D劇場版も、その時点で中国国産アニメとしては過去最高の興行成績を獲得し、大人気アニメとなった。これは今後、子供向けアニメ制作における教育とバラエティー性との融合を推し進めていく作品の先駆けになると予測される。

一方、日本アニメの着眼点は主に経済性である。制作会社は補助金無しで自主制作であるため、作品は当然、経済性を求めなければならない。視聴率を高めるよう、まずは視聴者の心を捉えなければならないし、内容にも常に革新を追求しなければならない。また「映画制作」、「ゲーム、パチンコ、カラオケなどとの連携」、「グッズなどの商品化」といった、二次創作にかかわる事業展開への関心も高い。近年、日本アニメ産業の成長要因となっていたのが、海外での売上増加だ。

しかし2018年の海外売上は、1兆円を突破したものの、前年比ほぼ横ばいの1兆92億円となっている。2020年以降の日本アニメ産業を俯瞰しても、重要な課題は、少子高齢化の進展の影響が不可避な国内売上の減少を防ぎつつ、いかに海外売上を拡大するかという点にある。とは言え、経済性ばかり追いかけては、金に目が眩み、素晴らしいアニメを作ろうという初心を失ったり、間違ったところにウェイトを置いたりしないとも限らない。そういう意味では、なおざりにできない問題である。一つ好例を挙げるなら、経済性と人間性や社会性、教育性などが絶妙なバランスを取っている宮崎駿の作品がある。

## 2-3　アフレコ及び宣伝

音声のアフレコについて、中国アニメはアフレコの音声がキャラクターの年齢と明らかに合わなかったり、キャラクターの性格をはっきり現わせなかったりするケースが多い。原因には、人材欠如、経験不足、経費節減などが考えられる。国産アニメはもともとスタートが遅く、アニメ大国の日本に比べれば、声優という職業の発展も当然、後れをとっている。当時、声優として起用されたのは概ね劇団の役者である。専門的な指導や訓練を受けたこともないので、キャラクターのイメージに応じて声を変えることへの意識も薄く、直接、地声で演じていた人も少なくなかったそうだ。

また、制作側の都合で役者への報酬を節約するため、一人に何役もやってもらうことがあったという。実際に、前述の人気アニメ『一人之下』の中国版アフレコについて、ネットで批判の意見も見られる。その中で最もバッシングを受けているのは「骨削り刀」の異名を持つ「夏禾」のキャラクターボイスで、「歯が浮くぐらいの甘ったるい姉御声で、まるで奥手な深窓の令嬢による遊女の芝居のようだ」と酷評された。

一方、日本では声優という専門的にアフレコや吹き替えに従事する職業がある。彼らは多くの場合、キャラクターより年上だが、性格や声などキャラクターとぴったり一致させることができる。日本語吹替えと言う文化と共に、声優という職業が生まれて、もはや半世紀以上の時が経った。その時間の中で、先人のたゆまぬ努力で「声優」は着実に進歩発展をとげた。外国映画吹替、アニメ、ゲーム、ラジオ、歌等、その仕事は数え切れないほど多岐に広がっている。また、子供たちの憧れの職業に挙げられるまでに「声優」は成長した。

しかし、そんな声優業が発達している日本でも、「キャラと声が合ってなかった」というケースは少なからずある。とあるウェブアンケートの調査結果を見ると、一位はなんと『ルパン三世』の名物キャラ、銭形警部こと銭形幸一である。実は2011年にCVが納谷悟朗から山寺宏一に替わったが、長年定着したイメージが強く、「ただコミカルになっているだけで、渋さが足りない」、「納谷悟朗さんと同じ声を求めている訳ではないけど、どこか似せようとしているから違和感があるのかも……」などと、違和感を覚えた人が多かったようである。

中国にしろ、日本にしろ、これからより多くの人にアニメを応援、支持してもらうために、なすべきことが目に見えてくる。例えば、声優選びの改善、声優自身の実力向上、人材育成のサポートなどが必要となってくる。これらのことにより、日中アニメもさらなるステップへと躍進するのではないかと思う。

宣伝については、中国の場合には殆ど見られなかった。もともとはCDやDVDの形にして販売するのが精一杯である。しかし、近年インターネットの発展の影響も受けて、中国では、日本のようなオフィシャルアカウントを運営するようになり、そこで情報の解禁や予告の配信なども行われており、ファンとの間の距離を縮めようとしている。それによって、作品の公開以前の話題性も作れる。特に昨今の「Weibo」や「WECHAT」といったプラットホームの急速普及によって、大いに助かっている。

一方、日本の宣伝方法は多種多様である。まずは新作のPV（プロモーションビデオ）で宣伝する。次に、街や地下鉄の中でも大量のポスター広告を出す。人気の作品であれば、ぬいぐるみ、アクリルスタンド、缶バッジ、キーホルダー、ストラップ、フィギュア等様々なグッズも売り出される。制作側にとっては、これら関連グッズは放送料よりも大きな収入が得られるため、その潤沢な資金を持って次の作品制作に投入することができ、バリューチェーンの好循環がなされているわけである。

情報が常に飛び交うアニメ業界では、解禁前の宣伝は極めて肝要なことであり、それで放送開始後の視聴率や注目度が決められるケースも数多くある。中国も日本のような多様な宣伝方式を試み、中国の状況に適した方法を見出すべきだと思われる。時代の波に乗って、色々チャレンジしてみるのも悪くはない。

# おわりに

中国のアニメ産業が短期間に高度成長を遂げ、アニメ大国の日本としても見過ごせない存在になってきた状況をここまで見てきた。

しかし、未だ発展途上の中国アニメが韓国ドラマのように日本市場を席巻することは、少なくとも近い将来にはないと言われている。日本の国内市場が少子化で、今後あまり期待できないことも問題である。その点、14億人という世界第1位の人口を持つ中国市場は、潜在的な魅力が高い。

課題は少なくとも2つある。1つは、アニメに限らずコンテンツ一般に言えることだが、中国における海賊版の横行である。もう1つは、2004年に始まる中国政府のアニメ産業振興ための「保護主義」である。

こうした中で、敢然と中国市場開拓に取り組む日本側の新たな動きも見られる。当地におけるグローカル化が重んじられる今、日本側の繰り出すビジネスモデルとして、①共同制作②ネット配信③キャラクターグッズ等の展開、という3つが考えられている。

その中で、特に①の共同制作による日中文化の衝撃・交流は、また新たなアイデアを育む。双方にとって、アニメ制作の理念や技術などの切磋琢磨にもなるし、何より両国の人が同時に楽しめる作品ができるということは、いっそう団結力を増し、友好関係を深めるのではないかと筆者は考えている。

ネット配信も同様である。中国の動画配信サイトとの連携が、日本アニメの中国進出をより安易にしてくれる。正当で合法的なルートでの二次利用なので、海賊版などによる著作権侵害はまず免れるだろう。それで利益を掴めば、また次の作品作りに資金を放り込むことができる。

キャラクターグッズ等の展開にも目が離せない。あらゆる需要に応じて、あらゆるジャンルのグッズデザインを考える。これがまさに今一番求められていることであり、中国における日本製商品への印象をさらに良くすることも不可能だとは言えなくなる。

もっとも、このような動きが果たして日中関係改善の切り札になるのか、当分の間は、模索が続きそうである。

**参考文献**

杜新「日中若い世代のサブカルチャー交流—日本のマンガ・アニメの中国におけるグローカル化—」『日中関係学会本部・関東支部研究会講演概要』、2017年11月21日

田莎莎「中国における日本製マンガ・アニメの受容—『ドラえもん』を事例として—」『人間文化創成科学論』、2016年

柳澤有希「日中台のアニメ産業から見るサブカルチャー」『桃山学院大学学生論集』、NO.28

小西麻保子「コンテンツビジネスから見る日中関係」SciencePortalChina、2013年3月4日 https://spc.jst.go.jp/experiences/impressions/impr_13001.html
千野拓政「東アジアにおけるサブカルチャー、文学の変貌と若者の心――アニメ・マンガ・ライトノベル、コスプレ、そして村上春樹――」『WASEDARILASJOURNAL』、2013年10月
祝方悦「中国の若者における日本ポピュラー文化の受容――アニメ・ファンの受容態度からの考察――」『市大社会学』第12号
周星「中日間の越境するサブカルチャー」『ICCSJournalofModernChineseStudiesVol.10』、2018年
中村みどり「中国の消費文化と日本のイメージ――中国同時代文学を読む――」『文化論集第45号』、2014年9月
山田賢一「日中アニメ産業の市場争奪~国産アニメ振興を図る中国とどう向き合うのか~」『放送研究と調査』、2012年4月
韓若冰、陳建平「中国におけるアニメーション産業政策の形成と展望」『東亜経済研究』、第72巻第1･2号
魏小曄「中国で注目される動漫（アニメ・マンガ）産業について」
猪口真理恵、岩田志帆「日本で人気のアニメについて」『中村学園大学短期大学部「幼花」論文集』、2011Vol.3
日本貿易振興機構（ジェトロ）「中国アニメ市場調査」、2018年3月
株式会社Gzブレイン マーケティングセクション「アニメマーケティング白書2018 消費ポテンシャルとペルソナから測るIP分析」 https://www.f-ism.net/report/anime_mkt_2018.html（2017年12月14日）
アニメイトタイムズ https://www.animatetimes.com/tag/details.php?id=5947（2020年10月26日）
日本動画協会「アニメ産業レポート2019」、2019年12月
知乎 https://www.zhihu.com/question/62736860（2017年9月6日）
李琰、加藤朗「日中間におけるアニメーションビジネスの一考察」『慶應義塾大学学術情報リポジトリ』、2011年

---

1 改革開放とは、鄧小平の指導下で、1978年12月に開催の中国共産党第11期中央委員会第3回全体会議で決まった中国国内体制の改革および対外開放政策のこと。
2 江錫民「神奇動漫：千億商機蓄勢待発」『市場報』、2005年6月22日
3 「一推し」とは、最も推奨すること。一番のお勧め。
4 「広電総局関于発展我国影視動画産業的若干意見（わが国のアニメ産業発展に関する若干の意見）」2004年4月20日発布、「広電総局関于加強電視動画片播出管理的通知（テレビアニメ放送管理強化に関する通知）」2008年2月14日発布。

# 改革開放後における和製漢字語の中国への流布と影響

上海外国語大学日本文化経済学院日本語学科
2020年6月卒業
于明珠

## はじめに

日本は一衣帯水の隣国として、その言語文化が中国に大きな影響を与えてきた。とりわけ改革開放以来、中日両国の交流は非常に頻繁に行われており、多くの和製漢字語が中国に伝わり、広く使われている。「弁当」、「宅」、「人気」などはその一例である。

2020年は中国の改革開放42周年であり、日本語学習者として日本語の研究と学習に力を注ぐだけでなく、中日両国の言語文化交流にも力を入れたいと思っている。このために語彙学だけでなく、認知言語学、文化言語学、社会心理学など学際的な視角からも、改革開放後の中国に伝わってきた和製漢字語を研究し、和製漢字語が中国にどのような影響を及ぼしたかを分析することによって、中国と世界各国との文化交流に示唆を与えたい。

日本から中国に入ってきた語彙についての研究は、ずっと中日両国の言語学界の研究課題として注目されているが、その多くが中日語彙の対照研究、または論理的にまとめるようなものにとどまっている。例えば、辞書を研究材料として、個別語の意味用法の相違を研究する。しかし、言語は社会的なものであり、語彙学の角度にとどまっての研究では、十分でないのは明らかである。言語の研究を通じて、社会や文化に対する影響を発見していかねばならない。

魯宝元氏（2005年）は『中日言語研究文集』で、「中日同形語の大量の存在は、中国人が日本語を勉強することに対しても、日本人が中国語を勉強することに対しても、大きな影響を与えている。プラス面もあれば、マイナス面もある。中日同形語を研究することは、中国人と日本人がお互いの言語を学び、異文化交流を行う上で、重要な意味がある」と指摘している。日本から中国に流れてきた「和製漢字語」を研究することにも、極めて大きな意義があると思われる。

呉侃、劉志昱（2010年）は『近年の日本語外来語の中国語への影響』という論文で、「中日の語彙交流は一方通行のようなものではない。中国語から日本語に伝わった語彙は、日本語に語彙を加えたほか、その音声、文法などに大きな影響を与え、日本語の形成に決定的な役割を果たした。それに関して、中国国内と日本には多数の研究がある。また、日本語の漢字語も多く中国語に伝わってきた。近年中国語に入ってきた和製漢字語は、過去と違って、中国語の構造などに影響を与え始めている。最も注目すべき影響は、これらの語が中国語の語素となり、且文法化されるものである」と述べている。本文は、学者の言及した「語素化」と「文法化」という概念に基づいて、和製漢字語の中国における影響を深く分析する。

## 一、和製漢字語の諸問題に関する考察

### 1-1　研究計画と方法

本研究は三つの部分に分ける。

第1の部分では、その流れを2つの時期に分ける。その1つは改革開放40年の前30年であり、日本語の言葉は主に経済（景気、社長など）、美食（寿司、天ぷらなど）、交通物流（新幹線、宅急便など）などの物質に関連している。後の10年は主に精神面に関連する語彙であり、例えば「正太」「逆襲」「萌」などである（**表1**）。

第2の部分では、上記の和製漢字語をめぐり、新しい研究方法で、すなわち認知言語学、社会言語学、社会心理学を組み合わせて、「和製漢字語の中国における流布と影響」に関するアンケートを実施する。調査の結果に基づき、改革開放後における中国人の和製漢字語に対する認識度、語彙の流布、及び中国にもたらされる影響とその原因などを分析する。

第3の部分では、「なぜ同じ時期に中国に伝わった和製漢字語は、中国人に異なった由来の印象を与えるか？」という本研究の中心的な課題に一歩突っ込んで分析してみる。同時に、日本から中国に伝わった言葉の移り変わりと中国文化などの各方面に与えた影響を参考にして、今後、中国と世界の国々との文化交流にどのような示唆を与えるかを考えてみる。

表1　改革開放以来の和製漢字語一覧

| 改革開放40年の前30年（1978～2008年） | |
|---|---|
| 飲食関係 | 天妇羅、料理、寿司、便当、茶道、刺身、纳豆、抹茶、清酒、初榨、一番榨、味噌、铁板烧 |
| 交通工具 | 宅急便、乘用车、新干线、空港、通勤、步道 |
| 法政経済 | 景气、社长、就任、株式会社、法人、融资、劳务、统合、公选 |
| 芸能学術 | 二重奏、幻想曲、写真、金牌、理念、视点、闭馆、空手道、职场、柔道、声优、歌手、映画 |
| 社会現象 | 援交、过劳死、老龄化、少子化 |
| 生物化学 | 高周波、基质、酵素、多动症 |
| 人物名称 | 看护妇、市长、公务员、店长 |
| 娯楽文化 | 量贩、人气、超XX、前卫、物语、宅、暴走族、新品、游园会、知名度、出演、封杀、门球、一级棒、自动售货机、达人、福祉、售后服务、艺能、人间蒸发“中”、盆栽、民宿、福袋 |
| 改革開放40年の後10年（2008～2018年） | |
| 人物名称 | 痴汉、正太、森女、御姐 |
| 娯楽文化 | 逆袭、萌、违和感、现充、XX控、XX系、手作、爆买、新登场 |

出所：筆者作成

## 1-2　和製漢字語に対する中国人の認識度及び理解度

第2の部分のアンケート調査は、200人を対象に実施した。性別の内訳は、男性58人、女性142人。また所属の内訳は63％が大学生、24％が各種の職業、13％がその他となっている。

調査結果によると、飲食、交通機関、人物呼称（改革開放の後の10年に中国に伝わった）などの言葉は、7割以上の人がその由来は日本にあると考えている（**表2**）。法律、政治、経済、学術、社会現象、物理、化学、生物、娯楽などの言葉は、「和製漢字語」と「中国製の言葉」の境界線があまりはっきりしていないようだ。

例えば、9割以上の人が「寿司」という言葉は日本から来たものであり、7割以上の人が「歌手」という言葉は中国語であると考えている。実はどちらも和製漢字語で、30年前に中国に入ってきた語彙であるが、なぜ中国人に残された由来の印象はかなり違っているか？

社会心理学と認知言語学に基づいて考えてみると、「歌手」という言葉を中国製の言葉と思う人が多いのは、「歌手」と「日本」を直接結びつけることができないからである。「歌手」と聞いても、日本を思いつかない。それは日本だけに歌手がいるわけではなく、歌手は日本を連想させる感情色を持っていないからである。中国人は日常生活でしきりにこの言葉を使用しているので、それが完全に日常用語化し、民族の特色をすでに持たなくなっている。人々はその言葉がどの国から来たものか分からなくなる。

表2 「和製漢字語」か「中国製の言葉」か　単位：人（カッコ内は%）

| 言　葉 | 和製漢字語 | 中国製の言葉 | 言　葉 | 和製漢字語 | 中国製の言葉 |
|---|---|---|---|---|---|
| 料　理 | 159（79.5） | 41（20.5） | 酵　素 | 128（64） | 72（36） |
| 寿　司 | 187（93.5） | 13（6.5） | 多动症 | 50（25） | 150（75） |
| 新干线 | 152（76） | 48（24） | 市　长 | 52（26） | 148（74） |
| 空　港 | 147（73.5） | 53（26.5） | 公务员 | 49（24.5） | 151（75.5） |
| 法　人 | 79（39.5） | 121（60.5） | 人　气 | 75（37.5） | 125（62.5） |
| 株式会社 | 189（94.5） | 11（5.5） | 宅 | 135（67.5） | 65（32.5） |
| 写　真 | 130（65） | 70（35） | 正　太 | 187（93.5） | 13（6.5） |
| 歌　手 | 48（24） | 152（76） | 御　姐 | 153（76.5） | 47（23.5） |
| 老龄化 | 58（29） | 142（71） | 萌 | 126（63） | 74（37） |
| 过劳死 | 106（53） | 94（47） | 逆　袭 | 74（37） | 126（63） |

出所：アンケート調査から筆者作成

それに比べて「寿司」という言葉は、特に民族的な特色がある。一般的に、ほとんどの中国の飲食店では、寿司は売られていない。「日本料理店」や「寿司専門店」などだけで販売している。従って寿司は、販売背景と場所が独自の特色を持っている。日本料理の店に行くと、寿司が思い出されるし、寿司を食べたい時には、日本料理店が思い出される。このような「固定化」した心理認識のもとで、自然に寿司と日本が結び付く。月日が経つにつれて、私たち中国人は当然のように寿司を「和製漢字語」と認知する。

もう一つ例を挙げよう。社会問題を表す言葉である「高齢化」と「過労死」については、見方が違う。7割の人は「高齢化」を中国語、「過労死」は5割以上の人が和製漢字語としている。両国の社会背景を結び付けて考えてみると、「高齢化」という社会現象は日本だけでなく、中国にも存在する深刻な問題である。「高齢化」対策についても、両国は継続して高齢者雇用対策の実施、養老産業の推進などの改善措置を実施していることが分かる。しかし、「過労死」という言葉は、基本的には日本特有の深刻な社会問題であり、中国では比較的に珍しく、この言葉をよく使う者も4割にすぎない。従って、この2つの言葉は両国における受け取り方が違い、中国人がその由来に対して異なる印象を持つようになった。

また語素も、中国人が和製漢字語を中国製の言葉と誤解する大きな原因となっている。例えば、中国では「株式会社」という言葉がよく用いられる。通常、9割以上の中国人は「〇〇会社」を見るたびに、考えなくても和製漢字語であると判断する。これは「会社」の代わりに“公司”と対応する言葉が中国語にあるからだ。つまり、中日両国の言語でそれぞれ異なった語素によってこの意味を表現している。中国人は、どれが中国で生まれたのかを的確に判断することができる。

同じく無視できない要因の一つが「構語法」である。例えば、「女性向け」という言葉の構造は「○○＋向」だ。このような構造の語は中国語にはない。そのため、中国人はこのような語を読むと、中国語の構語法には合わないことがすぐ分かる。同じ構造の語であるが、「女性向け」「成人向け」「学生向け」などの言葉もよく日本で使われているが、ここ数年、中国にも伝わり、中国人に受け入れられてきた。このような中国語とは違う構語法の言葉は、中国製の言葉ではないことが一見して分かる。

## 二、和製漢字語の中国での流布と影響

### 2-1　和製漢字語の流布

調査の結果によると、和製漢字語が中国に伝わるルートの中で一番多いのは、インターネットのソーシャルネットワーク、映画小説、人から聞く、アニメゲームなどである。そして、ソーシャルネットワークを選択する割合は、他のオプションよりかなり高く、新しい情報を得るための第一選択となっている。この点は中国語や他の文化の流布にとって参考になるものである。また、和製漢字語が私たちにもたらした影響は、ほぼプラスであり、日常生活に大きな利便さを与え、絶えず新鮮さと活力を注いでくれることが分かる。そのため、将来、和製漢字語は中国でますます広く用いられ、好まれるようになると推測できる。

### 2-2　和製漢字語が中国に与えた影響とその原因

#### 2-2-1　改革開放後に和製漢字語が中国の社会文化にどのような影響を与えたか

表3をみれば、過半数の人が「文化の導入」「言語表現」「認知と観念」への影響がより大きいと考えていることが分かる。言葉の表現だけではなく、新しい言葉が加わり、新しいグルメ文化が導入され、異文化交流も緊密になってきた。例えば、「寿司」という和製漢字語が伝来した後、言葉の表現だけではなく、新しい食文化も導入された。

もう一つ例を挙げよう。家にいることに熱中して、外出することを好まないという行為を描く「宅」という言葉の導入は、中国語の“宅”に新たな意味を加えただけでなく、中国人の世界にもう一つの「生活態度」や認知観念を加えた。また、「語彙学」「思想が変わる」「経済と政治」にも一定の影響があると考えている。

表3　表2の20個の言葉は中国社会文化に対してどのような影響があるか？

| 選択（複数選択可） | 小　計（人） | 比　例（%） |
|---|---|---|
| 語彙学 | 90 | 45.0 |
| 言語表現 | 142 | 71.0 |
| 経済と政治 | 56 | 28.0 |
| 文化の導入 | 145 | 72.5 |
| 認知と観念 | 117 | 58.5 |
| 思想が変わる | 75 | 37.5 |
| 中国語の造語に役立つ | 67 | 33.5 |
| その他 | 14 | 7.0 |
| 有効記入人数 | 200 | |

出所：アンケート調査から筆者作成。

和製漢字語は新しい語彙の創造も助けてくれる。例えば、「暴走族」が中国に導入された後、中国の人々は“○○族”という構語法を抽出し、“低頭族”“月光族”など新しい言葉を考え出した。同じように、近年「女性向け」「成人向け」の伝来に伴い、今後は「○○向」という構語法を抽出し、新しい言葉が作り出されていくだろうと推測できる。

以上のように和製漢字語の中国に対する影響は、語彙の増加に限らず、異文化の導入と受容にも及んでいる。同時にこれらの新しい語彙がもたらす「認知衝撃」も、知らぬうちに国民の思想と行為に影響している。

### 2-2-2　これらの影響は一体何の原因で発生したか

調査によると、7割以上の人は「異なる社会文化、風土」と「言語文字そのものに対する人々の認知感」がこのような影響を及ぼしている原因であると考えている。例えば、「桜吹雪」という言葉を、中国人が初めて見た時、自ずと「桜が風に吹かれて散って、雪のように降る」という美しい風景を連想する。そのため「桜吹雪」は印象的で受け入れやすく、よく使われるようになった。

また、3割近くの人は「異なる歴史的伝統」に惹かれ、「経済発展」や「外交関係」もその原因の一部であると答えている。例えば、「融資」は20世紀80年代前まで日本が実施した主な間接金融モデルであり、日本経済の高度成長に積極的な役割を果たしたが、戦後の経済停滞の潜在的な危険も孕んでいた。この「融資」の導入は中国の経済分野に新たな概念と経済手段をもたらし、中国でも広く使われるようになっている。

もちろん、和製漢字語は我が国固有の言葉よりも、正確に意味を表現することができるから好まれているとしている人もいる。例えば、かわいいという意味の「萌え」、逆境の中で反撃して成功するという意味の「逆襲」などの和製漢字語は、ストレートで単調な中国製の言葉より、物事の意味をより生き生きと表すことができる。従って、これらの和製漢字語が受け入れやすく、「文化の導入」「言語表現」「認知と観念」などに著しい影響を及ぼしている。

## 三、中国と世界の国々との文化交流に対する示唆

本研究では、「一帯一路」の時代背景のもとで、「和製漢字語の中国での流布と影響」が「中国の文化や言葉の海外との交流」に対してどのような意義を持つかについても、参考となる意見を提供したい。

まず映画、音楽、書籍などを通じて、世界の国々に中国の文化や言葉をアピールし、伝えることができると考えられる（**表4**）。また政治外交、経済、あるいは観光などにもよい手段と答えた人が6割と多い。自国の製品の品質を向上させ、「中国製」をより一層認め、信頼させるべきだと思われる人も5割ぐらいいる。もちろん、中国人の留学生たちも「中国文化の世界との交流」の一環として、重要な役割を果たしているといっても過言ではない。留学生たちは漢字文化圏の国（例えば、日本）に中国の文字や語彙だけではなく、中国の各分野における文化の精髄を積極的に伝え、広めるべきである。そうすれば世界に多文化、「海納百川」（海が無数の川を受け入れて大きくなっている。転じて清濁を合わせ呑む寛容さを表す）の中国を見せることができるだろう。

表4　一帯一路の時代背景のもとで、私達は積極的に本国の文化を宣伝するべきだが、“和製漢字語の中国での流布と影響”が“中国の漢字語あるいは中国の他の文化の海外輸出”に対して、どんな意義があると思うか？

| 選択（複数選択可） | 小計（人） | 比例（%） |
|---|---|---|
| 映画、音楽、本などで外国に漢製の語彙と他の文化を宣伝する | 145 | 72.5 |
| 経済発展、政治外交を通じて、漢製の語彙と他の文化を海外に伝える | 119 | 59.5 |
| 国産品の品質を高め、海外に中国製造を認めさせる | 108 | 54 |
| 海外で積極的に中国の伝統的な祝日を開催する | 82 | 41 |
| 中国観光業を発展し、中国本場の文化を宣伝する | 112 | 56 |
| 中国留学生が海外で漢製の語彙と他の文化を広める | 103 | 51.5 |
| その他 | 17 | 8.5 |
| 有効記入人数 | 200 | |

出所：アンケート調査から筆者作成

# おわりに

本研究を通して、「改革開放後における和製漢字語の中国への流布と影響」に対して、比較的に深い認識と一定の成果を得られた。筆者は新しい研究方法を採用し、語彙学、認知言語学、社会心理学など学際的な視角より、主に中国人の和製漢字語に対する認識度、理解度、和製漢字語が中国で使われる影響と原因、将来、和製漢字語が中国でどう使われていくか、世界の国々との交流に対する示唆をめぐり、比較的に突っ込んだ研究と考察を行った。

社会背景、語素、構語法などは中国人が和製漢字語の由来に対して異なった印象を持つ主な原因である。アンケート調査によって、ソーシャルネットワーク、映画小説、人から聞く、アニメゲームなどは和製漢字語が中国に流れてくる主なルートだと分かる。また、和製漢字語は「文化の導入」「言語表現」「認知観念」などに大きな影響を与えるだけでなく、新しい語彙の創造も助けてくれる。そして、こうした影響を及ぼす主な原因としては、「異なる社会文化、風土」と「言語文字そのものに対する人々の認知」などが挙げられる。映画、音楽、書籍、政治外交、経済、観光あるいは留学生などを通じて、世界の国々に中国の文化や言葉をアピールし、伝えることができると考えられる。

**参考文献**

中国社会科学院語言研究所詞典編輯室『現代漢語詞典　第一版』商務印書館、1978年
北京外国語大学国際交流学院編『漢日語言研究文集』北京出版社、2000年
周剛、呉悦「二十年来新流行的日源外来詞」『漢語学習』、2003年
現代漢語大詞典編委会『現代漢語大詞典』上海辞書出版社、2010年
呉侃、劉志昱「近来日語外来詞対中文的影響」『日語学習与研究』、2010年
崔健「関于網絡流行語中日源詞彙的研究」『時代教育』、2016年
曲紫瑞「網絡流行語中日源借詞的漢化及流行原因」『現代閲読』、2016年

# 中国メディアの日本関連新型コロナ報道にみる日本の国家イメージ

～環球網を例に～

中国人民大学外国語学院日本語学科３年

**鮑瑜欣、白氷玉、李楽涵**

## はじめに

### 1　研究の動機と目的

1970年代の国交正常化以来、中日関係は歴史認識問題や領土問題などで、紆余曲折をたどりながらも、友好平和を堅持してきた。両国は一衣帯水の互いに重要な隣国で、経済的、政治的、文化的に密接に結びついており、今後も安定的な戦略的互恵関係を構築しなければならない。2020年１月に発生した新型コロナウイルスの感染拡大は、中日両国が互恵関係を構築する重要性をさらに際立たせたと考えられる。

「山川異域、風月同天（山川、域を異にすれども、風月、天を同じうす）」。日本側がいち早く中国を支援し、多くの救援物資を提供したのに対して、中国側もその後感染例が増加した日本に、核酸検査キット、防護服などを緊急に寄贈した。中日両国が協力し合い、感染拡大の防止に共に取り組むことで、中日関係はさらに発展する契機を得たということができる。

近年、インターネットやニューメディア[1]に関する技術の発展を背景に、メディアはますます両国間の相互交流に不可欠な手段となっている。中国外文局と言論NPOが共同で実施した2019年の中日共同世論調査の結果によると、両国の回答者の絶対多数（中国84.5％、日本94.1％）が、本国のニュースメディアから相手国、両国関係の情報を得ていると答えている。両国関係の改善と両国民衆の相互理解促進に対する自国メディアの貢献については、86.6

%の中国の回答者が肯定する態度を示したが、日本の回答者の割合は26.9%にとどまった[2]。両国のメディア、特に中国のメディアが相手国に対する国民感情に大きな影響を与えていることが見て取れる。

それでは、新型コロナウイルスの感染が広がる中、中国のメディアは日本についていかに報道したのか。メディアを通じて文化の異なる相手国としての日本について、どんなイメージが形成されているのか。

本稿は、「フレーム理論」を用いて、ニュースサイト「環球網」(https://www.huanqiu.com/)を例に、そこから集めた2020年1月22日から2020年3月31日までの70日間の日本関連コロナ報道記事のテーマ、内容と傾向について、分析フレームに基づく整理と分類を行いながら、報道にみる日本の国家イメージを分析することを目的とする。さらに、研究結果を踏まえ、メディア報道によって中日関係発展を促進するための提案を行いたい。

## 2 「環球網」を対象とした理由

環球網は現在、中国において最も権威ある国際ニュースを扱うニュースサイトである。「人民日報」と中国国務院新聞弁公室の承認を得て、人民網と環球時報が共同で設立し、2007年11月から運営が始まった。他の中国メディアと比べ、環球網は海外駐在の専門チームをいち早く備え、世界各地のニュースを素早く報道する面で競争力がある。

この間、環球網は国際情報の分野で、ニューメディアとの融合を積極的に進めており、中国人が国際ニュースを選択する上で、最優先されるメディアとなっている。2015年の第3回全国インターネットメディア融合フォーラムにおいて、環球網は「全国ニュースサイト十大公信力ブランド賞」を受賞した[3]。

以上から分かるように、環球網は各方面のリソースに恵まれた権威あるニュースサイトであり、中国のユーザーに迅速で質の高い国際関連記事を提供することに努めてきた。中国の一般大衆にとって、環球網は日本関連の情報を獲得する主要な窓口となる。このため環球網を研究対象とすることは、中国メディアにおける日本の国家イメージの形成に関する研究において、重要な意味を持つと言えるだろう。

# 一、用語の概念規定と先行研究

## 1-1 「国家イメージ」とは

上述したように、本稿ではメディアが伝える日本の国家イメージを研究対象としている。「国家イメージ」という概念を最初に提唱した経済学者のボールディング（K. E. Boulding）は、国家イメージを「国家の自己認識と、国際システムにおける他の行為体の認知の結合であり、一連の情報の入出力がもたらした結果となる[4]」としている。現在のメディア研究においては、「一国が国際ニュースの流れの中で形成したイメージ、つまり一国が他国のメディアによる報道の中で表現されたイメージ[5]」としばしば定義される。以上から、次のような「国家イメージ」の特徴が分かる。

第1に、国家イメージは一国やその民衆に対する印象で構成されている。第2に、国家イメージは人々が持つ主観的なイメージであり、客観的な事物に由来するものだが、メディアに大きな影響を受けている。

本稿で分析する「日本の国家イメージ」をわかりやすく言うと、メディアの報道が伝える「日本」という国、および「日本人」に対する印象ということになる。

## 1-2 先行研究と本論の課題

メディアは、異文化の相手国の国家イメージを作り上げることに大きな役割を果たしている。2005年に環球網が行った調査によると、メディアから日本の情報を得る中国人が全体のおよそ90%を占める[6]。

中国では特定のテーマに関して、メディアによる日本の国家イメージ形成に関する研究がすでに行われている。例えば、張卉（2013）は内容分析の手法を用い、「環球時報」における東日本大震災報道に見る日本の国家イメージの形成をテーマとした。そして、この時期の日本の国家イメージを「衰退しつつある第3の経済大国」、「災害にしぶとく立ち向かう民族」、「救済外交における与えられる側」、「マニュアル社会」とまとめた[7]。

張嬛嬛（2014）は、内容分析法で釣魚島事件におけるメディアの役割を考察し、「長年日本の国家イメージがメディアによって単純化され、対日問題での中国民衆の先入観につながった」と指摘している[8]。

また日本側の研究例として、橋元良明、楊霜（2010）は日本による四川大地震被災地への救助期間中の「人民日報」、「解放日報」、「文匯報」など大手新聞の対日報道を対象にした。「日本の声援と救助行動は中国人の日本人観を変化させるきっかけになり、日本の援助に感謝する声がネット上に沸き起こった」と述べ、中国メディアが中国の読者に、日本と日本人についてポジティブなイメージを伝えたと指摘している。[9]

以上で検討したように、これまでのメディアによる日本の国家イメージの構築に関する研究は、主に時事問題を中心に課題を設定し、内容分析法によって帰納と分類を進める実証研究であった。これは、研究の実効性や現実的な意味を高めることに役立つ。一方、中国メディアにおける日本イメージの形成についての研究は全体的になお少なく、ほとんどが日本の経済発展や政治制度など特定な角度か、またはそれを通じた日本のイメージに着目している。

本稿は、局部と全体2つの面から、新型コロナウイルス感染の流行期間中における中国メディアの日本の国家イメージ形成を分析し、中日関係のさらなる発展の促進に向けた提案をしつつ、外国の国家イメージ構築に関する研究成果を豊かにする一助とすることを目指している。

# 二、分析フレームの構築

## 2-1　フレーム理論——本稿の研究方法

1955年、イギリスの人類学者グレゴリー・ベイトソン（Gregory Bateson）は、認知心理学の分野で「フレーム」のコンセプトを初めて提唱した。また、社会学者アーヴィング・ゴッフマン（Erving Goffman）は1974年、フレームの概念を社会学に導入し、人間の認知構造を研究した。その後、ゴッフマンの定義を基に、フレーム理論はジャーナリズムを含む人文社会科学の研究に応用された。

現在、ジャーナリズムの分野におけるフレーム理論の応用は、主に次の三つの角度から行われている。①情報伝達者の視点からフレームを構築する②報道の内容に応じてフレームを確定する③民衆の立場でフレームの効果を判断する、である。[10] 本稿は研究目的から2番目の角度を採用し、環球網の報道を対象に、それが伝える日本イメージを読み取って行きたい。

## 2-2　分析のフレーム

### 2-2-1　研究のサンプル

本稿は、環球網における日本関連の新型コロナ報道をデータとして、研究を行う。2020年1月22日、環球網に関連ニュースが初めて掲載された。本研究では、検索期間を1月22日から3月31日までとし、「日本」、「新型肺炎」あるいは「新型コロナウイルス」(「新冠」)をキーワードに選定した。検索の結果、計70日の期間中における日本関連新型コロナ報道を217本収集した。

### 2-2-2 フレームの構築と計量化

フレーム理論に基づき、データをその内容によって、①コロナ対策②コロナの影響③中日協力－という3つの話題にグループ分けし、分析のフレームを構築した。なお、話題①の「コロナ対策」には、ダイヤモンドプリンセス号を含む日本の域内で実施された対応策と、それをめぐる分析記事と論評が含まれる。話題②の「コロナの影響」は、東京オリンピック、経済、日常生活、民衆の態度、その他の5つの分野における影響に触れた報道が対象となる。話題③「中日協力」に関する記事は、さらに具体的に中国・日本への支援、民間交流、中日協力という3つのポイントに分類した。その上で、環球網公式サイトから集めた217本の報道を、上述した分析のフレームによって分類し、計量化した結果を次の**表1**にまとめた。

表1 計量化したフレーム分析表

| 話題 | | サンプル数 (本) | 報道の傾向 (本) | | | 話題内の割合 (%) | 全体に占める割合 (%) |
|---|---|---|---|---|---|---|---|
| | | | ポジティブ | ニュートラル | ネガティブ | | |
| コロナ対策 | 対応策 | 56 | 0 | 56 | 0 | 72.73 | 25.81 |
| | 政策の分析 | 8 | 0 | 8 | 0 | 10.39 | 3.69 |
| | ダイヤモンドプリンセス号 | 13 | 0 | 10 | 3 | 16.88 | 5.99 |
| | 総数 | 77 | 0 | 74 | 3 | 100 | 35.49 |
| | 話題内の割合 | 100% | 0% | 96.10% | 3.90% | | |
| コロナの影響 | 東京オリンピック | 27 | 2 | 22 | 3 | 31.03 | 12.44 |
| | 経 済 | 11 | 0 | 10 | 1 | 12.64 | 5.07 |
| | 日常生活 | 13 | 2 | 6 | 5 | 14.95 | 5.99 |
| | 民衆の態度 | 14 | 0 | 13 | 1 | 16.09 | 6.45 |
| | その他 | 22 | 0 | 21 | 1 | 25.29 | 10.14 |
| | 総 数 | 87 | 4 | 72 | 11 | 100 | 40.09 |
| | 話題内の割合 | 100% | 4.60% | 82.76% | 12.64% | | |
| 中日協力 | 中国・日本への支援 | 20 | 14 | 6 | 0 | 37.73 | 9.21 |
| | 民間交流 | 24 | 19 | 5 | 0 | 45.28 | 11.06 |
| | 中日協力 | 9 | 5 | 4 | 0 | 16.98 | 4.15 |
| | 総 数 | 53 | 38 | 15 | 0 | 100 | 24.42 |
| | 話題内の割合 | 100% | 71.70% | 28.30% | 0% | | |
| 全 体 | | 217 | | | | | |

出所：筆者作成

# 三、報道内容についての分析

## 3-1 報道のテーマと数

「コロナ対策」と「コロナの影響」、「中日協力」という三つの話題に分類したフレーム分析の結果によると、「コロナ対策」では日本政府の対策や政策に関連したものが主となる。またダイヤモンドプリンセス号の防疫策への関心も目立ち、例えば、「4日間で61人の感染者発生、専門家：閉鎖空間で感染が加速」という記事は、船上の感染状況や防疫策、専門家の見方などを紹介した[11]。また、「コロナの影響」については、新型コロナウイルスが日本にもたらしたさまざまな影響を指摘した記事がある。「中日協力」関連の報道では、主に両国の間の支援と民間交流と協力に注目している。

コロナ対策、コロナの影響、中日協力という3つのフレームの割合を以下の図1に示す。コロナの影響に関する報道の数が最も多く、全体の40.09%を占めている。また、コロナ対策の割合は35.49%である。ところが、中日協力は相対的に少なく、24.42%である。

以上から、中国の世論では、新型コロナウイルスが日本に与える影響への注目度が比較的高いという傾向が明らかになったといえる。

図1 報道テーマの内訳　単位：%

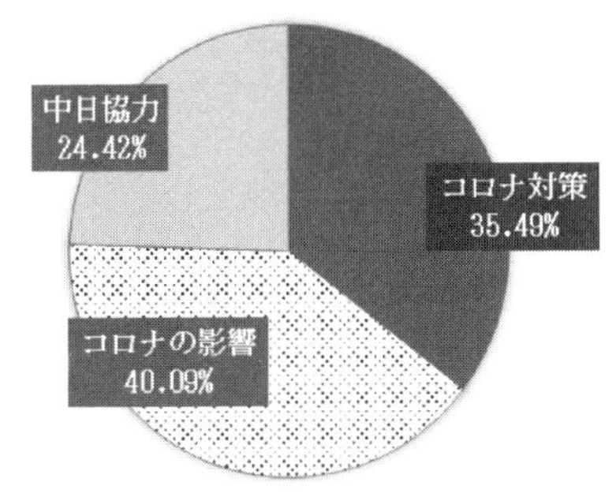


出所：筆者作成

## 3-2 報道の傾向と立場

次に報道の傾向を分析することで、日本に対するメディアの態度と立場を明らかにしたい。

本稿は、報道の傾向をポジティブ、ネガティブ、ニュートラルの三つに分類した。ポジティブな報道とは、中日友好交流や新型コロナウイルス感染収束への決意をテーマとする報道を指す。ネガティブな報道とは、日本政府の対応策への批判と新型コロナウイルスによる社会問題に関する否定的な記事を指す。それ以外の単純に事実に注目した報道は、ニュートラルな報道とした。

以下の図2、図3は、それぞれの話題における上記3つの傾向の割合を示している。

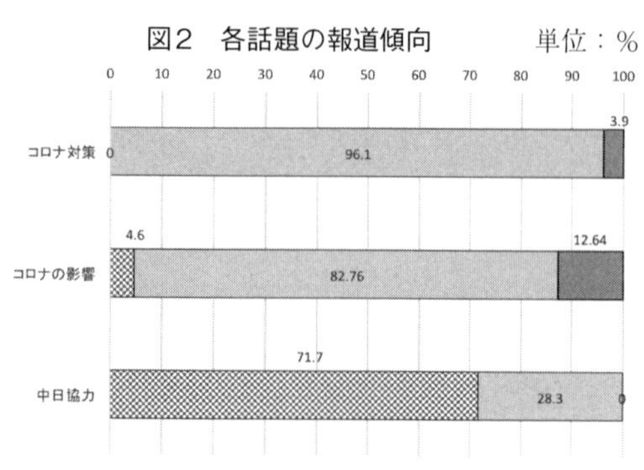


出所：筆者作成

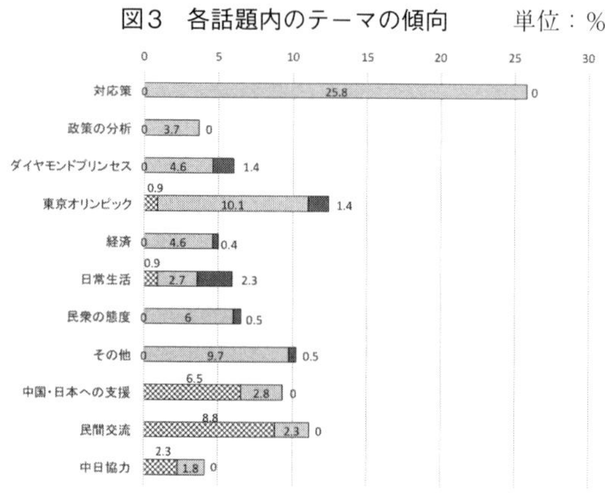


出所：筆者作成

全体として、ポジティブとニュートラルな報道が多数で、ネガティブな報道は少数である。

「コロナ対策」を取り上げる際、環球網は主にニュートラルな態度を採用し、中国の民衆に事実を伝えることに努めているのが分かる。例えば、「日本の新型コロナ感染者728人に、政府は集団活動自粛を求める」という記事は、ダイヤモンドプリンセス号の感染状況と、厚生労働省の感染拡大防止の呼びかけについて伝えた[12]。

これに対し、2番目の話題である「コロナの影響」については、ニュートラルを基調とするが、ネガティブな面を抜きにコロナの影響を語るわけにはいかず、ネガディブな記事が若干増えている。例えば、「日本の新型コロナ感染者705人に、対応策が不十分か」という記事は、当時日本政府が受けていた批判について報じた[13]。また、「いかんともしがたい現実に直面するか、日本メディア：感染症が収束しない限り、オリンピックは延期あるいは中止の事態に」という記事は、オリンピックに対するコロナの悪影響を明らかにしている[14]。

一方、「中日協力」に関してはポジティブな傾向が目立ち、この点は無視できない特徴になっていると考えられる。環球網で「今度は中国が日本にお返しする番に、中国のネットユーザー：恩を返そう、日本のネットユーザー：中国に感謝する[15]」などの中日協力を賛美する記事も幾つかある。

## 四、環球網の報道にみる日本の国家イメージ

本章では、前章のフレームによる分析結果に基づいて、「コロナ対策」、「コロナの影響」、「中日協力」という3つの話題を中心に環球網の報道内容を質的に分析し、そこにどのような日本の国家イメージが表されているかを明らかにしたい。

### 4-1　コロナ対策に関する報道

前章では、日本のコロナ対策に関し、環球網は中立的な立場を取り、日本が取ったコロナ対策の実像をできるだけ再現しようとしていることを明らかにした。休校や緊急事態宣言の発令などの対策がとられる前に、日本政府は感染拡大防止策をどこまで厳しくすべきかという難問を抱えたが、それについては、環球網では批判的な見解が報道された。

感染拡大の初期、ダイヤモンドプリンセス号での感染防止策が注目された。そのうち、2月19日に日本の感染症学の専門家岩田健太郎がSNSでダイヤモンドプリンセス号の感染防止策の欠点を指摘したことが報じられ、中国のネットユーザーの関心を集めた[16]。

また、全国的な防疫対策も行われず、北海道の鈴木知事の休校要請も日本の一般民衆からは「過剰反応」とみられた。

日本政府が躊躇した原因について、環球網では以下のような見方が提示された[17]。日本では自然災害は頻発するが、疫病を克服した経験は少ない。その一方で、日本は東京オリンピックなどの国際イベントを控え、見通し不明な疫病でパニックを引き起こし、経済の動きにマイナスの影響を与えるわけにはいかない。このため、パンデミックの脅威の深刻さを正しく認識し、素早く対応しなければならない時機に、日本政府は「防御」からより積極的な「攻撃」への転換を、しばらくためらったという。ここからは躊躇する日本政府、ためらう日本の国家イメージが伝わった。

しかし、その後、国民と国家に責任を負うという原則に基づいて、日本政府は緊急事態宣言に踏み切り、各方面でより厳しく、効果的なコロナ対策を実施している。

### 4-2　コロナと東京オリンピック[18]

東京オリンピックをめぐっては、予定通り開催するかどうかの論議が絶えなかった。それについて、中国のネットユーザーの多くは「絶対に予定通りに開催してはならない」という見方を取った（**表2**）。その中には、なぜ日本が開催中止、あるいは延期をためらっているのかと疑問を持つネットユーザーも少なくなかった。

環球網をはじめとする中国メディアは論評を通して、中国のネットユーザーに東京オリンピックが直面する難題を「アスリートたちに与える大きな衝撃と莫大な経済損失は、当然オリンピック延期・中止のコストの問題となる。しかし、国家レベルから見れば、オリンピックの開催時期の調整は重大な政治問題となる」と説明した。

**表2　東京オリンピックの開催についてSNSでのアンケート結果**　単位：人

| | |
|---|---|
| すべきでない。身の安全が一番だ | 27,000 |
| すべきだ。そうでないと、その前の準備が全部無駄になってしまう | 1,847 |
| コロナが終焉した後に開催する | 21,000 |
| すべきかどうかではなく、勇気の有無である | 3,499 |

出所：新浪娯楽　https://m.weibo.cn/1642591402/4483162966803075（2020年8月17日閲覧）

「オリンピックは一つの国にとって、歴史を切り分ける効果がある」と、中国社会科学院日本研究所の高洪研究員は語った[19]。1964年の東京オリンピックは日本の国際的地位を著しく向上させただけでなく、社会経済の急成長を促し、「オリンピック景気」を形成した。日本経済の見通しが暗い今日、日本は世界中が注目するこのスポーツの祭典を通して、国際的なイメージを作り直す必要がある。2020年東京オリンピックは間違いなく、あきらめることのできない「歴史的チャンス」とみられているという。

以上の観点は、政治的な予測と現実とのジレンマの板挟みとなる日本の苦悩を示しつつ、中国民衆に現象の背後に存在する事情を伝え、客観的な日本の国家イメージを具体化する上で役立ったと考えられる。

## 4-3 日本人のイメージ

環球網が報道したパンデミック下の日本民衆の生活について、中国の読者から「日本人はあまりにも落ち着きすぎだ」とする感想が、しばしば寄せられた[20]。例えば日本では、感染が拡大する中でも、「はだか祭り」、「マラソン大会」など数万人規模のイベントが開催された。マスクを着用しない近距離接触には、中国民衆から非難の声さえ出た。こうした状況に関する報道に対し「不思議な落ち着き」というコメントが寄せられたのである。

日本人のこの「不思議な落ち着き」について、環球網の報道では次のような幾つかの解釈を挙げた[21]。日本では災害が頻発しているため、疫病が発生した際も、政府の指導に従う人が多く、それが国民性に合っている。当時の日本の対策はなお厳しくなかったので、日本人が落ち着いた態度をとるのも理解できる。さらに、花粉症やインフルエンザ予防策として衛生に関する習慣が定着し、手洗いやマスク使用を習慣化している人が多く、日本の疫病発生状況は欧米ほど深刻ではない。それに相応して、特別な感染症防止対策も、あまり重視されなかったと思われる。

しかし、感染拡大の状況が深刻になるにつれて、日本の民衆も自粛し、初期の軽視やためらいがより高い防護意識に変わってきた。日本人の衛生習慣も防疫に引き続き大きな役割を果たし、学ぶべき点があるとも言われている。

## 4-4 中日協力と交流

中国の外交政策に従い、中国の主要メディアは中日友好交流のために、良好な世論環境を作ることに力を尽している。新型コロナウイルス感染の拡大初期には、中日協力、困難克服に関する報道がかなり多かった。フレームのデータ分析の結果では、この話題に関しポジティブな傾向にある報道の割合は71.7%にも達した。

国家レベルの協力も好感された。両国の感染拡大期は時間的にズレがあったため、両国は相手の感染拡大が最も深刻な時期に支援することが可能になり、協力して困難を乗り越えた。

民衆の自発的な行為が人々を最も感動させた。例えば、東京の街頭で通行人にお辞儀をして、武漢のための募金を呼び掛ける14歳の日本女性が中国のSNSで話題になった[22]。南京に住む竹内亮という日本人監督は中国の防疫ドキュメンタリーシリーズを制作して、中国の防疫に関する経験と、疫病と戦う中国の人々の様子を世界に伝えた[23]。これらの事例を通して、中日両国の民衆の友情がいっそう深まったと考えられる。

さらに、救援物資に書かれた漢詩も大きな話題になった。日本中国語検定HSK事務局が寄贈した物資に書かれていた「山川異域、風月同天」をはじめとする人情味あふれる漢詩は、中国のネットユーザーを大きく感動させ、中日文化の歴史的つながりを改めて実感させた[24]。こうした漢詩を通じて感謝と応援の意を示す方法も広がり、共通する漢字文化を利用して友好関係を表現する新たなきっかけとなった。

## おわりに

本稿はフレーム理論を用い、環球網の日本関連新型コロナ報道にみる日本のイメージを研究した。記事の内容からは、感染拡大の初期に徹底的な防止策をためらい、オリンピックがもたらす効果への期待と現実とのギャップに直面した日本政府のジレンマが見て取れる。また、新型コロナに対し日本の民衆は中国人より落ち着いていたというイメージも伝えられた。さらに、新型コロナをきっかけに、中日両国の関係が改善され、民間交流がいっそう推進される傾向が明らかになったと言えるだろう。

総じて、新型コロナウイルスの感染が拡大する間、中国メディアは日本の状況とコロナ対策について客観的に報道し、比較的ポジティブな日本の国家イメージを構築し、中日友好に重要な役割を果たしている。

本稿で論じたように、民衆にとって外国の情報を入手する最も重要なルートであるメディアは、中日両国関係の発展に不可欠となる役割を果たしている。メディアの責任は、前向きな世論の環境をつくり、真実の声を届けることにあるのではないだろうか。新型コロナウイルスの世界的パンデミックの期間中だけにとどまらず、危機収束後の両国関係も正常化できることを願ってやまない。

1 新聞・ラジオ・テレビなどのメディアに対し、通信・情報・電子技術によって生み出された新しいメディアや情報伝達システム。

2 中国網「『北京－東京フォーラム』中日共同世論調査2019結果発表」 http://japanese.china.org.cn/jp/txt/2019-10/24/content_75335942.htm（2020年7月8日閲覧）

3 環球網「環球網獲新聞網站十大公信力品牌奨」https://china.huanqiu.com/article/9CaKrnJLqzH（2020年4月16日閲覧）

4 K.E.Boulding "National images and international systems." Journal of Conflict Resolution. 1959 本稿における英語、中国語からの日本語訳はすべて筆者自身が行った。

5 徐小鴿「国際新聞伝播中的国家形象問題」［J］新聞与伝播研究、1996年（02）：36

6 中国新聞網「環球時報：中国人看中美関係」 http://www.hi.chinanews.com/hnnew/2005-03-06/20900.html（2020年4月6日閲覧）

7 張卉，環球時報「関于"3·11"地震的報道呈現的日本形象」［D］北京：中国青年政治学院、2013年

8 張媛媛「新媒体時代我国領土争端問題的媒介輿論引導研究――以2012年釣魚島事件為例」［D］西南政法大学、2014年

9 楊霜、橋元良明「中国におけるメディアの多元化と日本人イメージの変化」『東京大学大学院情報学環紀要　情報学研究』第79号、2010年11月

10 王芸樺「《環球時報》涉日報道研究」［D］蘭州大学、2016年

11 「鑽石公主号4天検出61例新冠，専家：封閉空間"加速伝播"」 https://world.huanqiu.com/article/3ww2Nqa9Ppg（2020年4月7日閲覧）

12 「日本新冠肺炎累計確診728例 当局建議停弁集体活動」 https://world.huanqiu.com/article/9CaKrnKpv9n（2020年4月25日閲覧）

13 「日本新冠肺炎確診病例達705人 応対挙措存不足？」 https://health.huanqiu.com/article/3x6cxPT5RhZ（2020年4月20日閲覧）

14 「無奈的現実越来越近？日媒：除非疫情平息，否則奥運会将被迫延期或取消」 https://www.sohu.com/a/381786792_162522（2020年3月21日閲覧）

15 「果然輪到中国回饋日本，中国網友：投桃報李，日本網友：感謝中国！」 https://world.huanqiu.com/article/9CaKrnKpujd（2020年3月30日閲覧）

16 「"日本告発者"披露"鑽石公主"淪為悲惨世界 厚生労働省反駁"没有這種事"」 https://world.huanqiu.com/article/9CaKrnKptqa（2020年8月10日閲覧）

17 笪志剛「日本戦疫為何挙棋不定」 https://opinion.huanqiu.com/article/9CaKrnKpJxR?qq-pf-to=pcqq.discussion（2020年4月5日閲覧）、廉徳瑰「疫情蔓延考験安倍政府内外応対」 https://3w.huanqiu.com/a/de583b/3x827DltqG0?agt=8（2020年4月5日閲覧）

18 「コロナと東京オリンピック」と次節の「日本人のイメージ」(5.3) を「コロナの影響」というフレームの代表的な話題として選び出し、それに見る日本の国家イメージを分析する。

19 「専家解読東京奥運会推遅到2021年：這是目前"最優解"」 https://world.huanqiu.com/article/3xYXMkwQpGh（2020年4月25日閲覧）

20 「《環球時報》」駐韓、日、意、伊記者記述，疫情下4国民衆真実生活状態」 https://world.huanqiu.com/article/9CaKrnKpzsA（2020年4月25日閲覧）

21 新冠疫情増長曲線平緩，日本真的防住了嗎？」 https://world.huanqiu.com/article/9CaKrnKpVqA（2020年6月15日閲覧）、「被欧美媒体質疑疫情数拠 日本網友不服：因為我們有這些習慣」 https://world.huanqiu.com/article/3xYvaX4JJS1（2020年6月15日閲覧）

22 「独家専訪拼命鞠躬為武漢募捐的日本女孩：疫情過後想去那里看桜花」 https://world.huanqiu.com/article/9CaKrnKph0p（2020年6月15日閲覧）

23 「這個日本人拍的"抗疫日記"火了，他想讓人看到真正的中国街頭防控」 https://world.huanqiu.com/article/3xWUFZj1qOi（2020年6月15日閲覧）

24 「外交部：衷心感謝日本各界給予了中国很多支持，銘記在心」 https://3w.huanqiu.com/a/c36dc8/3wtZ6xxAbVB（2020年8月10日閲覧）

# 夏目漱石の漢詩について

## ～言語と思想の特徴および漢文学からの影響～

二松学舎大学文学研究科
博士課程前期1年
王颯

## はじめに

夏目漱石は、青少年時代から漢詩を作り始め、その後中断した時もあったが、一生を通して書き続き、残っている漢詩作品の数が多い。彼の漢詩は通算208首があり、日本の漢詩詩人と称され、漢詩の多作作家である。漢詩は中日両国共通の文学形式として、従来多数の文学研究者に注目されてきた。同時代の他の日本の漢詩人の詩作と比べれば、漱石の漢詩は漢語の簡潔さと精妙さを捉らえ、その漢詩には中日両国の美意識が溢れている。抒情性が豊かで、人間や自然への関心も高い。その深い思索は、中国古代の優れた漢詩作品のように、一般の美学の境界から脱出し、一層高い哲学的な境界に入っている。

本稿では、日本の国民作家といわれる夏目漱石の漢詩作品について、参考資料を多数調べたうえに、以下のようにまとめてみた。

まず言語の特徴の面で、漱石の漢詩には、日本の地名や特有の風物の名称など、音読漢語と和製漢語で表現する部分が多い。その中国語ではない部分でさえ、漢詩の平仄韵字のルールに従わせ、詩作の中に整えた。それは漱石の高い漢学素養のあかしだと考えられる。

2つ目の言語特徴は、「反復法」という修辞法の大量活用である。全208首の漢詩作には、「反復法」を用いたものが約3割を占め、詩のリズムと抒情性の構築に重要な役割を果した。

しかし、漢詩文の専門家である漱石でさえ、漢詩創作において時には「和習[1]」を避けることはできなかった。創作表現と和習をどう分別するかは、検討すべき問題だと考えられる。

漱石漢詩の言語面の一方、その漢詩は「則天去私」の思想と緊密につながっており、その思想面にも検討すべきものがある。本稿では、関連の漢詩作品を選んで、「厭世」「脱出」「無我」「禅定」の流れに沿って、漱石「則天去私」思想の形成の道を分析してみた。

一方、中国の漢詩文も漱石の漢詩作に多大な影響を与えた。まず漢詩の詩形は、すべての漢詩人が避けられないものである。漱石は、古詩と近体詩の長所をいずれもよく把握し、各詩形は漱石の各時期の心境に関連しているものと考えられる。漢詩の各詩形の特徴を把握したうえ、それを活用して自分の心境を表すことは、漢文学が漱石に与えた影響の一つだと認識されている。

なお漱石は、中国の漢詩文や典籍から、言葉・典故、句の形、詩境などを借用し、自分の詩作に融合していたものと考察される。

# 一、先行研究

## 1-1　日本における先行研究

日本では、漱石の漢詩の言語と思想について、専門的な研究が多い。まず漢詩文法は日本人に対して、そもそも容易ではない。夏目漱石も『思ひ出す事など』で、「余の如き平仄もよく弁へず、韻脚もうろ覚えにしか覚えてゐないもの」と自述した。[2]しかし漱石の漢詩の平仄韻字と文法は、職業的な漢詩漢文家ほどに正確であると、吉川幸次郎（2002）は述べていた。牧角悦子（2013）も、「日本漢詩の特質—中国詩歌の受容と日本的抒情性について」という論文で、「平仄韻字を整える事は日本人にとって難しいが、漢詩と言う形態は、王朝以来日本人にとって体に染み込んだ伝統的な形態であった」と、漱石漢詩を含む日本漢詩の音韵の正しさと自然な格調を説明した。

漢詩の文法には、もう一つ重要な要素として詩形がある。齋藤希史は、『漢文脈と近代日本』（2014）に、漱石の漢詩が「古詩、近体詩、七言、五言」という中国詩歌の詩形をすべて含んでいると指摘した。その上、各時期に漱石が愛用した詩形から、彼の考え方の変遷や創作能力の成長などが読み取れる。

また漱石の漢詩に多くみられる「反復」という修辞法は、抒情性を高める役割がある。その抒情の激しさと情緒の真実さについて、和田利男は『漱石の漢詩』（2016）に、「漱石の漢詩こそが彼の最も純粋な文学的表現」と述べ、吉川幸次郎（2002）も、漱石の漢詩は「真剣な作」だと評価した。

言葉の面以外に、思想の面にも自分の特徴がある。漱石は晩年に至って、自分の文学思想を「則天去私」でまとめていた。その漢詩からも「則天去私」思想の成立経緯が見られる。その過程について中村宏（1983）は、漱石の漢詩における「天」は、形而下の果てしない自然としての天から、次第に形而上の「自然の理」に変化し、最後に人心の道と合一するものに至ったと指摘していた[3]。

### 1-2　中国における先行研究

一方中国には、漱石の漢詩の専門研究は少ないが、中日両国の漢詩作品の関連と差異に関する研究は多い。

例えば、中日両国の詩に対するイメージの違いについて、両国学界ではすでに共通認識が形成されている。叶琳は、《从“詩言志”和“超政性”看中日両国文学観差異》（2014）に、中国の詩は現実社会とのかかわりを求め、社会的価値や効用に向くものであり、現実参加の意味が強いと認識しているのに対して、牧角悦子（2013）は、日本の漢詩の場合は、第一義的な要素は抒情性であると指摘した。しかし、漱石の漢詩作品は、典型的な日本の詩作と異なり、美意識と抒情性を重視すると同時に、自然と人間への思索が多く、一層の重みと深みが感じられる。

中日両国の漢詩の関連と言えば、漢文学の典故などの素材が一番顕著な要素である。漱石の漢詩作品においては、各時期に愛用した典故は違っていた。馬歌東の《日本漢詩溯源比較研究》（2016）によってまとめれば、漱石の青年時期の詩作に、伝統士大夫のような大きな志向を語る場合が多い。「修善寺の大患」後の作品は、「自然」の趣が主流になり、文人趣味の意象が増えていた。そして人生の最期に、「則天去私」が漢詩創作のテーマになって、「禅」の意味が次第に濃くなった。

また漱石の漢詩の「反復法」について、中国の王向遠（2017）の研究によると、この特徴は詩歌のリズムや音韵を改善し、朗詠に適するための表現だと考えられる。

## 二、漱石漢詩の言語特徴

### 2-1　日本の語彙と音韻問題

日本の作家たちが漢詩を作る時、できるだけ中国の風物や中国らしい表現を用いるのが一般的である。しかし身の回りの場面を描写すれば、日本特有の風物も詩作の不可欠な要素になる。漱石の漢詩作品にも、日本の物事がよく出てきて、その中で一番目立つのは、以下のような地名の直接引用であろう。

(1)「長風吹満太平洋[4]」
長風吹きて満つ太平洋

(2)「横断房総三十里、海涛洗麓声勃瀩」
房総を横断すること三十里、海涛麓を洗いて声勃瀩たり

(1) の太平洋という地名は、江戸時代に日本人がマゼランのスペイン語「Mar Pacifico (平和な海)」から翻訳したものである。一方中国の同時代の地図では、それを「大東洋、小東洋」と呼んでいた。さらに (2) の「房総」という地名は、日本の旧国名で大体今の千葉県に当たり、中国語に存在する言葉ではない。

地名の引用だけではなく、以下のように日本の伝統行事や風物を詩の中に取り入れる場合もある。

(3)「想当天長節、李紅芝紫時」
想うに天長の節に当たる、李は紅に芝は紫なる時

(4)「崖圧浴場立、湖連牧野平」
崖は浴場を圧して立ち、湖は牧野に連なりて平らかなり

(5)「明朝鉄路西帰客、聴否三竿墨竹風」
明朝鉄路西帰の客、聴くや否や三竿墨竹の風

(6)「汽笛声長十里煙、煙残人逝暗凄然」
汽笛声は長し十里の煙、煙残り人逝きて暗に凄然

(3) の「天長節」というのは、天皇誕生日のことであり、明治元年以降、国家の祝日として定められた。(4) (5) (6) の「浴場」、「鉄路」、「汽笛」は、いずれも和製漢語で、漱石自身の日本式発想により使用された語彙だと考えられる。

一方、日本の古典から取り出した言葉もある。

(7)「机上蕉堅稿、門前碧玉竿」
　　机上に蕉堅稿、門前に碧玉竿

「蕉堅稿」とは、五山の詩僧、絶海中津の漢詩文集である。同大正4年の俳句にも、「水仙花　蕉堅稿を　照らしけり」という作品がある。その出現頻度から見れば、それは漱石の愛読書に違いない。

漱石の漢詩作品は、日本という土壌から生み出された果実なので、日本の独特な風物と素材をもとに作られるのは当たり前のことかもしれない。しかし、日本の語彙が漢詩に入ると、平仄音韻の要求は難題になる。確かに、漱石漢詩の中の日本の語彙は、すべて音読みである。しかし『佩文韻府』など、前人の詩語を集めた本にも掲載されておらず、参考になるものもないので、創作はさらに難しくなる。すなわち、それは漱石の漢詩創作のレベルアップのあかしだと考えられる。

前例の（4）は「函山雑詠」（其七）という五言律詩の第二聯であり、それを例にさらに分析してみる。なぜならば、律詩は最も定型的な詩形なので、平仄、音韻、対句への要求が一番高いからである。

この聯の平仄は「平仄平平仄，平平仄仄平」である。まず「二四不同二六対」の規則により、各句において、2字目と4字目の平仄は異なり、2字目と6字目の平仄は同じでなければならない。この詩は五言のため、6字目はないが、2字目と4字目の平仄は確かに異なっていた。両句とも、それぞれ2字目の平仄が違い、「反法」という規則に従っていた。そして、律詩の全篇において、第二聯と第三聯は対句にならなければならない。本詩はこの点も満たしていた。（4）は全詩の第二聯として、第三聯の「雲過峰面砕、風至樹頭鳴」とは対句になっていた。

つまり「崖圧浴場立、湖連牧野平」のイメージは、紀行の主題と作者年齢の若さに限られて、非常に素晴らしいとは言えないが、音韻などの面から見れば、確かに十分に整えた詩句だと認められる。

では、当時23歳の日本人旧制高校卒業生としての漱石は、なぜそのように平仄音韻に親しんで、立派な漢詩を作れたのだろうか。もちろん平仄韻字を整える事は日本人にとって難しいが、しかし牧角悦子（2013）は、漢詩と言う形態は従来の伝統として、王朝以来日本人にとって体に染み込んでいた、と述べている。漱石自身も、「思い出すことなど」に、似たような意見を述べている。吉川幸次郎（2002）も、漱石は語学力において不世出であり、幼いころから漢文教育を受けて、大量の漢文典籍を読んだうえ、彼の詩の言葉は職業的な漢詩人ほど華麗ではないが、その正確さはむしろ上にあるとさえ見受ける、と指摘していた。

### 2-2 愛用した修辞技法

漢詩の伝統的な表現手法は「賦、比、興」で、修辞法は「比喩、対句、擬人」など、挙げても挙げ切れない。漱石の漢詩作品は、合わせて208首で、各種の体裁をいずれも踏襲し、詩の内容と思想も人生の各段階によって大きく変遷していた。その体裁、内容と思想の広さのために、漱石の漢詩が使った修辞技法は、数えきれないほど多い。そこで不完全かもしれないが、研究と集計に基づき、漱石の漢詩作品の中で、一番多く使われた修辞技法である「反復法」について説明してみる。

まずは中国の詩歌鑑賞システムには、「畳字」と呼ばれる技法がある。「重ね言葉」である。これは最も簡潔的な「反復法」だと思われる。例を挙げてみよう。

(8)「雪後荊榛裏、猗猗緑竹残」
雪後荊榛の裏、猗猗緑竹残す

(9)「老去帰来臥故丘、蕭然環堵意悠悠」
老去帰来故丘に臥す、蕭然たる環堵意悠悠

(10)「空中耳語啾啾鬼、夢散蓮華拝我回」
空中に耳語す啾啾の鬼、夢に蓮華を散じ我を拝して回る

(8) の「猗猗」は、『詩経』にも見られる一面の竹の美しさを言う語。(9) の「悠悠」は、筆者ののんびりとした心境を描く語。(10) の「啾啾」は、鬼や妖怪の声の形容である。いわゆる擬声擬態語の愛用である。字の反復だけではなく、句の反復もある。

(11)「菜花黄朝暾、菜花黄夕陽。菜花黄裏人、晨昏喜欲狂」
菜花朝暾に黄に、菜花夕陽に黄なり。菜花黄裏の人、晨昏喜びて狂わんと欲す

漱石の漢詩作品における「重ね言葉」は大体、場面の描写、声の描写、心

境の描写と、3つの種類がある。前例のような「重ね言葉」の手法を使用した詩作は、全体208首の中の48首を占めている。

次の反復表現は、中国語では「頂真」、日本語では「前辞反復」と言われる。次の例のように、句の最後にある語が、次の句の最初で繰り返されることになる。

(12)「君子隔嶙峋、嶙峋不可跋」
君子嶙峋を隔つ、嶙峋は跋ゆ可からず

(13)「忽怪空中躍百愁、百愁躍処主人休」
忽ち怪しむ空中に百愁躍る、百愁躍るところ主人休す

(14)「汽笛声長十里煙、煙残人逝暗凄然」
汽笛声は長し十里の煙、煙残り人逝きて暗に凄然

(15)「元是東家子、西隣乞食帰　帰来何所見、旧宅雨霏霏」
元是れ東家の子、西隣に食を乞いて帰る
帰来何の見るところぞ、旧宅雨霏霏

この形の反復表現は、決して単純な繰り返しではなく、強調のための修辞的な繰り返しだと思われる。

最後に、3種類目の反復表現は「首尾同語」であり、中国語では「迭映」と言われる。つまり下句のように、句の先頭の語が最後で繰り返されている。

(16)「長堤尽処又長堤、桜柳枝連桜柳枝」
長堤尽くる処又長堤、桜柳の枝は連なる桜柳の枝

この首尾同語も、単なる言葉の繰り返しではなく、最初と最後という文中で強調される2つの場所で、同じ語を置くことによって作者の特別な感情を表している。

以上のように、「反復表現」が多いのは、それが朗詠や抒情に向いているからである。そもそも、詩歌はほかの文体に比べて、朗詠に適している。そのため典型的な詩は、適切な長さで行を分けられ、音韻とリズムへの要求も高い。王向遠（2017）[5]は、和歌や俳句などの日本詩歌と漢詩の特徴と、中日

両国言語の差異を比べて分析した上に、日本詩作の朗詠への適応性は漢詩作より高い、という結論を出している。

漱石は生まれてから日本の文化環境に馴染んでおり、中国の典籍をいくら愛読しても、やはり日本の伝統から受けた影響が大きい。また、漱石は生涯208首の漢詩作品を残した一方、俳句を2527句も作った。その俳句と漢詩の間には、ある程度の影響があると思われ、漱石は語彙の「反復表現」を活用して、漢詩作の韻律性を改善しようと試みていたかもしれない。

また漱石の漢詩は、自分の心の内面の感情をあらわにし、自己発露の傾向があると認識されている。吉川幸次郎（2002）は『漱石詩注』で、漱石は自己を表白することを愛し、その俳句作より、漢詩の自覚に占める比重が大きい、と述べている。和田利男も、『漱石の漢詩』（2016）に、「漱石の漢詩こそが彼の最も純粋な文学的表現であった」と述べている。「全く自分自身のために、已むに已まれず詠い出た自からなる魂の声である」という評価も同作に載せていた。

したがって、「自己表白」と「魂の声」である漢詩を作る際に、リズムのためにも感情発露のためにも、漱石が「反復」という修辞法を愛用したのも無理はなかろう。

### 2-3　漱石漢詩における和習

前文で述べたように、漱石は日本人であり、日本の文化と言語環境に馴染んでいたので、言葉上の「和習」は避けられないことである。吉川幸次郎（2002）は『漱石詩注』に、「……ところでこの歌に使われた語のうち、『帽頭』、『空辺』は、『佩文韻府』などの中国の詩語を集めた辞書に見られない。純粋な漢語ではないかもしれない。これら漢語に似て、実はそうではない語が、日本人の詩には無意識に入り、いわゆる『和習』の原因の一つとなる。先生の詩も、時にそれがある……[6]」と述べていた。

確かに論理性のある説ではあるが、「詩語の辞書に見られない」という判断基準は、少し厳しいと感じられる。『漱石詩注』で、吉川が指摘した各「和習」は、筆者から見れば、多くの場合には、文法や音韻上の誤りではなく、別に大きな違和感はない。したがって、作者の合理的な創作を尊重し、言語の発展を認めるべきではないか。では、問題点を指摘されている典型的な一句を例として、「和習」と見られる表現を分析してみる。

(17)「誰知今日惜花客、却是当年剣舞人」
　　誰か知らん今日花を惜しむ客、却って是れ当年剣舞の人

これは明治22年、漱石が正岡子規の『七草集』を評価するために作った近体の七言絶句の一首である。見れば「今日惜花客」と「当年剣舞人」の対句の意図が明らかであったが、対句法で考量すれば、「剣舞」は「舞剣」に訂正することで正しい構造になる。吉川幸次郎（2002）も、この問題に注意して、詩を読み下す時、「花を惜しむ客」と「剣舞の人」として、違う言葉遣いを使った。

一方「剣舞」という語は、平仄を考え合わせているわけでもない。この句の平仄は「平平平仄仄平仄、仄仄平平仄仄平」で、「剣」と「舞」は同じ「仄」の音であり、位置を換えても関係はない。

また日本には、民俗芸能と詩吟に合わせる余興として、「剣舞」という活動が確実に存在している。日本語では、目的語を動詞の前に置くのが普通で、つまり「剣を舞う」という形になるわけである。「剣舞」という言葉はおそらく「和習」の表現だと考えられる。

## 三、漢詩から読み取る「則天去私」の思想

### 3-1 「則天去私」とは

漱石の思想をまとめれば、彼が晩年に掲げた「則天去私」という語がよく引用される。しかし「則天去私」という四文字は、現に漱石の真蹟が残っているが、その意味を解釈する文章は、漱石自らのものとして信憑性の高い記録は何ひとつもない。

現在、「則天去私」の意味に対して認知度の高い説は2つある。

1つは、漱石の門下生、松岡譲の回想文によるもので、「小我の私を去って、普遍の大我の命ずるままに自分をまかせる境地」とまとめている。

もう1つは、大正五年の『文章日記』（新潮社）の扉に、漱石の「則天去私」という題字の傍に書かれた「『天に則り私を去る』と訓む。天は自然である、自然に従うて、私、即ち小主観小技巧を去れといふ意で、文章はあくまで自然なれ、天真流露なれ、といふ意である」という無署名の説明である。

また残念なことに、「則天去私」の概念を提出した時点から最も近い作品、漱石の遺作『明暗』は未完成のまま終ったので、そこから「則天去私」を帰納することも難しい。

しかし、和田利男（2016）は、『漱石の漢詩』の中で、「則天去私」の意味を探るには、もう一つの道があると指摘した。それは漢詩である。「漱石晩年の内面生活を最も端的に表現したものは漢詩であり、そこに『則天去私』完成を見ることができるというわけである……『則天去私』の把握が難しいものであるが、それらの漢詩から、可能な限り漱石の心を探ってゆく努力も必要であろう[7]」と和田は述べている。

## 4-2 「則天去私」の形成

「則天去私」の思想が漱石の胸に完全に成熟するまで、長い年月が経った。そのために、吉川幸次郎の『漱石詩注』を参照し、漱石の漢詩作を最初から3つの時期にわけて分析し、各時期の思想の変遷を明らかにする必要がある。

第1期は、少年時代から、明治33年の英国留学前の作である。その時期に、漱石の漢詩作は主に、正岡子規との唱和、紀行詩、同僚兼詩作の指導者長尾雨山への応酬作である。自然美への憧れ、自己志願の発露、友情の謳歌など積極的な作品は多いが、世間への憎みや功名の念など陰鬱な悩みもよく見られる。例を挙げてみよう。

(18)「得閑廿日去塵寰、嚢裡無銭自識還。自称仙人多俗累、黄金用尽出青山」
閑を得て廿日塵寰を去り、嚢裡銭無くして自ずから還るを識る。自ら称す仙人は俗累多く、黄金用い尽くして青山を出づと

(19)「三十巽還坎、功名夢半残」
三十巽にして還た坎、功名夢半ば残す

この2例から見れば、やはり漱石は自然に投身したがったが、世間に縛られていた。世間の俗悪を憎んでいながらも、功名の念を捨てられなかった。少年の心の激越から、俗悪の世間への憎しみや自然への愛着に転換することは、漱石の漢詩から読み取った彼の心境の変遷だと考えられる。

それから、漱石がイギリスに留学して、帰国したあとも神経衰弱や家事の悩みなどが原因で、漢詩創作を中断した。明治42年、漱石は再び漢詩を創作するようになった直後、胃潰瘍で修善寺に療養した。人事の葛藤と生死の体験を遍歴したあと、明治42年から大正5年まで、漱石漢詩の内容は第1期と比べて大きく変化し、著しい深化を示した。

(20)「日似三春永、心随野水空」
日は三春に似て永く、心は野水に随って空し

(21)「野水辞君巷、閑雲入我堂。徂徠随所澹、住在自然郷」
野水君が巷を辞し、閑雲我が堂に入る。徂徠随所に澹く、住んで自然の郷に在る

上記2作によると、漱石の心はやがて浮世から脱出し、「自然郷」に移り住んでいたのが明らかであった。漱石は健康を回復しながら、その詩風も明るくなり、一層清新高雅な第2期に転換した。漱石の南画趣味の時代もこの時期と重なっていた。自ら筆を執り、山水画を描きはじめた。それと同時に、「題自画」の形で漢詩を創作していた。

もし「則天」とは、「自然に従う」と意味すれば、この時期にはすでに完成していたかもしれない。しかし結局、その「自然郷」に住むことは必ずしも安定な状態とは言えない。なぜなら、二項対立理論によると、人は他者と対照しながら存在するものである。そのため、一旦社会から脱出したら、自分の立場もだんだん失っていくことになる。どんなに自然を崇敬しても、自然の中では人間は依然として異物でしかない。漱石もやがてこの矛盾に気づき、詩作の中で自然に次のような句が出てきた。

(22)「徂徠何澹淡、無我是仙郷」
徂徠何ぞ澹淡たる、無我是れ仙郷

この句は、前の「徂徠随所澹、住在自然郷」に似ているようだが、似ているからこそ、漱石の心境の変化は「無我」という語から明らかに分かる。

「自然に従う」と「無我」の両方を揃えた時、漱石はやがて最終の「則天去私」の境地に直面できる。この第3時期は『明暗』の創作時期でもあった。漱石は漢詩と小説の両領域で、「則天去私」の目標に向けて進んでいた。しかし、どうやって自分を無くせるのだろうか。漱石の方法は、「禅」であった。

(23)「道到無心天自合、時如有意節将迷」
道は無心に至りて天自ずと合し、時はもし意有らば節将に迷わんとす

この句では、「道」が「無心」に到達すると、「天」とおのずから合するという確然たる境地を明らかにしている。つまり道を悟ると、「無心」が一如であることを説いているのである。また時節が「無心」なので、四季が次序を保つことができる。この「道到無心天自合」とは、まさに「則天去私」のもう一つの表現だといえよう。

道を悟ることは、禅の領域に入ることになろう。この第3期においては、漱石の詩作は禅との関わりが強くなったように感じられる。

(24)「途逢啐啄了機縁、殻外殻中孰後先。一様風旛相契処、同時水月結交辺。空明打出英霊漢、閑暗蹋翻金玉篇。胆小休言遺大事、会天行道是吾禅」
途に啐啄に逢うて機縁を了す、殻外と殻中孰ずれか後先。一様の風旛相い契る処、同時の水交わりを結ぶ辺り。空明打出す英霊漢、閑暗蹋翻す金玉の篇。胆小なりとて大事を遺ると言う休かれ、天に会して道を行なうは是れ吾が禅

この作は、前述のように禅との関わりを示している。前の4句では「啐啄」[8]、「風旛」[9]、「水月」[10]という3つの禅家の典故をあげて、空間の内外、時間の先後、主動と受動、実在と非実在が、いずれも統一であると指摘した。ここの「蹋翻金玉篇」は、道徳教訓を示す美しい文章を蹴り飛ばすという意味である。それは、「不立文字」という禅の根本思想によるものかもしれないが、漱石は禅の修行の体験によって、外部の自然と内部の自我が統一的なものだと理解していたことが分かる。「金玉篇」に縛られず、怯えずに自分の「会天行道」という道に沿って進もうと強く主張したのではないか。

(25)「真蹤寂寞杳難尋、欲抱虚懐歩古今。碧水碧山何有我、蓋天蓋地是無心、依稀暮色月離草、錯落秋声風在林。眼耳双忘身亦失、空中独唱白雲吟」
眞蹤は寂寞として杳かに尋ね難く、虚懐を抱いて古今に歩まんと欲す。碧水碧山何んぞ我れ有らん、蓋天蓋地是れ無心、依稀たる暮色月は草を離れ、錯落たる秋声風は林に在り。眼耳双つながら忘れて身も亦た失い、空中に独り唱す白雲の吟

「無我」あるいは「禅」の道を把握すれば、やがて最後の一歩に直面することになる。この詩は漱石が死の直前に作った最後の漢詩である。第4句の「蓋天蓋地是無心」は、文字通り天地が無心であることを言っている。この

詩の全般から生み出される意味と雰囲気は、天も地もすべてのものを「無心」に観じられたことや無心で古今を歩むことを示唆しているので、「則天去私」になって悟りを得た喜びが感じられる。

漱石はこういう境地に向けて長年修行しつづけ、漸く俗世から脱出して「自然」の境に入り、そこからさらに「去私」の道をめざし、ついに禅の修行精進の果実を得た。そしてその果実も「則天去私」を示しているのではないか。

## 四、漢文学からの影響

### 4-1　漢詩の詩形

漢詩の詩形は、中国語で「体裁」といわれる。詩形は、古詩と近体詩の2つに分別される。韵を踏むことを第1のルールとする点は同じだが、古詩は平仄と長さが自由であるのに対して、近体詩（律詩、絶句）は平仄と長さには定型があり、従わなければならない。

漱石の漢詩は、すべての詩形を含んだだけでなく、心境の変化によって適合した詩形を選んで活用した。そこから見れば、漱石は漢文学に対する理解はかなり深いと言えよう。それも、漢文学が漱石に大きな影響を与えた証拠だと考えられる。

漱石漢詩の第1期は、少年時代の作から、明治33年にイギリスへ留学する前まで、76首の作品を含む。それを詩形の上から分別してみると、五言絶句10首、七言絶句31首、五言律詩10首、七言律詩14首、五言古詩9首、七言古詩2首となる。まだ青少年期であったが、その詩作には、すでに全部の詩形が含まれている。この時期の作品の中で一番多いのは、31首の七言絶句であり、学生時代の紀行詩がその多数を占めている。しかしながら、熊本時期[11]に漱石が同僚兼漢詩人の長尾雨山の指導を受け、感情がゆたかでリズムも朗々とする五言古詩の連作も注目すべきである。

明治42年から大正5年前半まで、胃の病が繰り返す時期は、漱石漢詩の第2期と見られる。そのあいだ、漱石は五言古詩1首、五言絶句56首、五言律詩2首、七言絶句16首を創作していた。その中で、漢詩の一番短い詩形である五言絶句の数は圧倒的に多い。その原因について、和田利男（2016）は、漱石がまだ病中で大作の気力がなかったためでもあろうし、当時の淡々たる心境が五言絶句の簡素な形に合うと述べていた。また、漱石の南画趣味時期もこの第2期と重ねていて、19首の「題画詩」の創作もおもしろい動きだと思われる。

最後に、漱石漢詩の第3期は、大正5年8月から11月まで、小説『明暗』とともに同じペースで創作する時期である。漢詩作の数は75首で、詩形から見れば、五言絶句7首、七言絶句2首、七言古詩1首、残った65首はすべて七言律詩である。七言律詩は格律の要求がもっともきびしいことからも、この時期に「則天去私」思想が形成したことからも、第3期はまさに漱石漢詩の頂点と言えよう。

### 4-2 多種類の引用

詩作に前人の優れた表現を引用することは、漢詩人の基本的な素養だと考えられる。漱石の漢詩にも、漢文学から引用された言葉や表現が多い。そこで引用の面から、漢文学が漱石に与えた影響を見てみたい。まずは言葉・典故の引用である。

(26)「挂剣微思不自知、誤為季子愧無期」
剣を挂くる微思自ら知らず、誤って季子と為り期無きを愧ず

中国の歴史典籍は、漱石漢詩の栄養になったようである。この句で示された典故は「季子挂剣」である。

一方、漢籍の古典だけではなく、以下のように近代の中国語も漱石に影響を与えている。

(27)「鉄笛吹紅雪、火輪沸紫瀾」
鉄笛紅雪を吹き、火輪紫瀾を沸かす

吉川幸次郎の研究によると、その「火輪」という言葉は近代中国語には蒸気船を称呼する造語である。上の句によって、同時代の漱石もその語を熟知していたようである。

言葉や典故などのそのままの引用のほか、より巧妙なのは句の形や言葉遣いの引用である。例えば漱石の漢詩には、以下の様な作がある。

(28)「元是貧家子、相憐富貴門。一朝空腹満、忽死報君恩」
元是れ貧家の子、相い憐れまる富貴の門。一朝空腹満ち、忽ち死して君恩に報ず

この「元是」で始める漱石の漢詩作は、ほかに5首ある。和田利男は、それが中国の詩僧、寒山の「元是昔愁人」という句への踏襲だと指摘している。以下のような句もある。

(29)「黄耐霜来籬菊乱、白従月来野梅寒」
　　黄は霜に耐え来たりて籬菊乱れ、白は月より得て野梅寒し

この句の語順に注目してほしい。本来ならば直接物の前に置くべき色彩語を、わざわざ物から離れて一句の冒頭に置いた。実はその句法は、杜甫が創始したものである。

(30) 杜甫：「緑垂風折笋、紅綻雨肥梅」
　　緑は垂る風に折れたる笋、紅は綻ぶ雨に肥えたる梅

この句は前人には見られず、杜甫が独創した句法だと、清の趙翼が評した。さらに詩境の引用も見られる。

(31)「巌頭昼静桂花落、檻外月明澗鳥啼」
　　岩頭昼静にして桂花落ち、檻外月明らかにして澗鳥啼く

和田利男は、この句を詠めば、王維の「人閑桂花落、夜静春山空。月出驚山鳥、時鳴春澗中」という詩の詩境を移入したことが明らかだ、と指摘した。いくつかのキーワードを引用して、原詩全篇のイメージを自分の作に導入することによって、詩境を「濃縮」して、より深い意味が表わせると考えられる。

同じような手法で、漱石は陶淵明など、ほかの中国名詩人の詩境をも自分の漢詩作に導入していた。これは漢文学が漱石に与えた贈り物であり、漱石自身の知恵でもある、と考えられる。

## 終わりに

本論では、言語の修辞と「和習」、思想の「則天去私」、「詩形」と「引用」という3方面から分析し、漱石の漢詩作品の言語特徴と思想変遷を考察しながら、漢文学から漱石漢詩に与えた影響を論じてみた。

しかし、漱石の漢詩と禅との関わりや漱石の「自我」などについては、まだ不明なところが多く、さらなる研究が必要である。なお漱石の漢詩とほかの中国詩人との関わりなどについても、未完全の部分が多い。これらを今後の課題として検討したい。

夏目漱石は日本の国民作家と言われ、近代日本文学界と思想界の重要な代表者である。近代以降の日本は近代国家の体制を作り上げ、漢字文化も日本の国家文化の一部として重視されていた。その上、日本における中国文化受容の特質を明らかにするために、漢字文化の受容の一つの特徴として、漢詩という表現形態の研究価値が大きいと考えられる。

また近代から現在にかけて、西洋的思想文化との交流・衝突とともに、東洋文化の独特の様相が次第に顕著になっている。近代以降、日中両国の文化・文芸の世界において、「東洋観」の構築作業が幾度となく勃興し、多くの曲折も経た。自然災害や地域衝突などの諸問題が潜んでいる今の時代で、単一の「西洋的な構想」の破綻は徐々に明らかになり、世界に向けて「東洋的な構想」を強く呼びかけることも、これまでには無かったと考える。

こうした時代の流れに対応し、今の日本の若者には少し疎遠され、且つ中国社会に認知度がまだ高くない日本の漢詩文を取り上げ、この両国共通の表現によって「東洋」という国境を超える概念を再認識し、新しい時代の「東洋観」を構築する作業に微力を捧げられれば、幸いだと考える。

**参考文献**

入谷仙介「新版 近代文学としての明治漢詩」［M］研文出版、2006年
高継芬「漱石作品が漢文学から受けた影響」［J］九州看護福祉大学紀要、2013年14号、pp.3～13
齋藤希史「漱石における漢詩文――小説とのかかわりから」［J］東京大学、大修館、漢文教室第203号、2017年、pp.6～9
齋藤希史「漢文脈と近代日本」［M］角川ソフィア文庫、2014年
高木文雄「漱石漢詩研究資料集」［M］名古屋大学出版会、1987年
中村宏「漱石漢詩の世界」［M］第一書房、1983年
牧角悦子「日本漢詩の特質―中国詩歌の受容と日本的抒情性について」［J］日本漢文学研究第8号、2013年、pp.97～122
吉川幸次郎「漱石詩注」［M］岩波書店、2002年
和田利男「漱石の漢詩」［M］文春学藝ライブラリー、2016年
蔡毅「日本漢詩論稿」［M］中華書局、2007年
劉懐栄、孫麗「日本漢詩研究論文選」［C］中国社会科学出版社、2017年
馬歌東「日本漢詩溯源比較研究」［M］商務印書館、2011年
孫立「日本詩話中的中国古代詩学研究」［M］北京大学出版社、2012年
厳明「東亜漢詩研究」［M］中国書籍出版社、2015年
葉琳「従“詩言志”和“超政性”看中日両国文学観差異」［J］日本文学研究：暦史交彙与想象空間、2014年8号、pp.265～276

1　和習とは、日本人が漢文を作る時に、日本語の影響によって引き起こされる独特な癖や用法のことである。

2　平仄韻字：平仄とは、漢詩における平声字と仄声字の規則的な配列。韻字とは、漢詩文で、句末で韻を踏んでいる字。

3　中村宏「漱石漢詩の世界」［M］第一書房、1983年、p21

4　本文の例は、いずれも『漱石詩注』（吉川幸次郎、岩波書店、2002年）からの引用である。

5　王向遠「古今和歌集漢訳中的歌体、歌意与“翻訳度”」［J］日語学習与研究、2017年6号、pp.104 ～ 117

6　吉川幸次郎「漱石詩注」［M］岩波書店、2002年、p34

7　和田利男「漱石の漢詩」［M］文春学藝ライブラリー、2016年、p.74

8　「碧巌録」に見える禅家の語。雛鳥が親鳥の協力で卵の中から出る過程のように、禅師が弟子を外から刺激するのが「啄」、弟子が内発的に覚醒して師に答えるのが「啐」である。

9　「景徳伝燈録」に見られる禅家の公案。六祖慧能の「風旛の動くに非ず、動く者は自ずから心なるのみ」という禅語から出る。

10　禅家の語。水の中に映る月影という意味で、実在とも非実在とも言えるものの喩えである。

11　1876年から1900年まで、漱石が熊本県の第五高等学校に勤務していた時期。

# 人道的観点に立脚した日中関係の構築へ向けて

～日中政府間の歴史認識問題を事例として～

北京大学大学院燕京学堂１年

岡本紀笙

## はじめに

2018年から2019年にかけて日中関係は「正常な軌道に戻った」と言われた。2018年9月12日にロシアのウラジオストクで行われた日中首脳会談の中で、中国の習近平国家主席は日中関係が双方の努力によって「正常な発展の軌道」に戻ったと述べ、日本の安倍晋三首相もまた同様に、日中関係は「正常な軌道に戻った」とこれに応じた[1]。2019年1月28日に行われた安倍首相による国会施政方針演説においても、ウラジオストク会談に続く2018年10月の安倍首相訪中によって、日中関係は「完全に正常な軌道」へ戻ったとの認識が示された[2]。

このように、昨今の日中関係は改善傾向にあるとされる。しかし日中間には、依然として多くの懸案事項が存在することもまた事実である。言論NPOが行っている一連の世論調査[3]によれば、中国側の対日印象は2013年以降継続的に改善してきており、2019年には45.9％の中国人が日本に対して「良い印象を持っている／どちらかといえば良い印象を持っている」と回答した。その一方で、依然として過半数である52.7％の中国人が日本に対して「良くない印象を持っている／どちらかといえば良くない印象を持っている」と回答している。

日本側の対中印象はより深刻である。84.7％の日本人が中国に対して「良くない印象を持っている／どちらかといえば良くない印象を持っている」と回答し、中国に対して「良い印象を持っている／どちらかといえば良い印象を持っている」と答えた日本人はわずか15％に過ぎなかった。この結果から、日中関係のさらなる発展のためには、これまで以上の努力が引き続き日中双方ともに必要であることは明白である。

こうした状況のもと、日中両国がこれまで以上に関係を強化していくためには、双方の相互理解に基づいた共通認識を構築することが何よりも重要である。実際、日中両国の国民は相互理解の重要性を認識している。

同じく言論NPOの調査[4]によれば、「日中関係向上のために有効なこと」に対する回答として、43.6%の日本人が「両国政府間の信頼向上」を挙げており、これが最多となっている。中国側もまた、38.7%の中国人がこれを有効であると回答しており、「歴史問題での和解」(40.3%) に続いて2番目に多い回答となっている。この結果から、日中両国民は日中政府間の信頼向上や歴史問題での和解といった相互理解の促進こそが、日中関係向上のために有効な手段であると認識していることが分かる。したがって日中関係のさらなる発展のためには、日中の相互理解に基づいた共通認識の構築が必要不可欠だといえる。

それでは日中両政府は、どのようにして共通認識を構築していくべきであろうか。本稿は日中の歴史認識問題に人道的観点を導入することで、この問題が過度に政治問題化するのを避け、人道的観点に立脚した日中関係構築の必要性を明らかにする。

これまでにも日中両政府は、歴史認識問題の解決に取り組んできた。それにも関わらず、日中関係の発展のためには「歴史問題での和解」が必要だといまだに指摘されているように、歴史認識問題は依然として両国の間に横たわる深刻な課題であり続けている。そして現在に至るまで、歴史認識問題が長期化している要因の一つとして、この問題を考える際に人道的観点が周辺化されている点が挙げられる。そのため日中関係の発展のためには、この人道的観点を再度見つめ直すことが必要なのである。

これを示すために本稿ではまず、日中両政府の歴史認識問題に対するこれまでの対応について概観する。次に本稿で用いる人道的観点の意味について検討した後、実際の政治において人道的観点が周辺化されていることを示す。そしてこれらを踏まえて人道的観点の必要性について論じ、最後に結びとして日中両政府が今後とるべき行動と日中両国が進むべき方向性を示す。

## 一、日中の歴史認識問題

日中両政府の歴史認識問題への対応は、時の日中関係を表してきた。日中両国はこれまで幾度となく歴史認識問題に直面し、それに対する両政府の対応は時代ごとに変化した。まず日本と中国がまだ国交を結んでいなかった1950年代、中国はいわゆる「二分論」を掲げて対日交渉に臨んだ。「二分論」とは、日本の戦争責任について、日本の一部の軍国主義者と一般市民とを区別するという考え方である。すなわち、戦時中の出来事の責任は当時の日本政府にあり、一般の市民にその責任はないという言説である。そしてこの「二分論」は、現在にまで続く中国政府の対日公式イデオロギーとなっている[5]。

その後日中両政府は国交正常化交渉を進め、1972年に国交を正常化した。そして国交正常化に際して調印された日中共同声明の前文には、「日本側は、過去において日本国が戦争を通じて中国国民に重大な損害を与えたことについての責任を痛感し、深く反省する[6]」と明記され、日本側の歴史認識が示された。このように、1972年の日中国交正常化までに日中両国は、過去の戦争に対する基本的な認識をそれぞれ示した。

国交正常化以降、日中両国は経済的な結びつきが強まったことなどを背景に、1980年代には蜜月期を迎えた。しかしこの時代は同時に、歴史認識問題が表面化した時代でもあった。まず1982年に起きたのが、いわゆる「第一次教科書問題」である。日本の中学校および高等学校の歴史教科書で、文部省による教科書検定の際に日本の「侵略」という文言が「進出」に書き換えられたと報道されると、これに対して中国と韓国が反発した。日本政府は中国などからの反発に対して宮澤喜一官房長官が談話を発表し、いわゆる「近隣条項」を設けることでこの時は落着した。談話では、日中共同声明における日本の認識に「いささかの変化もない」と明言し、教科書検定の基準を改めることで、日中共同声明の趣旨が「十分実現するよう配慮する」と盛り込まれた[7]。

1985年には、中曽根康弘首相が靖国神社を公式参拝したことに対して、中国の学生から大きな批判があがった。当時中国は日本に対して貿易赤字問題を抱えていたことなどもあり、中国では学生を中心に大規模な反日デモが発生した。一方で中国政府は冷静な対応をとった。中国共産党の機関紙『人民日報』は、中曽根首相の靖国参拝に対して大きな批判はしなかったほか、胡耀邦総書記は「二分論」に基づいて学生を説得し、日中関係の重要性を説いた[8]。

しかし翌1986年、「日本を守る国民会議」が編纂した保守的な歴史教科書が文部省の検定を通ったことに対して、中国外交部が抗議した。さらに藤尾正行文部大臣の発言も重なり、中国と韓国から批判を受けた。日本政府は後藤田正晴官房長官が談話を発表し、その中で同年の中曽根首相による靖国神社参拝を取りやめることを表明した。加えて藤尾大臣を罷免することで、事態を鎮静化させた。談話では、靖国神社への参拝が「様々な機会に表明してきた過般の戦争への反省とその上に立った平和友好への決意に対する誤解と不信さえ生まれるおそれがある」とし、「近隣諸国の国民感情にも適切に配慮しなければならない」との立場を改めて表明した[9]。

その後1990年代に入り、自民党、社会党、さきがけによる連立政権が成立すると、村山富市首相は戦後50年の節目にいわゆる「村山談話」を発表した。談話の中で村山首相は、「植民地支配と侵略によって、多くの国々、とりわけアジア諸国の人々に対して多大の損害と苦痛」を与えたと述べ、「この歴史の事実を謙虚に受け止め、ここに改めて痛切な反省の意を表し、心からのお詫びの気持ちを表明」するとした[10]。この談話は後の内閣にも引き継がれ、日本の「公的意思」となった[11]。このように1990年代中頃までは、日中両政府ともに歴史認識問題に対して比較的抑制的な態度を示していた。

しかし、1990年代後半から2000年代にかけて、日本では保守的な言説が台頭するようになり、中国ではナショナリズムの大衆化が見られるようになった。日本政界では保守派の国会議員の間で「歴史を見直す」動きが強まり、「歴史の見直し」を目指す議員連盟が複数発足した。また1996年には橋本龍太郎首相が、1985年の中曽根首相以降行われていなかった首相による靖国参拝を行った。一方中国では、1994年から行われるようになった愛国主義教育を背景に、ナショナリズムが一般の若者を中心に広がった。2005年には、日本の教科書問題や靖国神社参拝問題などをきっかけに、大規模な反日デモが発生した。このように、日本の首相による靖国神社参拝や教科書検定の問題は、日中の歴史認識問題を象徴する出来事となっている。

以上概観したように、歴史認識問題への対応は時の日中関係を反映してきた。1972年の国交正常化へ向けて両国の立場が示され、1990年代中頃までは歴史認識問題が浮上しても両政府は互いに抑制的であった。しかし1990年代後半以降、両国にナショナリズムが拡大すると、日本では政府の公式見解と政治家の言動との不一致が生じ、中国では大衆ナショナリズムを背景としたデモが頻発するなど、歴史認識問題はいまだ決着には至っていない。このように、歴史認識問題の解決は依然として両国間の課題となっている。

# 二、人道的観点とは何か

そもそも本稿で用いる人道的観点とはいかなる概念であろうか。それを明らかにするためには、まず人道という言葉の意味について検討しなければならない。その際に、非常に大きな足掛かりとなるのが、世界の代表的な人道機関である赤十字が掲げる「赤十字の基本原則」である。

赤十字は、スイス人実業家アンリー・デュナンの経験を踏まえて実現した組織で、「人の命を尊重し、苦しみの中にいる者は、敵味方の区別なく救う」ことを目的としている[12]。デュナンがこのような目的を持つ人道機関の設立を求めたきっかけは、1859年のイタリア統一戦争において、激戦地ソルフェリーノを通りかかったことだった。デュナンが書き著した『ソルフェリーノの思い出[13]』では、彼がその時目の当たりにした光景や、彼自身のそこでの経験がつぶさに記されている。

同著ではまず、サルディニアおよびフランス帝国の連合軍とオーストリア帝国軍との戦いの悲惨さを、生々しく詳細に描いている。そして一連の戦いで倒れた兵士たちが、どれほど痛ましく残忍に扱われたかについて記述している。その悲惨な光景を目の当たりにしたデュナンは「人間同士としてその尊い生命は救われなければならない」との信念のもと、カステリオーネの人々や旅人たちとともに、兵士たちの救護活動にあたったという。同著の最後では、戦場の負傷者と病人は敵味方の差別なく救護することや、そのための救護団体を平時から各国に組織することなどを訴えている。こうしたデュナンの経験を踏まえて後に組織されたのが、現在にまで続く赤十字の各機関である。

1965年にオーストリアのウィーンで開催された第20回赤十字国際会議において、「赤十字の基本原則宣言（Proclamation of the Fundamental Principles of the Red Cross）」が採択された。この「基本原則」の中で、最も本質的な原則である人道（humanity）は、「人間の生命は尊重されなければならないし、苦しんでいる者は、敵味方の別なく救われなければならない」と述べられている。すなわち、人道は「誰もが人間の生命、自由、幸福といった人間の存在を構成するあらゆるものを尊重することを要求」しているのである[14]。

さらに、その他の6原則は、公平、中立、独立、奉仕、単一、世界性であり、人道を実現するために必要な理念であるとされている。例えば、公平は「国籍、人種、宗教、社会的地位または政治上の意見によるいかなる差別をもしない」ことを、そして中立は「いかなる場合にも政治的、人種的、宗教的または思想的性格の紛争には参加しない」ことをそれぞれ意味している。[15]

赤十字以外の組織が行う人道支援についても「赤十字の基本原則」と同様の原則がある。例えば外務省の定義[16]によれば、人道支援は「紛争の被害者や自然災害の被災者の生命、尊厳、安全を確保するために、援助物資やサービス等を提供する行為の総称」である。

そして人道支援を行う際の基本原則は、人道原則、公平原則、中立原則、独立原則である。人道原則は、「どんな状況にあっても、一人ひとりの人間の生命、尊厳、安全を尊重する」、公平原則は、「国籍、人種、宗教、社会的地位または政治上の意見によるいかなる差別をも行わない」、中立原則は、「いかなる場合にも政治的、人種的、宗教的、思想的な対立において一方の当事者に加担しない」、そして独立原則は、「政治的、経済的、軍事的などいかなる立場にも左右されず、自主性を保ちながら人道支援を実施する」ことをそれぞれ意味している。

これらを総合して鑑みるに、人道とはすなわち民族や政治的なイデオロギーの如何に関わらず、人命を等しく尊重することである。したがって、本稿で意味する人道的観点とは、こうした人道に立脚した視点、すなわち人命の尊重という人道を念頭に置いた視座のことをいう。

## 三、人道的観点の周辺化

2000年代以降の日中両政府の歴史認識においては、人道的観点が周辺化されている。すなわち、日中両政府が持つ歴史認識では、人命の尊重という理念が欠如しているのである。その理由は、歴史認識がナショナリズムに密接に関係しているからである。つまり、歴史の解釈はイデオロギーを伴う極めて政治的な営みであるため、人道という本質的かつどちらにも偏らない公平中立的な考えは、強烈なイデオロギーによって容易に覆い隠されてしまうのである。

その結果、歴史認識問題において人道的観点は埋没し、イデオロギーが表面化した歴史認識問題は政争の具となる。例えば、日中戦争に対する両国の認識は、人道的観点の周辺化を表している。特に、南京事件における犠牲者の数を巡る論争は、イデオロギーによって人道的観点が見失われることをよく示している。

南京事件の犠牲者数を巡っては、学術界を中心に0人から30万人以上まで幅広い説が唱えられている。2006年から2009年にかけて行われた日中歴史共同研究[17]による成果でも、日中双方で南京事件の犠牲者数に関する記載内容は異なっている。日本語論文では、「日本軍による虐殺行為の犠牲者数は、極東国際軍事裁判における判決では20万人以上（松井司令官に対する判決文では10万人以上）、1947年の南京戦犯裁判軍事法廷では30万人以上」とされており、「日本側の研究では20万人を上限として、4万人、2万人など様々な推計がなされている」となっている。一方の中国語論文では、極東国際軍事裁判において20万人以上、南京戦犯裁判軍事法廷で30万人以上が認められたことのみを記述している[18]。

また、同研究の日本語論文でも指摘されているように、日本の学術界の中でも幅広い説が主張されている。例えば洞富雄や藤原彰らは、南京事件における犠牲者の数は最低でも20万人以上であると主張している[19]ほか、秦郁彦は4万人を上限とする説を唱え[20]、また「大虐殺否定説」などを主張する論者も存在する[21]。日本語論文では、犠牲者の数に諸説ある理由について、「『虐殺』（不法殺害）の定義、対象とする地域・期間、埋葬記録、人口統計など資料に対する検証の相違が存在している」ためだとしている[22]。

南京事件の犠牲者数について、日中両政府もまたそれぞれ異なる立場をとっている。まず日本政府は、犠牲者数の断定はできないという立場である。外務省は、「日本軍の南京入城（1937年）後、非戦闘員の殺害や略奪行為等があったことは否定できない」としながらも、「被害者の具体的な人数については諸説あり、政府としてどれが正しい数かを認定することは困難である」とも付言している[23]。このように、日本政府は南京事件について、非戦闘員殺害などの可能性自体は否定していない一方で、犠牲者数については断定できないと併せて言及している。

一方中国政府は、南京事件における犠牲者数をたびたび強調している。中国政府の見解は南京戦犯裁判軍事法廷で認められた30万人以上という数字に依拠しており[24]、習主席は2014年12月13日に行われた南京大虐殺犠牲者国家追悼式において30万人という数字をその演説の中で多用した[25]。また、中国の国家一級博物館に指定されている侵華日軍南京大屠殺遭難同胞紀念館もまた、南京事件によって30万人余りの人が殺害されたという見解を採用しており、館内には30万という数字が表記された壁が建てられている[26]。このように、中国は政府を中心に30万人という数字を強く押し出している。

以上で示したように、南京事件を巡る論争では日中両政府とも数字の多寡にこだわってきた。たしかに、精緻な数字の確定も歴史学的には、より正確な歴史を詳らかにするという点において、必要で意義深いことであろう。しかし、その人数の多寡が学術論争の域を越え、往々にして政治的な問題として扱われてきたのもまた事実なのである。そもそも犠牲者が何人であっても、戦争が悲惨なものであるという人道的観点を踏まえれば、日中両政府とも犠牲者の数を過度に強調する必要はない。人道はイデオロギーの如何を問わず、人命が失われるということ自体が問題だからである。

しかし、人数の多寡への固執は、自国への批判を和らげようとする意図や、恣意的に残忍さを示して道義的に有利な立場に立とうとする政治的意図が含まれると解される。実際、秦郁彦も南京事件を巡る論争が学術論争を離れて政治問題化していると指摘しているし[27]、程兆奇と張連紅はこの30万という数字が政治的な問題になっていると指摘している[28]。そして、2015年に発生した南京事件関連資料のユネスコ世界記憶遺産登録に関する一連の政治論争では、歴史認識問題のイデオロギー的側面が表面化し、南京事件そのものが政争の具となった[29]。

こうした状況は言い換えれば、日中両政府は戦争の悲惨さを十分に理解しておらず、人道的観点に基づいた大局をも見ていないということである。日本は南京事件によって犠牲となった人数の多寡が国家の面目に関わるとして犠牲者数という統計データに固執し、一方の中国は旧日本軍の残虐性を示す政治的なシンボルとして30万人という数字を利用している[30]。

しかし、いずれにおいてもその人数の多寡を論点としており、人道的観点からいえばほとんど意味を持たない。本当に重要なのは、犠牲者数という統計的なデータではなく、人命が失われたという事実にほかならないからである。したがって、統計的なデータの多寡に固執している現状は、イデオロギーによって問題の本質が覆われており、人道的観点が周辺化されていると言わざるを得ない。

## 四、人道的観点の必要性

日中両政府は一度イデオロギー的な政治論争から離れ、人道的観点に基づいた構造的な歴史の捉え方をする必要がある。なぜなら、人道的観点は日中の共通認識の構築に寄与するからである。いまだに歴史認識問題で隔たりがある日中両国は、関係改善へ向けて双方が受け容れられる共通項を見出す必要がある。そして、人道というキーワードは日中間の共通項となるはずである。

そもそも人命の尊重は、全ての政府に共通した責務である。すなわち政府は、国民の生命権などの基本的な権利を保障することが求められる。ジョン・ロックの社会契約論によれば、政府は生命などに関する自然権の保障を自然状態よりも確実なものとするために設立される。もしその「契約」が守られない場合は、政府は国民からの抵抗を受ける可能性すらある。したがって、自然権の保障を委ねられた政府は、人命を尊重する義務を負うのである。

政府による自然権の保障は、「契約」を結んだ市民のみを対象としているのは確かだが、これは他の政府と「契約」を結んだ市民が持つ権利の保障は蔑ろにしてもよいという意味にはならない。リベラルな発想に基づけば、国家同士の国際協調の中で、自然権の保障に努めなければならないのである。

近代看護教育の母とも呼ばれるフローレンス・ナイチンゲールは当初、政府による自然権の保障という観点から、アンリー・デュナンの赤十字創設に反対していた。なぜなら、負傷した兵士を救護する義務を負うのはその兵士が属する国家であり、戦場における救護活動を行う民間組織の存在によって、国家が兵士の救護義務を放棄するおそれがあると考えたためである。しかし、実際には各国に赤十字社がおかれ、各国が資金を拠出する形で赤十字国際委員会などの国際組織が実現している。これは各国の協調によって敵味方の区別なく、あらゆる人間の自然権を保障しようとする取り組みの好例である。つまり、生命の保障という国家本来の役割に立ち戻れば、人道的観点は国家間の共通項となるのである。

そして、このような規範的共通性を持つ人道的観点は、南京事件の事例に限らず、日中戦争全体の評価に対しても援用できる理論である。なぜなら、日中両国の間に日中戦争について多くの相互不理解が生じているものの、人の死が悲しいという考えは日中どちらの国においても変わらないからである。ジャン・ピクテは、「一人ひとりの人間は皆異なるが、誰もが人間性を共有しているという点では同じ」であり、「人間の苦痛は世界のどこにもみられ、人間は誰もが苦痛には弱く敏感である」と指摘している[31]。このように、人の死は悲しいことだという点は人類共通であり、そのことは両国ともに受け容れられるはずである。

デュナンの経験は日中戦争にも当てはまるだろう。なぜなら、デュナンがソルフェリーノで目撃した悲惨な光景は、日中戦争でのそれとそう遠くはないはずだからである。ソルフェリーノの戦いも日中戦争も、どちらも悲惨であったことは想像に難くない。だからこそ、過去の戦争を現代の国家に直接投影させて情緒的な対立を煽るのではなく、より構造的な分析が日中両国には求められるのである。

さらに、人道の実現に密接に関わる公平の原則と中立の原則は、双方に受け容れられる考えである。公平という概念についてジャン・ピクテは、公平の原則は無差別の概念を内包し、「人道の原則に不可分な要素」であると述べている[32]。無差別の概念とはすなわち「ある人々をある特定の集団に属するというだけの理由で不利に扱うような区別や人種差別」を行わないことである[33]。この概念に従えば、「日本の兵士」や「中国の兵士」という括りはたちまち消失し、ただ「人間」という本質的な共通項のみが残る。そして、そうした本質的な部分に対して、日中両国はなんら争う余地はないのである。デュナンは敵の負傷兵も自国の兵士と同様に看護すべきだと訴えたように、政治的な立場が人道的観点に影響するようなことがあってはならない。

また中立の原則は、いかなる政治的なイデオロギーにも偏らないという態度を示している。すなわち、中立の原則は人道の客観性を担保するために、どちらか片方の立場に肩入れしないよう各々に自制を促す。その理由についてピクテは、「ある議論において一方が完全に正しく、他方が完全に悪であるということは稀である」ためだと説明している[34]。この原則によれば、日本と中国のどちらにも肩入れしない概念こそが中立の原則であり、すなわち人道を形成する重要な要素である。そのため、日中のどちらの歴史認識に対する価値判断にも影響を受けないのが、人道的観点だといえる。以上の概念を考慮すれば、いかなる政治的立場も人道の上では意味を持たない。したがって、人道的観点は日中の間でバランスをとる共通項となり得るのである。

一方で、人道的観点が全く政治性を帯びないかといえば、そのようなことはない。すなわち、人道的観点に基づいた政策でも、政治的動機を帯びることがある。ジョセフ・ナイは、「道義的論議はさして高尚でない動機を隠蔽するためのプロパガンダとして修辞的にも用いられる[35]」と指摘しているし、ピクテも人道の「政治化の動きは、赤十字が直面する現在の最も大きな脅威である[36]」と危機感を示している。つまり、人道はイデオロギーによって容易に覆い隠されてしまうだけでなく、むしろ時として政治的に利用される場合もある。

実際、人道の政治化は問題となっている。例えば、新型コロナウイルス感染症の拡大を受けて中国が行ったいわゆる「マスク外交」はその一例である。中国は人道的観点からマスクや防護服などを他国に寄付しているとするが、一部の国はそう捉えてはおらず、むしろ中国の政治的な意図を疑っていると指摘されている[37]。

確かに、国家による人道的な政策に政治的な判断が介在する余地があるので、人道の政治化は避けられない。この点についてピクテは、援助がどのような動機から行われたのかについては、大きな問題ではないと述べている。むしろ重要なのは、その援助がなければ助けを得られなかった人々が救われたという事実だと指摘している。さらにピクテは援助の仕方が重要であると述べており、「配慮を欠いた親切は、それを受ける者の自尊心を傷つけ、侮辱とさえ受け取られかねない」と強調している[38]。つまり、人道的観点は当事者の政治的な動機よりも、どのように援助をして、どのような効果をもたらしたかという方法と結果に焦点を当てている。したがって、日中関係について言えば、歴史認識問題への人道的観点の導入には、政治的な動機よりも、その導入によって両国に協調関係が生まれるということに、より大きな意義がある。

以上のように、人道的観点は双方の共通認識構築に寄与する。しかし、実際の政治では人道的観点はイデオロギーによって覆われ、周辺化されている。そのため、日中両政府はイデオロギー的論争から離れ、人道的観点に立ち返ることが必要なのである。

## 終わりに

これまで論じてきたように、日中両政府は南京事件における犠牲者数の多寡といった細部に固執し、人命が失われたという本質的な事実を周辺化させてしまっている。このように、本来両国ともに受け容れられるはずの人道的観点は、ナショナリズムなどのイデオロギーによって覆い隠され、過度に政治問題化した歴史認識問題の中で埋没してしまう。そこで両国は双方の共通認識構築のため、ひいては日中関係のより一層の発展のために、人道的観点にいま一度立ち戻ることが必要なのである。

それでは、日中両政府はどのようにして日中関係に人道的観点を導入すべきであろうか。まずは、歴史家による議論を促進させる必要がある。その中で、政治家は歴史の真相の解明を歴史家に任せなければならない。なぜなら、過去に何があったかを明らかにするのは、政治家ではなく歴史家の職責だからである。政治家によって過去に何が起きたかが決定されるわけではないし、歴史の専門家でない政治家がそうすべきではない。政治家が例えば南京事件の真相ないし犠牲者数について判断を下すことは、その職責からいえば畑違いなのである。歴史の専門家たる歴史家が歴史の細やかな解明を果たすであろうから、政治家はそれを粛々と専門家に委ねることが肝要なのである。

そうした意味において、2006年から2009年に行われた日中歴史共同研究は一つの前進であった。同研究は政治家が歴史家に議論を委嘱した好例である。しかし、結果的に出された報告書の内容は、日本語と中国語でそれぞれ異なっていた。これはつまり、両国の認識の差は学者の間でもまだ埋められておらず、引き続き対話が必要だということを示している。2010年以降、同様の日中歴史共同研究は行われていない。日中両政府は再びこうした共同研究を立ち上げ、学者間の対話を継続させていく必要がある。

翻って政治家は、利害の調整を通じて物事に筋道を立てるのが職責である。政治家に与えられた役割は、歴史家によって明らかにされた「より確からしい歴史的事実[39]」に基づき、関係発展への道筋を立てていくことにある。すなわち、両政府は「より確からしい歴史的事実」の解明ではなく、「より確からしい歴史的事実」に基づいて対話を行い、相手国との関係を調整しなければならない。

そのために、例えば1980年代のように両国に自制を促すためのガイドラインの策定に取り組むというのも一案である。毛里和子の言葉を借りれば、「歴史は事実としてあった歴史だけではない。後世の歴史認識を通じて、新たな『歴史が作られる』のである[40]」。すなわち、両国の政治家には学術界が真摯に検討を重ねて積み上げげた「より確からしい歴史的事実」を踏まえて、歴史認識の差を埋めるために、今後必要な行動について対話を続けることが求められるのである。

そして、対話の過程の中で政治家は人道的観点、すなわち人命を尊重した立場から「より確からしい歴史的事実」を見渡す必要がある。つまり、人命が失われたという事実をより重く考えなければならないということである。例えば、南京事件の犠牲者数に関する議論は、犠牲者の数が少なければよいなどという話ではなく、1人でも犠牲者がいたとすればその時点で痛ましい事実なのである。政治家はこの事実をより重く考えなければならない。そして、そのために政治家は歴史認識問題を過度に政治問題化させてはならない。日中ともに悲惨な戦争を経験しているのだから、ナショナリズムを過度に煽ることはせず、人道的観点に立った最善策を検討すべきである。

要するに、日中両政府は「より確からしい歴史的事実」の解明を歴史家に委ね、政治家は犠牲者数やその真偽に関する議論を控えることが肝要である。そして政治家自身は学術的根拠に裏打ちされた「より確からしい歴史的事実」に基づいて大局を俯瞰し、歴史認識問題を過度に政治問題化させることなく人道的観点に立ち戻った対話を行えば、複雑多岐にわたるこの問題で共通認識を構築することができる。このように日本と中国は人道的観点に立脚した日中関係を構築していくべきなのである。

以上、本稿では人道的観点の周辺化の事実とそれを改める必要性という規範的な議論を続けてきた。本稿が日中関係を新たな視点から再構築するための切り口を、わずかながらでも提示できたのではないかと期待したい。しかし、紙幅の都合上、人道的観点の導入が適切に履行されているかを検証するための仕組みなどについては検討できなかった。そのため、これらの点については別稿にて引き続き検討していくこととする。

参考文献

J. アンリー・デュナン（寺家村博訳）「アンリー・デュナン」教育研究所編『ソルフェリーノの記念』メヂカルフレンド社、1983年

外務省「日本国政府と中華人民共和国政府の共同声明」、1972年　https://www.mofa.go.jp/mofaj/area/china/nc_seimei.html

外務省「『歴史教科書』に関する宮沢内閣官房長官談話」、1982年　https://www.mofa.go.jp/mofaj/area/taisen/miyazawa.html

外務省「内閣総理大臣その他の国務大臣による靖国神社公式参拝に関する後藤田内閣官房長官談話」、1986年　https://www.mofa.go.jp/mofaj/area/taisen/gotouda.html

外務省「戦後50周年の終戦記念日にあたって」、1995年　https://www.mofa.go.jp/mofaj/press/danwa/07/dmu_0815.html

外務省「日中歴史共同研究（概要）」、2010年9月　https://www.mofa.go.jp/mofaj/area/china/rekishi_kk.html

外務省「歴史問題Q&A：問6 「南京事件」に対して、日本政府はどのように考えていますか。」、2018年4月6日　https://www.mofa.go.jp/mofaj/area/taisen/qa/index.html

外務省「日中首脳会談（平成30年9月12日）」、2018年9月12日　https://www.mofa.go.jp/mofaj/a_o/c_m1/cn/page3_002553.html

外務省「人道支援の基本概念」、2019年11月11日　https://www.mofa.go.jp/mofaj/gaiko/jindo/jindoushien1_1.html

言論NPO「『第15回日中共同世論調査』結果」、2019年10月23日　http://www.genron-npo.net/world/archives/7379.html

ジャン・ピクテ（井上忠男訳）『解説 赤十字の基本原則［第2版］：人道機関の理念と行動規範』東信堂、2010年

首相官邸「第百九十八回国会における安倍内閣総理大臣施政方針演説」、2019年1月28日　https://www.kantei.go.jp/jp/98_abe/statement2/20190128siseihousin.html

ジョセフ・S. ナイ・ジュニア、デイヴィッド・A. ウェルチ（田中明彦・村田晃嗣訳）『国際紛争：理論と歴史［原書第9版］』有斐閣、2013年

侵華日軍南京大屠殺遭難同胞紀念館「南京大虐殺事件」　http://www.19371213.com.cn/ja/about/massacre/201810/t20181004_5907663.html

田中正明『南京事件の総括：虐殺否定の論拠』展転社、2001年

中華人民共和国駐日本国大使館「南京大虐殺犠牲者国家追悼式での習近平主席の演説」、2014年12月14日　http://www.china-embassy.or.jp/jpn/zgyw/t1218980.htm

日本経済新聞「南京大虐殺を記憶遺産に　ユネスコ、シベリア抑留も」、2015年10月10日　https://www.nikkei.com/article/DGXLASS0040003_Q5A011C1000000/

日本経済新聞「コロナ禍で一帯一路に黄信号、遠ざかる「中国の夢」、2020年7月20日　https://

www.nikkei.com/article/DGXMZO61593600W0A710C2000000/
日本赤十字社「赤十字基本7原則」 http://www.jrc.or.jp/about/principle/
日本赤十字社「赤十字について」 http://www.jrc.or.jp/about/
秦郁彦『南京事件：「虐殺」の構造［増補版］』中央公論新社、2007年
波多野澄雄、庄司潤一郎「〈近現代史〉第2部第2章 日中戦争―日本軍の侵略と中国の抗戦（日本側）」『第1期「日中歴史共同研究」報告書』、2010年1月31日、pp.1 ～ 22（通しpp.265 ～ 286） https://www.mofa.go.jp/mofaj/area/china/pdfs/rekishi_kk_j-2.pdf
東中野修道編著『日本「南京」学会年報 南京「事件」研究の最前線 平成二十年版［最終完結版］』展転社、2008年
洞富雄、藤原彰、本多勝一編『南京事件を考える』大月書店、1987年
毛里和子『日中関係：戦後から新時代へ』岩波新書、2006年
栄維木「〈近現代史〉第二部第二章 日本的全面侵華戦争与中国的全面抗日戦争（中国側）」『第1期「日中歴史共同研究」報告書』、2010年1月31日、pp.1 ～ 15（通しpp.188 ～ 202） https://www.mofa.go.jp/mofaj/area/china/pdfs/rekishi_kk_c.pdf
（注）ウェブサイトは全て2020年9月2日最終閲覧

---

1 外務省「日中首脳会談（平成30年9月12日）」
2 首相官邸「第百九十八回国会における安倍内閣総理大臣施政方針演説」
3 言論NPO「『第15回日中共同世論調査』結果」
4 同上
5 毛里和子『日中関係：戦後から新時代へ』、p.22
6 外務省「日本国政府と中華人民共和国政府の共同声明」
7 外務省「『歴史教科書』に関する宮沢内閣官房長官談話」
8 毛里前掲書、pp.124 ～ 126
9 外務省「内閣総理大臣その他の国務大臣による靖国神社公式参拝に関する後藤田内閣官房長官談話」
10 外務省「戦後50周年の終戦記念日にあたって」
11 毛里前掲書、p.145
12 日本赤十字社「赤十字について」
13 原題は"Un souvenir de Solférino"。日本語では『ソルフェリーノの思い出』と訳されることが多く、『ソルフェリーノの記念』などとも訳される。
14 ジャン・ピクテ『解説 赤十字の基本原則［第2版］：人道機関の理念と行動規範』、p.27
15 日本赤十字社「赤十字基本7原則」
16 外務省「人道支援の基本概念」
17 外務省「日中歴史共同研究（概要）」
18 波多野澄雄、庄司潤一郎「〈近現代史〉第2部第2章 日中戦争―日本軍の侵略と中国の抗戦（日本側）」『第1期「日中歴史共同研究」報告書』、p.7（通しp.271）；栄維木「〈近現代史〉第二部第二章 日本的全面侵華戦争与中国的全面抗日戦争（中国側）」『第1期「日中歴史共同研究」報告書』、p.5（通しp.192）
19 洞富雄、藤原彰、本多勝一『南京事件を考える』、p.28
20 秦郁彦『南京事件：「虐殺」の構造［増補版］』、p.317
21 田中正明は「中国側のいう『南京大虐殺』なるものは、東京裁判からはじまった事件であると言っても過言ではない。それ以前には、国際的にも、国内的にも、中国自身においてさえも存在しなかった事件なのである」などと主張し［田中正明『南京事件の総括：虐殺否定の論拠』、p.10］、東中野修道は合法的な「処刑」はあったとしても、非合法な殺害たる「虐殺」はほとんどなかったなどと主張している［東中野修道『日本「南京」学会年報 南京「事件」研究の最前線 平成二十年版［最終完結版］』、pp.11 ～ 60］。
22 波多野ら前掲書、p.7（通しp.271）

23 外務省「歴史問題Q&A：問6『南京事件』に対して、日本政府はどのように考えていますか。」
24 波多野ら前掲書、p.7（通しp.271）
25 中華人民共和国駐日本国大使館「南京大虐殺犠牲者国家追悼式での習近平主席の演説」
26 侵華日軍南京大屠殺遭難同胞紀念館「南京大虐殺事件」
27 秦前掲書、p.305
28 同上書、p.324
29 日本経済新聞「南京大虐殺を記憶遺産に　ユネスコ、シベリア抑留も」
30 これは30万人という数字そのものを否定するものではなく、その数字の扱われ方を述べたものである。
31 ピクテ前掲書、p.8
32 同上書、p.19
33 同上書、p.43
34 同上書、p.62
35 ジョセフ・S. ナイ・ジュニア、デイヴィッド・A. ウェルチ『国際紛争：理論と歴史［原書第9版］』、p.31
36 ピクテ前掲書、p.66
37 日本経済新聞「コロナ禍で一帯一路に黄信号、遠ざかる『中国の夢』」
38 ピクテ前掲書、pp.25 ～ 26
39 もちろん、いくら歴史の専門家といえども、まったく非の打ちどころがない歴史的事実にたどり着くことは難しいだろう。しかしだからこそ、歴史の専門家でない政治家が、安易に論争的な歴史の評価に関わってしまうことに危うさがある。
40 毛里前掲書、pp.167 ～ 168

# 日本のサブカルチャーにおける役割語の使用と翻訳
~ゲーム『ダンガンロンパ』を用いて~

華東理工大学外国語学部日本語科
2020年6月卒業
**林悦**

## はじめに

「サブカルチャー」とは、メインカルチャーに対して言うものであり、学問、文学、伝統的な美術、クラシック音楽などの主流文化に対し、マイノリティー、言い換えると「少数派」の大衆文化を指す。ササキバラ(2004)[1]によると、サブカルチャーの概念は1980年ごろ日本に伝来し、漫画、アニメ、コンピューターゲーム以外に、フィクション小説、流行音楽、ファッションなどもサブカルチャーに含まれるという。

1990年代に入ると、漫画がアニメ化され、アニメが小説化されるという現象が増加し、ジャンルの統合とともに、「オタク文化」と呼ばれる文化がサブカルチャーのメインとなり、世界中で有名になった。アニメと言えば日本、あるいは日本と言えばアニメだと考える人も少なくはないだろう。ステレオタイプかもしれないが、今、日本のオタク文化は広い範囲で伝播している。勿論、中国でもオタク文化が好きな人が段々増えている。

アニメなどのフィクション作品の創作には、キャラクターの多彩な性格を表現するために「役割語」を使い、様々な口調を工夫したりすることが多い。役割語という概念は日本語学者の金水敏が提唱したものであり、「ある特定の言葉遣い(語彙・語法・言い回し・イントネーション等)を聞くと、特定の人物像(年齢、性別、職業、階層、時代、容姿・風貌、性格等)を思い浮かべることができる時、あるいはある特定の人物像を提示されると、その人物がいかにも使用しそうな言葉遣いを思い浮かべることができる時、その言葉遣いを『役割語』と呼ぶ」と定義されている[2]。一方、同じ意味・内容を持つ言葉でも、年齢、性別、職業、地域などによる違いがある「位相語」と比べると、役割語は主にフィクション作品において、特定のキャラクターを想起させる言葉遣いである、と金水（2007）は言及している[3]。

また金水（2011）[4]は、次のような例を挙げながら、キャラクターの設定によって、様々な話し方が使い分けられていると述べている。

「おお、そうじゃ、わしが知っておるんじゃ」
「あら、そうよ、わたくしが知っておりますわ」
「うむ、さよう、拙者が存じておりまする」

上の例を見て分かるように、「わし～じゃ」は年寄りの男性が多用しており、「わたくし～ですわ」は主にお嬢様など上品な女性の言語表現であり、「拙者～まする」は武士の古風な言葉というふうに、役割語によって読み手は一瞬にキャラクターの設定を把握できる。

しかし、日本のサブカルチャーは海外へ伝播される時、多くの場合、現地の言葉に翻訳されなければならない。訳文は通常、必ずしも原文を完全に表現できるとは限らないため、元の人物像を効果的に表現できない場合もあるだろう。ゆえに、役割語の外国語翻訳は原文のイメージを損ねてしまうことが広く議論されている。

本稿では、母語の中国語とわたし自身が大学で専攻している外国語としての日本語を対比し、ゲーム『ダンガンロンパ』のセリフを例として、役割語がどう使用されているのか、違った性格のキャラクターをどのように表現しているのか、また日本語原文と中国語訳文における役割語にはどんな違いがあるのかを研究する。

## 一、先行研究

金水の定義をはじめ、役割語に関する研究は数多く行われている。筆者はこれらの先行研究を主に「特定の役割語」、「役割語とキャラクター」及び「役割語の翻訳」の3つの分野に分けてみた。

特定の役割語を中心とする研究では、西廼（2014）[5]は「アルヨ言葉」を中心に、中国人を連想させる「アルヨことば」と呼ばれる役割語の歴史と、現代における使い方、及び言葉から連想できる人物像の特徴について論述した。

また賈（2019）[6]は、バラエティー番組における「オネエ言葉」と非オネエの言語における人称代名詞の使用実態と両者の相違を考察している。

役割語はアニメ・漫画などのフィクション作品で、個性的な人物像をはっきり表現できる。このため小松（2013）[7]は、言葉とキャラクターの設定に関して、アニメ『魔法少女まどか☆マギカ』のセリフ例を用いて、キャラクターの性格を分析し、日常生活における使用頻度の高さを分類し、役割語と属性表現の検証を行った。成（2018）[8]は、ライトノベル『やはり俺の青春ラブコメはまちがっている』における男性と女性のキャラクターを分けて、用いた役割語の使用状況を把握したうえで、役割語の機能を検討した。

また役割語は、欧米の映画と小説の日本語訳にも多用されている。長い間、役割語の外国語翻訳はどうやって進めるか、そして原文のイメージを損ねてしまうかどうかといったことも広く議論されている。多田（2016）[9]は、日本の英語教科書『SUNSHINE ENGLISH COURSE』とイギリスの小説『ハリー・ポッター』を例とし、英文を日本語に訳す際に、無意識に役割語の機能を使っているのではないだろうかと推測している。同じく、郝（2012）[10]は、『ハリー・ポッター』第一巻の英語原文と日本語訳本の対照研究を通して、「役割語」が会話の翻訳に与える影響を考察している。

上述から分かるように、先行研究では日本語と英語の比較研究や翻訳研究はあるものの、日本語と中国語の翻訳研究や比較研究は比較的少ないというのが現状である。

## 二、研究方法

本稿は、以上のような先行研究を踏まえ、主にサブカルチャーを中心にして、役割語の使用と中国語への翻訳を考察する。サブカルチャーの範囲が広いため、本稿では日本のゲーム『ダンガンロンパ　希望の学園と絶望の高校生』（以下は『ダンガンロンパ』とする）を用いて、まずは男女を分けて性格の異なったキャラクターのセリフ例を挙げ、人称代名詞、終助詞、待遇表現などの部分を分析する。そして、日本語と中国語訳のセリフを比較し、両者の相違点を考察することにする。

『ダンガンロンパ』は2010年11月25日にスパイクから発売されたゲームソフトである。主な内容は、「超高校級」と称される優れた能力を持つ高校生ばかりが集められた「s1111111111111111111111111」に入学した生徒達が、「卒業するためには仲間を殺すこと」というルールの元に次々と発生する殺人事件を「学級裁判」で解決していくものである。(公式サイト[11]参照。以下、キャラクターの紹介も公式サイトによる。)

主なキャラクター16人は、お嬢様、ギャル、暴走族、古風、真面目など様々な人物属性となっている。キャラクターが多いため、本稿では典型的な性格を持つギャンブラーの「セレスティア・ルーデンベルク」、格闘家の「大神さくら」、暴走族の「大和田紋土」と風紀委員の「石丸清多夏」という4人のキャラクターを選び、ゲーム全体の6章のうち、全員出場した序章と第1章のセリフ例を対象に分析し、それぞれ男女別に比較する。

# 三、ゲーム『ダンガンロンパ』を例として

## 3-1 キャラクター紹介

本稿の研究対象とするキャラクターは次のようにまとめられている。

表1 各キャラクターの紹介

| 名前 | 性別 | 身分 | 紹介 |
|---|---|---|---|
| セレスティア・ルーデンベルク(以下は自称の「セレス」とする) | 女 | 超高校級の「ギャンブラー」 | ギャンブル界で名を馳せ、「ウソ」をつく天才で、麻雀やポーカーなどで連戦連勝の記録を持つ。小柄でロリータ調の華やかな外見とは裏腹にかなりの毒舌で、周りを追い詰める女王様気質の持ち主である。 |
| 大神さくら | 女 | 超高校級の「格闘家」 | 武道家の父の影響で、幼い頃からあらゆる武道を経験してきた地上最強の女子。乳母車に乗るよりも前に戦いを始めたという伝説を持つ。いかめしい見た目と寡黙な性格から、何もしていなくても周りに威圧感を感じさせてしまう。 |
| 大和田紋土 | 男 | 超高校級の「暴走族」 | 関東を統べる巨大暴走族のヘッド。自身を極悪非道の男と称するが、実は義理や人情に厚く、「男の約束」という言葉に弱い。考えるより行動のタイプである。 |
| 石丸清多夏 | 男 | 超高校級の「風紀委員」 | 進学校として有名な高校で、風紀委員を務めていた。ごく普通の一般家庭出身だが、品行方正、成績優秀な少年である。学力は並々ならぬ努力のたまもので、努力を馬鹿にする者には大変厳しい。緊迫した状況下にも関わらず、法律や学校規則を重んじる。 |

出所：筆者作成

## 3-2 女性キャラクターの分析

### 3-2-1 セレスティア・ルーデンベルク

セレスティア・ルーデンベルク（以下は自称の「セレス」とする）のセリフ例は、以下の通りである（表記は原文に従う。その下に中国語バージョンの訳文を記載。キャラクター紹介は表1を参照のこと）。

1. お初にお目にかかりますわね。セレスティア・ルーデンベルクです。
初次见面呢。我是塞蕾丝蒂娅•露汀贝尔克。

2. わたくしの名前ですわよ。“セレス”と呼んでくださって結構ですわ。
是我的名字哟。叫我“塞蕾丝”就行了。

3. うふふ、嫌ですわ。わたくしの本名は、セレスティア・ルーデンベルクですわよ。
唔呼呼，才不要呢。我的本名就是塞蕾丝蒂娅•露汀贝尔克哟。

4. …それを踏まえた上で、わたくしから、みなさんに提案があるのです。みなさん、夜時間に関するルールは、覚えていらっしゃいますでしょう？
在此基础上，我呢，有个提议想告知各位。各位同学，有一条关于夜晚时段的规则，你们还记得吗?

5. 舞園さんと苗木君は、部屋を交換していたのですよね？　ですが、そのメモの呼び出し先には、“私の部屋”とありますわよ。
舞园和苗木君，交换了房间，对吧?但是，在那张便条上，叫出来见面的地点，写的却是“我的房间”哟。

以上の例から見ると、セレスは普段敬語で話している。語尾は「ですわ」「ですわよ」の顕著な女性用語で、第一人称の「わたくし」と「うふふ」の笑い声は典型的な「お嬢様言葉」と言えるだろう。ほかの人を呼ぶ時、「みなさん」や「女性苗字＋さん」「男性苗字＋君」を使う。この丁寧な口調は自身の上品さを強調しながら、他人との距離感を保つことができる。そして謎めいた雰囲気も、それによって醸し出すことができる。

対応する中国語訳では、中国語には敬語表現が発達していないので、一人称は普通「我」と翻訳され、ほかの人に対する呼称も、「〇〇さん」は「さん」の部分を省略し、苗字だけで呼ぶ。この呼称から、キャラクターの上品さがあまり感じられないだろう。

しかし、「みなさん」は「各位/各位同学」と翻訳され、一般の複数二人称「你们」よりは丁寧だと思われる。また中国語では、「呢」「啦」「呀」「哟」のような終助詞（語気詞）が感情などを表す役割を果たしている。日本語のような性別差がないものの、以上の例の中にある「呢」と「哟」などの終助詞はほぼ女性用のイメージであり、それらを多く使う男性が少ないと考えられることから、「わよ」と似ている役割を果たしていると言える。そして笑う時の「うふふ」は「唔呼呼」と音訳され、真心の高笑いではなく、控えめの笑い声だと考えられる。

### 3-2-2 大神さくら

大神さくらのセリフ例は以下の通りである。

6. 大神さくらだ…
   吾乃大神樱……

7. おい、お主…筋力の質、量、共に、ごくごく普通の一般的な高校レベルといったところか…
   喂，汝……肌肉的质量和数量都是，极普通的一般高中生的程度而已么……

8. ふむ、残念だったな。その程度では我の訓練相手は務まらぬ…
   唔，很可惜。就这个程度无法作为吾的训练对手……

9. 先に進まぬ限りは何もわからぬままという事か…ならば、行くしかあるまい。
   畏缩不前的话就什么都不会知道，是这个道理么……那么，不得不去呢。

10. どちらにせよ、腹をくくる他あるまい。虎穴に入らずんば虎子を得ず…だ。では、我も行くとしよう…
    不管怎样都要做好心理准备了。不入虎穴焉得虎子啊……那么，吾也随你们一起吧……

大神は女性だが、外見は大柄で、筋肉隆々たる体から男性と間違えられたこともある。だから女言葉をあまり使わず、「おい」のような感嘆詞とか、「だ」、「な」などのような言語表現は男性に近く、キャラクターに相応しい。また彼女は武道家出身なので、一人称を「我」、二人称を「お主」というふうに、古風な言葉遣いをするのも、常に「虎穴に入らずんば虎子を得ず」などのような諺を使うのも、キャラクター設定に当てはまる。

中国語訳では、特に男女の区別がないが、「吾」「汝」など古代の一人称を使っているので、古風という設定に合っている。また、中日両国は元々類似している諺、慣用句が多いから、日本語と同様に「不入虎穴焉得虎子」といったような諺を使うのも違和感がないだろう。

### 3-2-3　女性キャラクターの比較

以上述べた内容をまとめると、**表2**になる。

表2　女性キャラクターの比較

| キャラクター名 | セレス | 塞蕾丝 | 大神さくら | 大神櫻 |
|---|---|---|---|---|
| 言葉分類 | お嬢様言葉 | | 古風言葉 | |
| 一人称 | わたくし | 我 | 我 | 吾 |
| 二人称 | みなさん／女性苗字＋さん／男性苗字＋君 | 各位／各位同学／女性姓氏／男性姓氏＋君 | お主 | 汝 |
| 終助詞 | わ、わよ | 呢、哟 | だ、な | |
| 待遇表現 | 敬語 | | 普通語 | |
| その他 | | | 古風な言葉（「まい」、「ぬ」）、諺（「虎穴に入らずんば虎子を得ず」） | 古風な言葉（「乃」など）、諺（「不入虎穴焉得虎子」） |

出所：筆者作成

**表2**から見ると、セレスの「お嬢様言葉」と大神の「古風言葉」は主に人称代名詞と終助詞の違いが大きい。中国語訳では「わたくし」は「我」と翻訳され、終助詞は異なる訳語があるが、日本語ほどの区別はないと思われる。また中国語では、敬語と普通語の違いがないため、セレスのやや上品な口調と大神の男っぽい感じは表現できないところがある。それに対して、大神のセリフの中国語訳は「吾」、「汝」といった人称代名詞や中国語固有の諺などにより、彼女の古風な言葉遣いを比較的よく表現していると言えよう。

## 3-3　男性キャラクターの分析

### 3-3-1　大和田紋土

大和田紋土のセリフ例は以下の通りである。

11.…自己紹介だぁ？　んな事やってる場合じゃねーだろ‼

……自我介绍？现在不是做这种事情的时候吧！！

12.オレは大和田紋土だ…ヨロシクな…
我是大和田纹土……多多指教啦……

13.別にビビってる訳じゃねーんだ…いってやろうじゃねぇか…！
我才不是怕了呢……说去就去，谁怕谁……！
オラァ！ 俺様を呼び出しやがったのは、どこのどいつだぁ‼
喂！将本大爷叫出来的是哪个家伙!!

14.オイコラ、今更謝ってもおせぇぞ！ テメェの悪ふざけは度が過ぎたッ‼
喂混蛋，事到如今要道歉的话已经晚了！你这家伙的恶作剧太过头了!!

15.オレはなぁ…ガキん時から、兄貴にしつけーくらいに言われて育ったんだよ。“男の約束”は死んでも守れってよぉ…
我啊……从小的时候，有句话就一直被大哥说，说到烦，说到我长大。“男人的约定”，就算死，也一定要遵守……
オレには、まだ守りきれてねー約束があんだ…だから、ここで死ぬ訳にゃいかねーんだよッ‼
我，还有没有遵守到底的约定……所以，在这种地方是不能死的!!

以上の大和田のセリフには、男性用語の一人称「オレ」と終助詞の「ぞ」、感動詞の「オラ」「オイコラ」が使われている。そして「じゃねぇ」「おせぇ」「の→ん」などの発音や「オレはなぁ…」「よぉ…」の長音、そして「やがる」のような軽卑語は喧嘩を売っているような口調——「不良言葉」に当てはまる。

例13では一人称を「オレ」から「俺様」に変えている。後者は尊大語の一種であり、自分の事を偉そうに言い、傲慢な性格を表す一人称である。ここから大和田が恐れながらも憤っているのが感じられる。中国語訳の場合は、「オレ」を「我」に翻訳し、前文の女性のセレスと同じ一人称を使っており、男女差がほとんどないと言えるだろう。しかし、例18は「俺様」を「本大爷」と、そして、「テメェ」を「你这家伙」と翻訳しており、「我」「你」などよりも荒っぽい口調なので、それにより人物の態度の変化と憤怒の感情がうまく表現されていると思われる。

### 3-3-2　石丸清多夏

石丸清多夏のセリフ例は以下の通りである。

16. 苗木くんッ！　遅刻とはけしからんじゃないか‼　8時集合と知らされてあったはずだろう！
苗木君！你竟然迟到!! 之前通知的是8点集合的吧！

17. 僕の名前は石丸清多夏だ！　座右の銘は質実剛健！　お互い、学業に切削琢磨して頑張ろうではないか‼
我的名字是石丸清多夏！座右铭是质朴刚健！让我们为了学业，互相切磋加油吧!!

18. 苗木誠、実によい名前だ！　立派な名前を付けてくれたご両親に感謝したまえよ！
苗木诚，真是个好名字！好好感谢父母给予了你这么出色的名字吧！

19. そして、君もその名前に負けぬよう、日々精進したまえよッ‼
还有，你也该为了不辜负这个名字，精益求精好好学习!!

20. おい、君達ッ‼　いつまで長話をしているのだ！　自己紹介だけで貴重な一日を終わらせるつもりか⁉
喂，你们!! 要聊到什么时候啊！打算就用自我介绍耗完珍贵的一天吗!?

21. 異常なのは、気を失った件だけではないぞ。諸君らも教室や廊下の窓を見たであろう？
异常的不只是晕过去这件事而已啊。诸位也看到教室和走廊的窗户了吧？

石丸は男性の一人称「僕」と男性用の終助詞「ぞ」を使っており、ほかの人を呼ぶ時は「○○君」、「君（達）」、「諸君ら」を使っている。普通の言葉で話しているが、ほかの人を諭すような言葉の中、「切削琢磨」のようなやや固い言葉を多用し、「たまえ」を使う命令文も多い。「たまえ」は、友人または目下の者に対する、穏やかな命令の意を表す。明治時代の書生言葉から伝来している。

書生言葉とは、元々明治前期の旧制高等学校・大学に在籍する男子学生が使っている言葉で、自分達のエリート意識と教養を誇示する意味合いがあり、外国語や漢語、「〜したまえ」などが多用され、のちに堅く気取った男性語の原型となった[12]。このような言葉遣いは石丸の真面目な性格と風紀委員の身分に合っていると言える。

それに対して、中国語訳でも人を呼ぶ時、同じく「○○君」を使っている。中国語では、「君」も人の名前に付けて尊敬の意味を表す用法があるが、古文や民国時代の知識人に多用され、今ではなかなか見られないが、日本の書生言葉と似たような役割を果たしている[13]。

他には、例28の「精進」は「精益求精」と翻訳しており、日本語の場合の「切削琢磨」と同じように四字熟語を使っている。だが「〜したまえ」、「〜ようではないか」はほとんど「吧」と翻訳している。「吧」は元々命令文の文末で使われ、口調を柔らかくする役割を果たしているが、原文の目下の人に使う命令の口調とは相違していると言えるだろう。

### 3-3-3 男性キャラクターの比較

以上の内容をまとめてみると、**表3**になる。

**表3 男性キャラクターの比較**

| キャラクター名 | 大和田紋土 | 大和田纹土 | 石丸清多夏 | 石丸清多夏 |
|---|---|---|---|---|
| 言葉分類 | 不良言葉 | | 書生言葉 | |
| 一人称 | オレ、俺様 | 我、本大爷 | 僕 | 我 |
| 二人称 | テメェ | 你、你这家伙 | ○○君、君、諸君ら | ○○君、你、诸位 |
| 終助詞 | ぞ | | ぞ | |
| 待遇表現 | 卑下語と一部の尊大語 | | 普通語 | |
| その他 | 「やがる」、「オイ」、「コラ」、「じゃねぇ」などの発音の変化 | 「喂」、「混蛋」などの悪口 | 固い言葉（「切削琢磨」など）、「〜たまえ」 | 固い言葉（「精益求精」など）、命令文の語尾は「吧」 |

出所：筆者作成

**表3**から見ると、男性2人はそれぞれ違った待遇表現を使っており、軽卑語や尊大語は不良キャラクターでよく使われ、「たまえ」を使った命令文は自分の知識を鼻にかけた書生キャラクターを多用している。中国語訳では、「オレ」と「僕」は同じく「我」と訳されるが、「本大爷」と「你这家伙」の翻訳は変化が見られ、大和田の不良の特質を表現している。「○○君」など現代ではあまり使われていない表現も、石丸のキャラクター設定の個性や非現実性を表現していると言えよう。しかし、石丸の「たまえ」などのような文末表現は、中国語ではうまく表現されていない。

## 四、考察と分析

『ダンガンロンパ』の4人のキャラクターのセリフに着目してみると、役割語は主に人称代名詞、終助詞と待遇表現によりキャラクターの性格を表現しているということが分かる。そのほか諺などで古風な人物を、お固い言葉によって勉強家であると表現するのも、役割語の使い方の一つだと思われる。また同じ人物でも、「オレ」から「俺様」に一人称を変えることで、感情の変化を表現する用法も見られる（例13を参照)。ゆえに、だいたいの場合、人物の映像が出てこなくても、口調だけで人物の性別やだいたいの性格を推測することができる。

それに対して中国語訳の一人称は、基本的に「我」であり、待遇表現も日本語ほど顕著ではないので、セリフを読むだけではキャラクターの性別や性格を区別するのは難しい。しかし、今回選んだセリフ例には、対応できる中国語の諺や人称などがいくつか見られ、特にやや古めかしい言い方は中日共通の場合が多いようである。従って、中国語にも役割語に似ている言語表現が存在しているのではないかと推測される。

## 五、結論

サブカルチャー、特にメインとしてのオタク文化は、現代の日本文化を研究する上で重要であると思われる。そして役割語はオタク文化において重要な研究テーマとなっている。本稿では、ゲーム『ダンガンロンパ』を例に、役割語の機能を分析した上で、日本語の原文とその中国語訳を比較研究してみた。

まず、キャラクターの性格と言語表現を照らし合わせ、セリフ例における役割語はどのように人物の性格を表現しているのかを分析してみた。キャラクターが使う役割語はそれぞれ「お嬢様言葉」、「古風言葉」、「不良言葉」、「書生言葉」に分類できる。そしてキャラクターの性格を表現できる言語的要素は様々であるが、主なものは人称代名詞、終助詞と待遇表現であると言える。

次に、中国語訳と日本語の原文を比較してみた。中国語の人称代名詞は主に「我」「你」を使い、日本語より種類が少ないと言えよう。日本語の終助詞と似たような役割を果たす「呢」「啦」などの語気詞があるが、男女の区別はそれほど顕著ではない。また待遇表現はあまりないため、日本語と比べて、中国語は言葉だけではキャラクターの性格や身分を表現することができない場合が多いと思われる。しかし今回の研究で、古風な表現、書生言葉といった古めかしい言葉は日本語、中国語の両方とも表現できることを発見した。これは昔から中日の交流が多く、言語上でも共通点があるためだと思われる。

今回の研究は一つの作品における6人のキャラクターを研究対象にしたもので、研究範囲が極めて狭いが、日中の言語における役割語の特徴を多少なりとも観察することができた。また、劉（2008）[14]の研究によると、中国にも古代より「余」、「朕」、「吾」などの一人称があり、現代にも「人家」、「老子」などの個性的な人称がある。河崎（2013）の中国語の「オネエ言葉」に関する研究でも、「官腔（官僚ことば）」、「娘娘腔（オネエことば）」、「京腔（北京なまり）」などを列挙し、中国語の役割語研究について多くの可能性を提供している。これらの言葉は日常生活で使うと変わったイメージになるが、古代を舞台とした作品やほかの翻訳作品に出てくる可能性がある。それは日本語の役割語と似ているのではないかと思われる。従って、中国語には役割語のような表現があるのか、どんなものがあるのか、役割語の翻訳においてどんな注意点があるのかは、さらに研究を深める上で必要な視点であろう。

今回の研究は、先行研究を踏まえて、これまで比較的少ない日中の言語を対比し、母語である中国語と専攻する外国語である日本語の両方の言葉についての理解を深めることができた。そして役割語の概念そのものだけではなく、訳文の中にも作者本来の意図を体現し、キャラクターのそれぞれの性格的な魅力を感じさせることができると判った。また漫画やアニメなどの作者も、作品が海外に翻訳されることを想定した上で、創作時に役割語の効果や重要性を考慮に入れておく必要があるだろう。今後とも、文学作品、特に若者の間で流行するサブカルチャーが、どのように海外に伝わっていくのかについて更なる研究を続けていきたい。

**参考文献**

賈伊明『バラエティー番組における「オネェことば」の人称代名詞の使用―名大会話コーパスにおける人称代名詞との異同―』名古屋大学人文学フォーラム、2019年

成琦『キャラクター作りの役割語表現――ライトノベル「やはり俺の青春ラブコメはまちがっている」を例として――』重慶師範大学修士論文、2018年

多田安衣美『役割語の役割とは～翻訳文に潜むステレオタイプ～』コミュニケーション文化＝Communication in culture 、2016年、pp.197 ～ 221

西廼安寿未『アルヨことばは中国人キャラの代名詞アル ―役割語とそのサブタイプ―』英米文學英語學論集、2014年

小松満帆『研究ノート：役割語と「属性表現」の検証—アニメ「魔法少女まどか☆マギカ」を用いて—』日本語教育実践研究創刊号、2013年11月
郝岳『役割語が会話の翻訳に与える影響について』北京第二外国語学院修士論文、2012年
金水敏「役割語と日本語教育」『日本語教育』、2011年
沖森卓也等『日本語概説』朝倉書店、2010年
劉嫦雲『日中人称代名詞の比較研究』語文学刊（高教・外文版）、2008年
羅竹風『漢語大詞典 第3巻』上海辞書出版社、2008年8月
ササキバラ・ゴウ『〈美少女〉の現代史』講談社、2004年
金水敏『ヴァーチャル日本語 役割語の謎』岩波書店、2003年
http://yourei.jp/%E6%9B%B8%E7%94%9F%E8%A8%80%E8%91%89
https://www.danganronpa.com/reload/character/dangan01.html

---

1 ササキバラ・ゴウ『〈美少女〉の現代史』講談社、2004年、pp.31 ～ 33
2 金水敏『ヴァーチャル日本語 役割語の謎』岩波書店、2003年
3 沖森卓也等『日本語概説』朝倉書店、2010年、p.132
4 金水敏「役割語と日本語教育」『日本語教育』、2011年、pp.34 ～ 41
5 西廼 安寿未『アルヨことばは中国人キャラの代名詞アル —役割語とそのサブタイプ—』英米文學英語學論集、2014年
6 賈伊明『バラエティー番組における「オネェことば」の人称代名詞の使用—名大会話コーパスにおける人称代名詞との異同—』名古屋大学人文学フォーラム、2019年
7 小松満帆『研究ノート：役割語と「属性表現」の検証—アニメ「魔法少女まどか☆マギカ」を用いて—』日本語教育実践研究創刊号、2013年11月
8 成琦『キャラクター作りの役割語表現——ライトノベル「やはり俺の青春ラブコメはまちがっている」を例として——』重慶師範大学修士論文、2018年
9 多田安衣美『役割語の役割とは～翻訳文に潜むステレオタイプ～』コミュニケーション文化＝Communication in culture、2016年、pp.197 ～ 221
10 郝岳『役割語が会話の翻訳に与える影響について』北京第二外国語学院修士論文、2012年
11 ダンガンロンパ1・2 Reload | CHARACTER | ダンガンロンパ https://www.danganronpa.com/reload/character/dangan01.html
12 ショセイ コトバ【書生言葉】の例文集・使い方辞典 - 用例.jp http://yourei.jp/%E6%9B%B8%E7%94%9F%E8%A8%80%E8%91%89
13 羅竹風『漢語大詞典 第3巻』上海辞書出版社、2008年8月、p.244
14 劉嫦雲『日中人称代名詞の比較研究』語文学刊（高教・外文版）、2008年

特別賞

# 自動車産業におけるビジネスモデルの一考察

## ～中国の外資開放の意味とは～

明治大学経営学部経営学科4年

**飯田由樹**

## はじめに

### 1　本稿の目的

自動車産業は現在、「100年に1度の変化」をもたらすと言われている。例えばドイツの高級車メーカーであるダイムラーは、クルマに大きな変化をもたらす4つのトレンドとして「CASE」というキーワードを掲げている。「CASE」とはConnected（コネクテッド化）、Autonomous（自動運転）、Shared & Services（シェアリング）、Electric（電動化）の頭文字を取ったものだ。自動運転ではヒトからAIに、シェアリングでは所有から利用に、電動化では石油から電気に取って代わり、何よりもコネクテッド化で個から社会へとつながるようになっていく。

この4つの領域の進展によって、商品構造、バリューチェーン、ビジネスモデルが非連続的に変化し、「CASE」のそれぞれが結びつき、そこから新たな価値が生まれ、脅威とチャンスを生み出すだろう。さらにはITプラットフォーマーの参入がこれを加速し、競争軸が変化し、他産業を巻き込み、社会全体へと浸透していくことになろう。

そして自動車は中間財となり、収益の源泉が変化する可能性とともに、新旧産業の入れ替わりが進む。モノづくりからサービス提供へ、クルマ中心からヒト中心の都市デザインへ、突き詰めればクルマではなく社会の中でどう過ごすかに行きつく。こうした社会的課題を踏まえて、改めてモビリティならではの特徴を再定義し、移動と自動車以外の他領域との掛け合わせによる、新たなビジネス機会の創出が求められるようになっていくだろう。

こうした中、世界最大市場の中国が2017年にEV[1]シフトを宣言し、2018

年春には、自動車産業への外資規制撤廃に踏み切る等、歴代指導者が建国以降堅持し続けてきた政策の方向転換を示した。これは単に中国の国内市場や自動車産業への波及にとどまらず、中国起点によるもう一つの転換点につながる可能性も考えられる。

本稿では、現在進む自動車産業の構造転換の中で、中国の外資開放の意味を考えるとともに、今後のわが国における自動車産業のビジネスモデルチェンジへの提案を目的とする。

### 2　日本の自動車産業の現状

自動車産業は日本の製造業を牽引する基幹産業に位置づけられる。直接・間接に従事する就業人口は、日本の全就業人口の約8%、出荷額は全製造業出荷額の約18%を占めている。素材や部品の調達など製造業全体への波及度も高く、景気にも大きな影響を及ぼす。

輸出のほか、為替変動リスクの回避や地域に合った仕様の自動車を製造するための現地生産にも積極的で、日本自動車工業会によると、2017年の日本メーカーの現地生産工場数は42カ国182工場にのぼる。

## 一、CASEの始まりと現状

### 1-1　コネクテッド化

CASEの中でも、コネクテッド化は他の3要素の高度化に資する要素であり、大きな可能性を秘めている分野である。コネクテッド化とは簡単に言えば「IoT（モノのインターネット）を活用して、クルマと外をネットワークで接続すること」である。現状はまだ、情報の自動収集とドライバーへの伝達が主体の「一方通行＋α」の状態だが、クルマがネットワークにつながり、単方向でインフォテインメント[2]や運転支援、車載ソフトウェアの自動更新など単体機能で進化するだけではない。クルマを使うヒトやモノが社会とつながり、情報を双方向かつマルチでやり取りすることを介して、現地周辺のターゲット広告[3]やライドシェアリング等、データを活用したモビリティサービス、さらには自動車産業以外の他領域との掛け合わせによる、これまでに無いサービスや革新的なビジネス等、大きな商機を生み出す可能性がある。

### 1-2　自動運転

“自動運転車ブーム”のきっかけをつくったのは、米国の国防高等研究計画局（Defense Advanced Research Projects Agency、略称DARPA）が2004～2007年に実施した無人車両レース「DARPAグランド・チャレンジ」（2004年、2005年）と「DARPAアーバン・チャレンジ」（2007年）であった。DARPAが無人車両レースを開催した目的は、無人軍用車の開発を促進するためであった。2004年の大会では完走車はゼロだったが、翌2005年の大会では、5台の自動運転車が与えられたコースを完走することに成功した。

グランド・チャレンジは砂漠でのレースで、2007年のアーバン・チャレンジは米軍の基地施設を活用した模擬的な市街地の走行を競うものだった。そして、このアーバン・チャレンジで好成績を上げた米スタンフォード大学と米カーネギー・メロン大学の研究者が米Googleに転職し、2010年に完成車メーカーに先駆けて自動運転車を開発中であることを発表した。これが自動運転車ブームの幕開けとなった。

現在では各国の自動車メーカーやサプライヤーの他、米中のITプラットフォーマー等、自動車産業以外からも自動運転への取り組みの発表が相次ぎ、導入スケジュールの前倒しも見られる。

### 1-3 シェアリング

クルマを利用した新たなサービスモデルとして、カーシェアリングとライドシェアリングが世界で展開されている。2つの異なるシェアリングは、車両（モノ）のシェアと移動（サービス）のシェアの違いはあるものの、供給面では稼働率向上や空き時間の活用、需要面では移動の利便性の向上や費用負担の軽減等、新たなエコシステムを形成し、社会全体の効率化に資する。また、受付対応を必要とする場合のレンタカーと異なり、スマホを介して24時間利用可能なことからも稼働率向上につながる。

このライドシェアリングと呼ばれるサービスは、2009年にシェアリング大手である米ウーバーテクノロジーズが開始した。プロのドライバーではない一般のドライバーが、空き時間を利用して自家用車を使い、移動したいユーザーに移動手段を提供するサービスである。同社やLyftをはじめ、各社が世界各国で普及を進めており、社会インフラ化して都市デザインを変える可能性も出てくる。

一方、シェアリングの普及により、個人向けの販売から法人等が提供する利用サービスへとビジネスモデルが変化し、自動車メーカーを頂点とする産業ピラミッドの構造が変化する可能性を指摘する向きもある。自動車メーカーの視点に立てば、乗用車から商用車への変化と捉え、耐久性等、顧客のランニングコストをより意識した取り組みも必要となる。

### 1-4 電動化

“EVブーム”の火付け役となったのは、EVベンチャーの米テスラである。同社は2008年に自社初の量産EV「ロードスター」を発売後、「モデルS」、「モデルX」、さらには低価格車種の「モデル3」へと商品ラインアップを拡充し、EV完成車メーカーとして、そのポジションを確立していった。

今やグローバルな環境問題への関心の高まりやエネルギーの制約下、米国のZEV（Zero Emission Vehicle）プログラムや、英仏の2040年を期限としたガソリン、ディーゼル車の販売終了の発表等、各国は環境規制を強化している。そして、EV普及を直接的に促進する規制を発表する一方で、各自動車メーカーからはEVシフト等の表明が続いている。

その中で、世界最大市場の中国が、ゲームチェンジ（競争の枠組み転換）の好機としてこれを活用し始めた。また世界自動車販売台数が首位クラスであるフォルクスワーゲンが、排出規制不正問題を契機に方向を転換して、EV化を確固たるものとした。需給両面の動きが揃うことで、過去の一過性のEVブームとは一線を画しており、今後、市場や社会に大きなインパクトを及ぼすものと考えられる。

## 二、CASEによるビジネスモデルチェンジ

### 2-1 ビジネス転換に取り組む既存メーカー

CASEが注目される現在、既存の自動車メーカーは積極的にビジネス転換に取り組んでいる。GMは前述したDARPAの2007年無人車両レースでの優勝等、早くから自動運転に取り組んできた。「自動運転で世界を改革」という言葉を掲げ、完全自動運転によって交通事故を、電動化によって排出ガスを、ライドシェアによって交通渋滞をそれぞれ解消するとしている。規模拡大を目的とするのではなく、名（販売首位）を捨て、実（次世代ビジネス）を取る選択と集中により、GM、ひいては米国の再興を図っている。

また日本のトヨタ自動車は、「トヨタグローバルビジョン」を公表し、世界の未来のモビリティ社会のリーダーを目指すことを掲げた。コネクテッド化では一気通貫のITソリューションに向けたトヨタシステムズやE-Palette Concept、自動運転では元Googleロボティクス部門長がCEOを務めるTRI-ADやトヨタ・コネクティッド、シェアリングではトヨタモビリティサービ

ス、電動化ではEVをオープンに構想するEV C.A. Spiritや全固体電池[4]等々、CASEの取り組みを全方面に展開している。

目指すは、従来のモノづくり中心の社会からモビリティに関わる「モビリティカンパニー」へのフルモデルチェンジである。さらにクルマの枠にとらわれず、クルマを含めた社会全体という大きな視点に立った「コネクテッド・シティ」の建設を2021年に静岡県裾野市で行うと発表した。トヨタ自動車はこうした「CASE」関連の試験開発費に現在は総額の4割、将来的には5割を投入するとしている。

### 2-2 ITプラットフォーマーの参入

こうした中、他領域からの新たなプレイヤーとして、ビッグデータやAIを武器とするGoogle等のITプラットフォーマーが自動車産業に参入してきた。特にGoogleの自動運転車開発部門を分社化して設立されたWaymoは、自動運転試験で他を圧倒し、2018年7月時点で、公道での自動運転テストの走行距離が800万マイルに達した。さらに、これをはるかに上回るITを生かしたバーチャル試験の実績を積み上げており、2020年10月8日に完全無人車両での自動運転配車サービスをアリゾナ州フェニックスで開始すると発表した。

Google等は、UX（User Experience[5]）やUI（User Interface[6]）を重視し、社会的な課題を定義し、自身のサービスを通して周囲を巻き込み、新たな価値を提供するとともに、規模の効果やネットワーク効果を巧みに取り入れ、ビッグデータの収集と併せ、市場の囲い込みを進めてきた。CASE時代にも、WTA（Winner Takes All）、つまり勝者総取りが懸念されるような、プラットフォーマーによるクルマを超えた新たな市場創出と囲い込みが進行する可能性がある。

## 三、中国自動車産業の発展と市場形成

中国の1990年における自動車生産台数は50万台規模であった。しかし、2009年には1379万台に達し、米国と日本を抜き世界最大の自動車生産国となっている。この約20年間に一体何が起きたのだろうか。そこで中国の自動車の基幹産業化に向けた政策の変遷を見ていくこととする。

中国の自動車産業の歴史は1949年の建国後に始まり、1953年には旧ソ連からの技術援助で商用車生産を開始した。第7次5カ年計画の初年度である

1986年には、「三大三小二微」政策が打ち出された。以降、自動車を基幹産業と位置付ける方針が明確になり、増加する自動車メーカーを集約することを通じ、国産メーカーの育成を図った。

その後、外国メーカーの技術と資本を導入する必要性が認識され、1994年に「自動車工業産業政策」が発表された。乗用車生産の育成に関する“外資活用”を打ち出す一方、中国側には無制限の合弁選択権を与え、さらに国産化率に応じた部品輸入関税の設定等、国産化にむけた保護策も導入した。こうした自動車産業政策と2001年のWTO加盟による市場開放が相まって、生産規模はほぼ倍増した。

2004年の自動車産業発展政策では、世界に通じる自国企業がなく、実質外資支配となっているとの認識のもとで、“外資誘致”から“外資選別”へと舵を切った。産業の構造調整と再編や、独自技術の開発強化、世界に通用する大手国産メーカー数社の育成を新たな目標とし、吉利等民族系メーカーの成長に期待を掛けた。

## 四、外資開放の背景

### 4-1　外資規制撤廃

こうした流れを経て、中国国家発展改革委員会は2018年4月17日、自動車産業における外資出資制限（上限50%、合弁会社数最大2社）を2022年までに撤廃すると発表した。米国との貿易摩擦をにらみ、市場開放をアピールするのが狙いである。米国と通商面での関係悪化が進む中、自動車メーカーへの規制を緩和することを通じて、米国との全面的な貿易戦争を回避しようとする意図があった。また外資メーカーの参入を促すことで、国内メーカーの技術力向上にもつなげようとする狙いがあったとみられる。

### 4-2　外資に対する影響

こうした外資規制撤廃は、中国のEV関連技術への投資に興味を持つ企業に有利に働くことになろう。以下の4-3①にも述べているが、中国は厳しい排出規制のおかげもあり、この分野では世界トップレベルの技術を持っている。そして近年、ゼロエミッション車[7]の開発を目指す数多くのスタートアップ企業が設立されている。

英国の自動車産業は、この中国の政策変更で最も大きな利益がもたらされる国の一つとなろう。2018年に英国から中国へのクルマ輸出は19.7%も急拡大したが、関税の引き下げにより、さらなる成長が見込まれる。中国での英国車に対する需要の増加は、英国の国内需要減少を補うためのカギとなるだろう。

さらに今回の政策変更は、中国における輸入車の販売を著しく加速させることになるだろう。中国市場が大きいことが、その理由である。昨年中国では、2390万台の新車が販売されたが、これは欧州と欧州自由貿易連合の1563万台という実績を大きく上回る。

また出資割合を高めることで、外資は経営戦略の自由度が高まり、連結業績へ貢献する等のメリットが生ずる。テスラは100％出資で上海に年産50万台の工場設立を決定し、2018年7月、王岐山国家副主席がテスラのイーロン・マスクCEOと面談し、外資開放をアピールした。テスラはEV技術公開の実績があり、これが少なからず中国EVメーカーの底上げに貢献したと言われている。今度は同社の現地生産を介してEV部品産業を育成し、国際競争力向上とEV先進国としての発展を狙っているものと思われる。

### 4-3 中国の勝算とCASE

中国の外資規制撤廃は、前述の要因に加え、以下のようなCASEを主導する好機として、受け入れる素地が整いつつあったものと考えられる。

#### ①EVの基盤

中国では政策的な影響もあり、EVメーカーが早くから乱立してきたが、2017年の世界販売シェアでは、全体の半分に迫る勢いであり、既に世界最大のEV市場を形成している。さらには政府がNEV（電気を含めた新エネルギー車）販売台数目標を、2020年に200万台、2025年には全自動車販売台数の20％超と設定した。そうした中で、NEVメーカーのトップ10には、比亜迪（BYD）や北京汽車など民族系4ブランドがランクインしている。

中でも1995年に深圳に設立された比亜迪は、もともと電池メーカーだったが、2003年にEVを狙って国有自動車メーカーを買収し、自動車製造に参入した。そして2017年にはEVの販売台数で世界一に輝いた。

一方、新興メーカーも力をつけている。蔚来汽車（NIO）は2014年に創業されたEV新興メーカーである。既に電気駆動のスポーツカーEP9や、SUV電気自動車のES8を発表しており、大衆自動車市場向け高性能電気自動車というカテゴリーを現在の標準としている。また創業からわずか1年の間に、中国のみならずドイツやアメリカでも会社を立ち上げており、国際的なマーケットを当初から意識したマーケティングを行っている。

### ②自動運転を牽引する中国3大IT企業

米国の巨大IT企業であるGAFA[8]同様に、中国のIT業界を代表する百度（バイドゥ）、阿里巴巴（アリババ）、騰訊（テンセント）の3社の頭文字をとったBATが、世界で注目を集めている。特に2000年北京に設立された「百度」は、検索と自動運転を含むAIに力を入れているIT企業である。米シリコンバレーに2014年、AI研究所を設立し、2015年に中国で自動運転車テストを開始し、2016年には自動運転R＆D拠点を設立した。何よりもオープンソースのAIプロジェクト「アポロ計画」を推進し、注目を集めている。既に2020年7月には、世界初となる量産自動運転プラットフォーム「ACU（Apollo Computing Unit）」を発表し、同年9月には自動運転タクシー「Apollo Go」をリリースし、北京市内で同社のロボタクシーの利用が可能になっている。

### ③CASEの素地

自動運転技術の発展は、次世代移動通信システム5Gとの密接な関係がある。例えば5Gと自動車のシステムを連携させることにより、周囲の環境変化や衝突の危険をいち早く察知することや、最適な経路を瞬時に判断してドライバーをサポートすること、交通渋滞の緩和や交通事故の予防に役立てることなどが可能になる。中国国有通信大手3社（中国移動、中国電信、中国聯通）は、2014年に携帯電話基地局向け鉄塔設置・管理で中国鉄塔を共同設立し、5G投資を推進している。

また一般に各国の自動車運転は、国際ルールのもと国内法で規定されてきたが、中国は自動車運転の国際ルールであるウィーン条約、ジュネーブ条約に未加盟のため、国内法の整備のみで公道実験が可能である。このため、例えば自動車は人間が操作、制御するとした規定をめぐる加盟国との調整が不要となり、先行実験が可能となっている。2018年4月には、国レベルで初めての自動運転車の実験指針を制定した。

そして自動運転車・コネクテッドカー等の次世代自動車ICV（Intelligent Connected Vehicle）の試験区として、既に北京、上海、重慶、杭州、長春、武漢の6都市が指定され、利用が開始される等、各地で環境整備も進んでおり、中国はCASEに取り組む素地が形成された状況にある。

## 五、中国自動車産業の今後の展望

中国は世界最大の自動車市場であると同時に、最大のEV市場、最大のモビリティ・シェアリング市場である。いまや世界の主要な自動車メーカーが、中国市場開拓を経営の重点事項として取り組んでいる。しかも前述のように、EVの基盤や自動運転を牽引する自国IT企業、CASEの素地、海外の活用等の面で、既に布陣を固めつつあり、「ICT（情報通信技術）やEVの分野で、米国の技術水準は中国に長期的に遅れをとるか、あるいは現状でも既に遅れている可能性がある」（USCC米中経済・安全保障理事会検討委員会）とも指摘されている。

中国にとって電気・通信は得意領域で、既にCASEの各領域における取り組みが進み、先行する領域もある。EVはモジュール化になじみやすく、グローバルな調達が可能で商業化を加速しやすい。中国の「新4大発明」であるモバイル決済（スマホ経済）やシェア自動車、ネットショッピングの土壌が既にあり、個人情報の積極的な利用（ex.芝麻信用）や不完全なサービスの許容（ex.無人コンビニ）も追い風となっている。また特区の設置等、中国は実験国家として社会実装を得意としており、新技術・サービスの孵化（ふか）にも向いている。

もっともいくつかの懸念もある。中国版CASEは社会管理システムと一体となり、標準化された「中国式インフラ・統治モデル」を形成する可能性がある。これには、米国のDARPAやイスラエルの事例を見るまでもなく、自動運転技術の軍事的利用の側面があることは否定できない。

中国の企業は、クルマを起点とするスマートカー、スマートハウス、スマートシティを介して得られたビッグデータで、ユーザーに新たな経験を提供し、さらにそこで得られたデータを次に活かす循環を通じて、CASEビジネスを先行させていく。一方、政府は千年の大計として、スマート国家（監視社会）の確立に取り組み、独裁的な友好国への輸出と情報収集を進める可能性があることも否定できない。

裾野の広い自動車産業の基幹産業化による国富づくりだけでなく、AI・IoTの活用による社会システム構築と国家管理の中で、CASE化を進める自動車産業を改めて活用し、技術開発をリードしながら、その標準化と輸出等を介して実質的に中華圏を拡大していく。それを通じ国境を越えた“新たな開発独裁”が進む可能性も、まったく無いとは言えない。

# おわりに

これまで見てきたように、CASEによって自動車産業は現在、100年に一度と言われるほどの大変革期を迎え、新たな協調と競争の時代に入った。今後、自動車産業がますます変化、発展していく中で、クルマの機能の改善のみならず、利用場面や他領域との関係、さらにはクルマそのもののあり方を、スピード感を持ちながら冷静に判断していく必要が出てきた。

最後に自動車産業の今後に向けた留意点を改めて指摘し、わが国が自動車強国として、次代を引き続き牽引していくために、今後とるべきビジネスモデルを考察し、本稿の結びとする。

今やCASEへの取組は、各国の各自動車メーカーだけでなく、IT業界など他領域の企業も進めている。そこで日本の企業は今後、いかに戦っていくべきだろうか。大きな市場が武器である中国に対し、日本の強みは高度な品質にあると私は考える。日本のブランドに対する外国からの評価は高く、高い信頼性と実用性に定評がある。

そこでまず安心・安全を磨き上げ、リスクに見合ったリターンに確実に取り組むことが重要であると考える。そして今後日本に入ってくることになるあらゆるサービス・技術と、日本の社会的課題（ニーズ）やコロナ時代の今後がもたらす要請とを照らし合わせ、他領域と掛け合わせた新たな価値を創出し、日本ならではのビジネスモデルをつくり出していく必要がある。

例えば、日本の社会問題である高齢化・労働人口の減少や、コロナウイルスの影響により増加する宅配物などの問題に対し、固定ルートを移動できる自動運転車の開発や、無人運転車をタクシーのように呼び出せるモビリティサービスの先行モデルを日本がつくり、対処を進めていくことも考えられる。またここでも、中国の大きな市場規模、外資開放による規制の緩和等を活用し、日本品質の早期刷り込みや、積極的な協力を進める必要性も出てこよう。

2016年3月、BMWグループのCarsten Brietfield副社長と日産の中国ブランド・東風インフィニティのDaniel Kirchert社長が創業したFMC[9]は、独でデザインし、中国で開発・製造を行い、ソフトウェアは米国であった。このやり方は、中国を活用する新たなハイブリッドな手法としてヒントとなる。また、かつて米、独、韓、中が日本を熱心に研究したように、AI、EV、ITサービス等、先行領域について中国を研究することになるが、そこでも日本のメカニックと中国のIT等、相互に補完し協力することが重要になる。こうして日本と各国の強みを理解しながら、相互関係を積極的に結び、友好的な関係を保つことが重要になってくると考える。

現在はコロナ禍で難しいが、インバウンド観光客や東京オリンピック・パラリンピックを、日本モデル宣伝の対象、舞台とするなど、さまざまな機会を積極的に活用していく必要がある。

**参考文献**

アビームコンサルティング「EV・自動運転を超えて“日本流”で勝つ―2030年の新たな競争軸とは―」日経BP社、2018年

朝日新聞デジタル「中国、自動車生産の外資・合弁規制撤廃へ 22年までに」https://www.asahi.com/articles/ASL4K5S43L4KUHBI024.html（2020年10月5日最終アクセス）

日経BP「中国クルマの外資規制撤廃、日本に甘くない現実」https://business.nikkei.com/atcl/report/15/226265/051100255/（2020年10月5日最終アクセス）

日経バリューサーチ「自動車業界の“今”と“明日”を知る」https://nvs.nikkei.co.jp/research/20190320-column-industry-analysis-report/（2020年10月5日最終アクセス）

江藤進「100年に1度の転換点に立つ自動車産業、中国の外資開放の意味を考える」中曽根平和研究所 http://www.iips.org/research/npi_pp_oct2018_eto.pdf（2020年10月5日最終アクセス）

各社HP（比亜迪股份有限公司、BYTON 、重慶長安汽車股份有限公司、Daimler AG、General Motors Company、Tesla, Inc.、トヨタ自動車株式会社、Waymo LLC）

---

1 EVとは、Electric Vehicleの略で、日本語では電気自動車。

2 インフォメーション（情報）とエンターテインメント（娯楽）の語を組み合わせた造語。

3 顧客の行動履歴などの情報を元に、顧客の興味関心を推測し、ターゲットを絞ってインターネット広告配信を行うこと。

4 全固体電池とは、電解液がなく正極と負極の間にセパレーターのみがある電池のことで、リチウムイオン電池を超える次世代電池と言われている。

5 製品やサービスなどを利用して得られる「ユーザー体験」のこと。

6 コンピューターなどの機械とその利用者の間での情報をやりとりするためのインタフェースのこと。

7 搭載された動力源から健康および環境に有害な二酸化炭素や窒素酸化物などの大気汚染物質や温室効果ガスを含む排気ガスを排出しない車両のこと。

8 米国の主要IT企業であるグーグル（Google）、アマゾン（Amazon）、フェイスブック（Facebook）、アップル（Apple）の4社の総称。

9 固定（有線）通信と移動体通信を融合・統合した通信システムや通信サービスのこと。

# 戦時期日本の婦人雑誌にみる植民地主義

～『主婦之友』における中国関連記事の分析を中心に～

北京外国語大学日本語学部
日本語学科2020年6月卒業
任依婷

## はじめに

1931年の柳条湖事件[1]から1945年のポツダム宣言受諾まで、日本侵華戦争は15年間も続いた。その間、日本海の対岸にある「満州」「北支」の全体像を日本人女性に伝達するには、それまで周縁的に扱われていた婦人雑誌が重要な役割を果たしたと言える。

婦人雑誌に最も多く見られるのが家庭生活に関する記事だが、家庭内の女性たちとは無縁だと思われがちな戦争の様子や、「満州」など日本の植民地に関する報道も、実はしばしば掲載されていた。そのような記事では、日本の中国に対する異民族支配を正当化しようとする「植民地主義」が垣間見られる。

N.バンセル（2011）によれば、「植民地主義」とは、社会ダーウィニズムや優生学などの影響を受け、植民者が被植民者より優れており、また植民地支配が被支配国の経済や政治的近代化に繋がるので、被植民者にとって有利であるという考え方に基づいて、現地住民への一方的な支配や文化面での押しつけ、現地資源の開発などを正当化することを指すという。

上記の研究背景などを踏まえ、本研究では日本侵華戦争期間の『主婦之友』における中国関連記事を対象にテキスト分析を行い、婦人雑誌にみる植民地主義の要素を探ってみたい。更に戦時期の日本において、女性がイデオロギーとマス・メディアに支配され、操られた実態を浮き彫りにしたい。

# 一、研究対象および研究方法

## 1-1　研究対象――婦人雑誌『主婦之友』

本研究で研究対象として取り上げる『主婦之友』は、商業女性雑誌の繁栄期に限らず、戦前・戦中の日本で発行部数の最も多い女性誌の一つであった（図１～３参照）。

図１～図３　戦時の『主婦之友』の表紙

出典：「1935-1945 昭和10年代の女性雑誌表紙」、図1『主婦之友』1939年9月号、図2同誌1940年4月号、図3同誌1941年10月号　http://nunonapu.chu.jp/naplog/zassishowa2.html（最終アクセス：2020年5月18日）

『主婦之友』は、1917年（大正6年）に東京家政研究会の創設者である石川武美により創刊され、2008年（平成20年）に休刊するまで、91年間にわたって途切れることなく発行され続けた婦人雑誌であった。輝かしい発行部数および大きな影響力を持ち、戦前・戦中・戦後各時期における「四大婦人雑誌」の一角を占めてきた、日本の代表的な婦人雑誌と言える。

## 1-2　研究方法

研究方法としては、テキスト分析をメインの手法とする。

まず、『主婦之友』に掲載された中国[2]に関する記事を洗い出す。日本侵華戦争期間（1931～1945年）の雑誌から「中国大陸」「満州」「北支」をキーワードに、女性が登場する記事を分析対象とする。

研究対象の選定範囲は、15年間の月刊誌の合計で180冊に上る。但し、資料の保存状況や新型コロナウィルスの感染拡大による影響もあり、1931～1945年全ての資料を入手することは困難を極めた。よって、中国国家図書館所蔵の資料および大正～昭和の婦人雑誌における記事の複写を整理した編著・『「婦人雑誌」がつくる大正・昭和の女性像』（岩見照代監修2016）を参考に、選定基準に該当する記事を13点に絞った上で、著者の考えに基づき以下の4種類に分類した（**表1**参照）。

**表1　『主婦之友』の中国関連記事**

| 作者／出席者（座談会） | 雑誌巻号 | 表　題 |
|---|---|---|
| 軍隊／戦争医療関係者 | 1939年　6月号 | 渡満した大陸の母の現地通信 |
| | 1939年11月号 | 大陸の母が現地の生活を語る座談会 |
| | 1940年12月号 | 支那戦火の難民に純愛を捧げる日本婦人の現地座談会 |
| | 1941年　3月号 | 北京貧民窟の天使と讃へられる若き日本の女医の献身手記 |
| | 1942年　6月号 | 献身座談会支那・蘭印の難民の母 |
| 一般の家庭主婦 | 1939年10月号 | 大陸の花嫁が現地生活を語る座談会 |
| | 1941年　4月号 | 大陸の結婚生活に成功した婦人の体験 |
| | 1941年　8月号 | 新しい運命の大陸に拓く転業拓士夫婦の現地座談会 |
| | 1941年10月号 | 大陸生活の家計の実験 |
| 雑誌記者 | 1936年　6月号 | 北満の荒野の果に日本武装移民団の彌榮村を訪ふ |
| | 1939年　2月号 | 楽土建設の大志を抱いて大陸へ進軍する花嫁部隊と生活する記 |
| その他 | 1932年　5月号 | 新満州国への移住就職成功の相談会 |
| | 1938年11月号 | 北京の日支青年男女が結婚と職業を語る座談会 |

出典：『主婦之友』1931～1945年全号に基づき筆者作成

異なる立場をとる記者や投稿者の考えを客観的かつ全面的に捉えるために、軍隊／戦争医療関係者、一般の家庭主婦、雑誌記者による記事から、それぞれ代表的な1点を選び、第3章で内容分析を行うことにした。選ぶに際しては、中国に対する描写および日本人女性の明確なイメージの有無を基準とした。選定記事は下記の通りである。

⑴『主婦之友』の特派記者「北満の荒野の果に日本武装移民団の彌榮（やさか）村を訪ふ」（1936年6月号）
⑵軍隊／戦争医療関係者「北京貧民窟の天使と讃へられる若き日本の女医の献身手記」（1941年3月号）
⑶一般の家庭主婦「大陸の結婚生活に成功した婦人の体験」（1941年4月号）

次に、選定記事のテキスト分析を行う。分析では、記事にみる「中国／日本」、「中国人／日本人」に対する評価あるいは評価と思われる表現を洗い出し、「植民地主義」の定義に従い、それが記事に表れているか否かを判断する。

更に、記事に現れた日本人女性像にも注目し、プロパガンダによるジェンダー・イデオロギーと植民地主義がどのように融合し、女性読者に影を落としていったかを探る。

## 二、婦人雑誌にみる植民地主義のプロパガンダ

### 2-1 婦人雑誌を取り巻くメディア政策

戦時期における「新聞統合」のメディア政策の影響で、マス・メディアが「国家のイデオロギー装置[3]」になり、婦人雑誌も戦争遂行の担い手になっていたと日本のメディア・出版史研究では常に指摘されている。

例えば里見（2011）は、日本侵華戦争前後における日本の新聞統制の発展史を整理し、国家権力とマス・メディアが「一体化」したという現象を述べている。高崎（1987）と三鬼（2001）はそれぞれ戦時期の婦人雑誌の言論や出版状況に焦点を当て、婦人雑誌が「戦争遂行」において果たした役割を指摘している。

### 2-2 『主婦之友』の創刊方針とその乖離

『主婦之友』は元来、創刊者の石川武美が確立した「主婦に生活の知恵を授ける、生活に根ざした教養と修養の生活技術啓蒙誌[4]」という編集方針に従い、一般家庭の主婦の生活に役立つ実用誌を目指したものであった。

しかし戦時期になると、「大東亜共栄圏[5]」の構築を中心に、台湾、朝鮮半島、南洋といった植民地や中国大陸に関する記事もしばしば載せられるようになった。家庭の主婦の日常生活と関係性の薄いナショナリズムのプロパガンダが加えられたことから、『主婦之友』の創刊当初の編集方針との乖離がうかがえる。その背景には、言論統制といったメディア政策の強化、編集者自身がナショナリズムおよび植民地主義に影響されたことが背景にあると推測できる。

人的資源を獲得するには、政府は国民に戦争の「正当性」を宣伝する必要がある。戦時という非常時には、国家権力が絶対視されるにつれ、婦人雑誌を含むマス・メディア、ひいては社会リソースを戦争協力に仕向けることは、ある意味において当然であろう。

### 2-3 『主婦之友』の中国関連記事

女性雑誌の植民地情報は、社会時評や叙述体などの形式からなる。知的女

性に向けた『婦人公論』は社会評論が多い（吉沢、中井2001）のに対して、一般家庭の主婦に向けた『主婦之友』は対談式と叙述体の記事が多いのが特徴である。

『主婦之友』における植民地報道の中には、中国関連記事の掲載頻度が比較的高い。その理由としては、中国における植民地支配の進展につれ、「満州国」「北支」に社会的関心が高まり、日本人女性にとっても植民地の様子を知るニーズが生じたものと考えられる。一方、日本政府が植民地支配を維持するために、民衆に対して植民地建設に注目させ、参加を促す必要性も高かったためと想像できる。

全体的にみると、これらの記事はほとんど日本人の中国像や考え方を記す内容である。両民族が優劣の二項対立に位置付けられ、ある種の植民地主義の宣伝の要素も少なからず見て取れる。また、女性に植民地建設への献身を呼びかけていることから、男性主導の時代に女性が翻弄される実態もうかがえる。

## 三、代表的記事のテキスト分析

これまで社会や歴史的背景と『主婦之友』の編集方針の変遷などを見てきた。婦人雑誌と植民地主義のプロパガンダとの関係性にもアプローチした。さらに、記事のテキストにおける植民地主義の在り方を探るために、代表的な3本の記事を例に挙げながら、テキスト分析を行っていきたい。分析では、自然環境や社会環境、国民性という3つの面から中国に対する描写を読み解き、植民地主義のプロパガンダの有無を考えたい。

### 3-1　特派記者による記事——「北満の曠野の果に日本武装移民團の彌榮村を訪ふ」（1936年6月）

#### 3-1-1　記者によって描かれる「北満」

記事が書かれた4年前、「北の生命線」という「北満州」への農業移民政策で、「第一次武装移民団」が成立した。その4年間の実績を視察するために、『主婦之友』の特派記者が開拓団によって建設された「彌榮村」を訪ね、見聞を掲載した。

まずは「北満」の自然環境については、荒涼、厳寒であり、人間の生活に適さない地であると強調されている。温度や景色の客観的記述のほかに、「死のような静けさがあるばかり[6]」といったマイナスの感情を含むような表現が多くみられる。社会環境については、原住民からの襲撃が多く、極めて危険で治安の悪いところだと嘆いている。

国民性については、「満人」のほとんどが「匪賊」という略奪・殺人を行う盗賊として描かれている。移民団代表者によると、これらの「匪賊」は野蛮の極みであり、日本開拓団を勝手に襲い、多くの日本人の命を奪った悪の存在として描かれている。記事全文にわたり、中国人に対してはネガティブな表現しか記されていない。

### 3-1-2 移民団が日本人のイメージを代表

本記事では、移民団の日本人が勇気と知恵を備え、困難に立ち向かう楽観的な精神を持ち、「皇国」に対する忠義を尽くし、国家のために命も惜しまない英雄として賞賛されている。

日本人の女性移民の全体像は、記者の見聞と座談会（図４参照）の内容から概観できる。例としては以下の２カ所が挙げられる。第１に、移民団代表者との座談会で、婦人の「内助」なしには建設の成功は達成できないと山崎という男性が言う。夫の慰安や炊事といった家庭内の役割以外に、「弱い女の身で……何事も恐れずに働いている[7]」という文からは、移民団の女性が社会進出を果たしていたことがわかる。

第2に、次世代移民を生み育てることも移民の功績として語られ、出産率は100パーセントに達し、結婚10カ月目に早くも出産するものが少なくないと書かれている。女性の生育または人口増加への貢献が強調され、戦時下の女性に生育を促す姿勢が明らかに見て取れる。

図４ 記者と移民団の代表者との座談会

元匪賊の本部で座談會

出典：『主婦之友』1936年6月号（筆者撮影）

### 3-1-3　まとめ

『主婦之友』特派記者の報道では、中国人は日本人より劣った存在と扱われ、ほとんどが野蛮な盗賊として記されている。それに対して、武装移民団など日本人植民者は、国のために危険地域へ身を投じた英雄として描かれる。両国の国民は、被植民者と植民者、野蛮と文明の二項対立として描かれている。この言説の図式は、小森陽一のいわゆる「植民地主義的言説[8]」に当てはまる。

このような言説は、満州事変後に強まった「新聞統制」の影響を受けたものと考えられる。三鬼（2001）は戦時期のメディア政策と婦人雑誌の発行部数を手がかりとし、公権力による言論統制、弾圧の実態を分析した。一方、里見（2011）はメディアの責任を問う立場から、言論統制に対する能動的参加、つまりメディア側が自ら戦争協力者となる内容を伝えたと指摘した。『主婦之友』のこの記事には、公権力によるメディア政策とメディアの能動的協力という枠組みが存在すると検証できよう。

また、「植民地主義的言説」とジェンダー・イデオロギーの融合も見られる。本記事では移民団の女性が個人ではなく、群像として現れ、国と夫に仕える良き妻、新世代の日本国民を生育する良き母として描かれている。このような女性像を介し、受け手となる層にナショナリズムのパラダイムが多少なりとも伝達されていると断言できる。

## 3-2　戦争医療関係者の女性による現地通信――「北京貧民窟の天使と讃へられる若き日本の女醫の獻身手記――窮民の足を洗ひつつ」(1941年3月)

### 3-2-1　女医の見る「北京貧民窟」

本記事の作者である女医、池永英子は、「北京貧民窟」と貶められた北京の天橋にある「愛隣館」という医療施設に勤めていた。記事では、愛隣館の開館から中国人患者との触れ合いや治療の経験、北京での生活などを記している（図5参照）。

池永女医は北京の自然環境について、厳冬の寒さと診療室に「蠅が多い[9]」ことを少なからず記している。客観的な描写だが、マイナスの感情も当然読み取れる。

次に社会的環境に関する情報は、主に患者との触れ合いから分析できる。患者の診察記録には、患者の汚さと疾病のひどさが見られ、市民の生活空間が衛生的にも悪く、医療条件も整っていないという優越感に満ちた表現が全編に行き渡っている。

一方、国民性に関する記述には二面性が伺える。女医の手記には、患者の汚さや窓のパーツが盗まれたことなど、中国人の劣等性を示す記述がある一方、中国語の通じる女医は、一部の中国人患者と親しい関係を持ち、中国の民衆と平等な立場で交流しようとする姿勢を示している。行間には、中国人の純朴で親切な一面も見られる。

図5　池永女医の手記

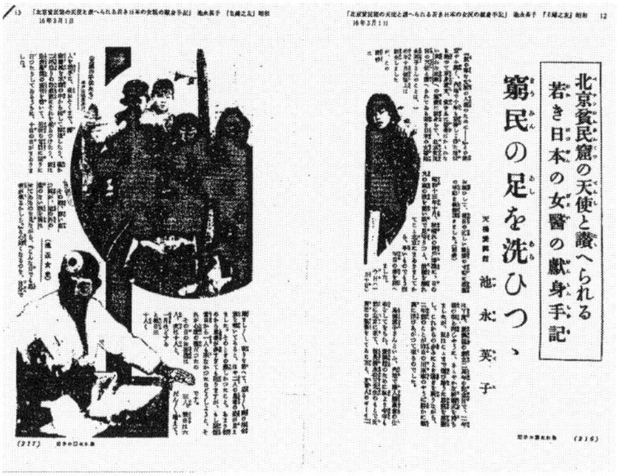
北京貧民窟の天使と讃へられる若き日本の女醫の獻身手記
窮民の足を洗ひつゝ
池永英子

出典：『主婦之友』1941年3月号（筆者撮影）

### 3-2-2　池永女医が女性医療関係者のイメージを代表

本記事では、池永女医を含む3人の日本人医師が登場しており、3人ともヒューマニズムの立場で中国人を救助するために診療を行っていると描かれている。患者をいち早く診察するために、食事時間を遅らせたり、重病で治療ができない患者に同情したり、患者の汚さや醜い様子も気にせずに、全力で救護に当たる存在のように記されている。

池永女医は、渡支した日本人女性医療関係者のイメージを代表している。家庭婦人の場合とは異なり、家庭内の役割には言及せず、医師という肩書だけが彼女の社会的価値を物語っている。但し、見出しの「天使」という喩えが、その反面として、醜い「悪魔」の存在を仄めかしていると言えるかもしれない。

### 3-2-3　まとめ

池永女医の手記からは、中国人患者を平等に扱おうとする姿勢が伺えるが、中国社会の後進性により中国人を見下げる態度も伺える。一方、池永女医は「天使」と讃えられ、現代医学を携えた崇高なる救済者として描かれている。植民者の日本人は被植民者の中国人より優れており、植民者がもつ医療技術は被植民者に恩恵を与えたというように読み取れる。この植民地支配は被支配国の近代化に繋がるので、被植民者にとって有利であるという考え方は、N.バンセルが指摘した植民地主義的発想にほかならない。

歴史学研究の領域においては、こうした「宗主国が植民地に対して行う公的な医療」[10]は「帝国医療」と呼ばれ、近代植民地主義統治の一部とされている（奥野2006）。近代医療の拡張には有利なところもあるものの、植民地支配を正当化する詭弁となり得るだろう。

具体的な事例を取り上げた個別研究としては、阿部（2001）が近代日本の歴史を中心に、衛生の権力論をまとめた。その中で、衛生というものは、権力の確保に重要な役割を果たしていると指摘している。この観点から見れば、本節で分析してきた池永女医の医師としての仕事は、宗主国としての日本の権力を保ち、植民地支配の進展に与（くみ）するものとなる。

また、池永女医が代表する医療関係者の女性は、国のためだけでなく、ヒューマニズムの考えから、後進国の人びとへの救済に献身する「天使」として描かれている。女性の家庭面での役割ではなく、医師としての社会面での役割を称えるとともに、愛をもって救護に当たる女性の母性本能が強調されている。女性の特質を利用して植民地主義のプロパガンダを巧みに植え付ける効果があったと考えられる。

### 3-3　読者からの投稿――「大陸の結婚生活に成功した婦人の体験――見ず知らずの良人に嫁いで幸福な家庭を大陸に築くまで」（1941年4月）

#### 3-3-1　投稿者が見る「満州」「北支」

この北京市からの投稿は、鈴木和代という元「満州国軍」士官の妻によるものである。投稿時は、その夫が軍から退職したため、投稿者も軍属生活から一般生活に戻り、図6の写真にも示される通り、夫と2人の娘を持っており、とても幸福な生活を送っているという話である。

投稿者が初めて中国に到着した時、「気候に恵まれていない」[11]地域だと自然環境に対して評価している。「満州は寒くて恐ろしい」[12]という考えは、投稿者が渡満前、縁談が近親

図6　鈴木夫婦と子供たち

[illegible]
をすることがございます。
今年で早や結婚五年を數へます。國を離れ
てゐるため、お互ひに扶け合ひ慰め合つて生活
（鈴木さん御夫妻とお子さん達）
してゐますから一家は圓滿で、親許にゐていろ
いろな我儘を持ち込んで親を心配させるよりも
遙かに親孝行と存じます。現在は丈夫で元氣に
育つた二人の子供を中心に、滿ち足りた幸福な
日々を過してをります。五年前、不安を抱いて
渡滿したあの當時のことを思ひますと、全く夢
のやうな氣がいたします。（當選）

出典：『主婦之友』1941年4月号（筆者撮影）

から反対されたことからも見て取れる。

社会環境に対するマイナス評価もある。「支那人」の住居には水道もガスもないというインフラの不備に触れ、日本より大変時代遅れの暮らしをしていると記している。「満州」を「内地の一流都市」に立て直し、医療環境を改善してくれた日本人の功績を讃える内容がそれに続く。

「満人」と「支那人」の国民性に関する記述は2カ所ある。まず投稿者が近所の知り合いの奥様達に教わったアドバイスとして、「満人に対する注意」というのがあり、原住民が非人間的に扱われていたことも明らかになっている。また北京での買い物について述べた箇所には、「支那人の店ばかりで買い物には誠に不自由した[13]」から、「支那人」との交渉をできれば回避したいという態度も伺える。中国人を非人間的に扱い、また中国人との交流を避けようとする、マイナスの感情が容易に捉えられる。

### 3-3-2 大陸生活に成功する日本人夫婦のイメージ

元「満州国軍」の夫と自分の決意で渡満した婦人は、国家のために生活が不便で危険な中国大陸へ渡ったものの、ようやく幸せな結婚生活を営むようになった。バラ色に染まった大陸での生活は、2人の努力以外に日本人の植民地建設における功績も欠かせない、という賞賛の言葉も見られる。

投稿者の主婦は働かずに、良き妻として国家に献身している夫を支え、良き母として健康な子供を産んで育てるという、国家と夫に仕える「良妻賢母」のイメージが見事に描かれている。

### 3-3-3 まとめ

以上の分析の通り、投稿者の婦人が自らの民族である日本を優位に位置づけ、中国人を劣等民族として描いていることがわかる。更に、投稿者が日本人の移民家庭の視点から、日本が中国の現代化の恩人であるとの驕慢な感情が表われている。前項の記事と同じように、日本の支配は中国に対して有利であるという「植民地主義」の考え方に満ちている。

その背景には、1932～1935年までの実験移民期を経て、1937年以降「二十ヵ年百万戸送出計画」という「満州国」への移民政策がある。満州移民史研究会（1976）によると、この移民政策は、百万戸という巨大な規模の日本人が「満州国」人口の1割を占めることで、日本の植民地支配を固めるためのものであるという。同記事で「幸福な生活」というのは、中国へ移住して、国軍の士官の嫁になり、子供を産むことにより、すべての移民政策が遂行されることを意味している。

本記事では、戦時下の模範的な家庭主婦のイメージが描かれている。投稿者が述べた中国大陸での買い物や育児といった経験は、主婦の日常生活と共通することで、女性読者の共感を喚起したと思われる。

## おわりに

上記3本の特派記者・女性医療関係者・一般家庭の主婦という3つの視点から書かれた中国関連の記事において、植民地主義の在り方について分析を試みた。異なる立場をとる3人の投稿者に共通しているのは、意識的あるいは無意識的に、中国と日本を「後進」と「先進」の二項対立に位置付け、日本の植民行為も後発国に対する救いのように表現している点である。こうして、日本の中国に対する植民地的支配が正当化され、「植民地主義」のプロパガンダがなされていった。

読み比べてみると、『主婦之友』の特派記者と家庭主婦による２つの記事では、中国を貶しめ、原住民を非人間的に扱う傾向が強い。一方、日本人女医の手記では、被植民者を人間として平等に扱う姿勢が現れているものの、自国民を優位に位置付ける影は色濃く残っている。つまり、分析対象とした３本の記事にはすべて、「植民地主義」の要素が含まれていると言ってよい。

上記の分析結果からみると、国家のプロパガンダに踊らされ、『主婦之友』をはじめとする婦人雑誌が戦争協力に果たした役割は明白であると言える。

宣伝手法から見れば、『主婦之友』の記事では女性の特質を利用し、植民地主義的発想を柔軟化する意図が伺える。これらの記事には、女性特有の力を発揮させ、個を犠牲にしてまで、国家・民族のために植民地建設に献身するイメージが賞賛されている。このように模範的な女性のイメージを作り上げることによって、日本の植民地支配を正当化し、植民地主義的発想を女性読者の脳裏に植え付けることに成功したと言える。戦時下のメディアと国家により、女性が支配・利用される実態も明らかと言えよう。

本研究から、中日両国国民の相互信頼と相互尊重を構築するためには、双方のマス・メディアが重大な責任を担っていることがわかる。今後、過去の歴史上の悲劇を繰り返さないために、また中日両国が友好関係を維持・発展するために、双方のマス・メディアには、狭隘な「ナショナリズム」を切り捨て、大局的な見地から、公平性を確保した報道が求められるだろう。

**参考文献（出版順）**

満州移民史研究会編『日本帝国主義下の満州移民』龍渓書舎、1976年
尾崎秀樹、宗武朝子『雑誌の時代―その興亡のドラマ』株式会社主婦の友社、1979年
高崎隆治『戦時下のジャーナリズム』亨有堂、1987年
阿部安成『「衛生」という秩序』見市雅俊・斎藤修・脇村孝平・飯島渉編「疾病・開発・帝国医療：アジアにおける病気と医療の歴史学」東京大学出版会、2001年
小森陽一『ポストコロニアリズム』岩波書店、2001年
中井良子『昭和戦前期「婦人公論」にみる山川菊栄』近代女性文化史研究会編「戦争と女性雑誌―1931年～1945年―」教文堂、2001年
三鬼浩子『戦時下の女性雑誌：一九三七～四三年の出版状況と団体機関誌を中心に』近代女性文化史研究会編「戦争と女性雑誌―1931年～ 1945年―」教文堂、2001年
吉沢千恵子『「婦人公論」の社会時評：清沢洌を中心に』近代女性文化史研究会編「戦争と女性雑誌―1931年～ 1945年―」教文堂、2001年
奥野克巳『帝国医療と人類学』横浜 春風社、2006年
N.バンセル、P.ブランシャール、F.ヴェルジェス（平野千果子／菊池恵介訳）『植民地共和国フランス』岩波書店、2011年
里見脩『新聞統合――戦時期におけるメディアと国家』勁草書房、2011年
岩見照代監修『「婦人雑誌」がつくる大正・昭和の女性像』第29 ～ 30巻、ゆまに書房、2016年

---

1　柳条湖事件（中国側の呼称である「九一八事変」の発端）は、1931年（昭和6年）9月18日に中国奉天（現遼寧省瀋陽市）郊外の柳条湖で、日本関東軍が「南満州鉄道」の線路を爆破した事件である。この事件に端を発し、日本関東軍による旧満州（中国東北部）全土の占領を経て、日本と中国との間の武力紛争に発展した。この事件が日本の侵略戦争の発端と見なされることが多い。

2　「中国」には台湾地区も含まれているが、当時日本の文脈において「中国」は台湾を除いた「中国大陸」のことを指す。混乱を避けるために、日本の言い方を援用し、本稿で分析対象にする「中国」というのは、主に「中国大陸」のことを指す。

3　近代女性文化史研究会『戦争と女性雑誌―1931年～ 1945年―』教文堂、2001年、p.2

4　尾崎秀樹、宗武朝子『雑誌の時代――その興亡のドラマ』株式会社主婦の友社、1979年、p.133

5　「大東亜共栄圏」は、第二次世界大戦を背景に日本が唱えた標語である。アジアの欧米列強植民地をその支配から独立させ、大日本帝国・中華民国など、アジア国家の連合を実現させるものであるとされたが、実質的には日本国による植民地支配に過ぎないと思われる。

6　『主婦之友』1936（昭和11）年6月号、p.271

7　『主婦之友』1936（昭和11）年6月号、p.277

8　小森陽一『ポストコロニアリズム』岩波書店、2001年、p. iii

9　『主婦之友』1941（昭和16）年3月号、p.218

10　奥野克巳『帝国医療と人類学』横浜 春風社、2006年、p.26

11　『主婦之友』1941年4月号、p.176

12　同上

13　『主婦之友』1941年4月号、p.178

# 映画の公開状況から見る日中両国の相互理解上のギャップ

北海道大学国際広報メディア・観光学院
博士課程後期3年
李珏

## はじめに

ステレオタイプ（固定観念）は、どの時代においても必ず存在する。ステレオタイプは相手を理解する時の障害であり、相互理解しようとする際に必ず捨てるべきものだと考える。インターネットが発達する現代社会において、ビッグデータの活用により、現代人は自分が好きな情報だけに偏る傾向がますます顕著になっている。以前と比べ、むしろ情報の行き来が頻繁になっている現代社会の方が、ステレオタイプになりやすいのではないかと考えられる。

ステレオタイプは、どのように形成されたのか。おそらく一番の影響要因は我々が日々接触するニュース報道をはじめ、テレビ番組、SNS上の文字、映像といった各種のメディアに関係しているだろう。それらのメディアの全ては情報源になるし、我々の認識や判断に影響を与えているのである。ましてやビッグデータの活用により、個々人の情報利用の特徴や習慣が分析され、その人の好む情報が日々届けられている状況を踏まえれば、我々が以前よりかなり多くの情報が収集できている一方で、その情報は我々の意識の有無に関係なく偏っているのが事実であることが分かる。

本稿は、メディアの一種として存在する映画を取り上げて、日中両国の相互理解上のギャップを考察していきたい。映画は新聞報道や、テレビ番組、そしてネットで流れる情報に比べて、より完成度が高く、観客に対して相対的に独立したストーリーで独自に思考させる環境を提供している。そこで映画の公開状況という視点から、日中両国民のお互いの国に対する認識の差異および問題点を提起したい。また本研究を通して、日中の相互理解の促進に有意義な提言ができたらと思っている。

## 一、背景と研究目的

インターネットの発達により、中国においても日本においても、互いの国で起きるビッグニュースをほぼリアルタイムで入手できる。特に中国では、日本旅行、アニメなどに関する情報は常に目に入る状態にある。日本の有名人、俳優、女優に関する冠婚葬祭などの出来事が起これば、中国のソーシャルメディアのウェイボー（Weibo）で、すぐ人気検索ワードになる。時々検索ランキングの１位になったこともある。

中国の政治体制はよく諸外国に非難されるが、政治面や歴史教育面で民衆に影響を与える公的な情報源（テレビ、新聞など）があれば、娯楽や生活面で影響を与えるプライベートの情報源（インターネット）もあるのが実態である。どの情報源から情報をもらうかによって、日本に対するイメージが全く違ってくるのは自明である。だが、ほぼ同時に両方の情報源に接触する現代中国人は、政治問題か、歴史問題か、それとも娯楽・文化に関係する問題かは、その問題の本質を分けて評価するのが得意のようである。

図１　日中関係におけるメディアの貢献度　単位：％

A：とても貢献している　B：少し貢献している　C：何も貢献していない
D：逆に悪影響を与えている　E：分からない　F：無回答

〈日本世論〉

100%
90%
80%
70%
60%
50%
40%
30%
20%
10%
0%
A 3.4
B 26.8
C 19.1
D 9.1
E 41.4
F 0.3
A 3.6
B 23.3
C 24.5
D 9.3
E 39
F 0.3
2018
2019

〈中国世論〉

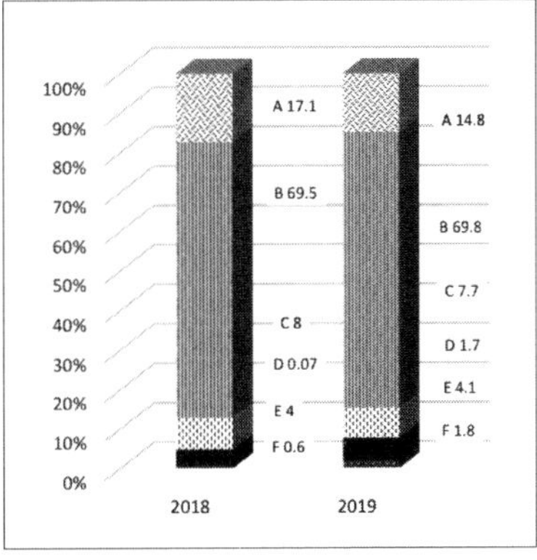


出所：第15回日中共同世論調査、2019年　https://www.genron-npo.net/pdf/15th.pdf

図1は、日本の言論NGOと中国の国際出版集団が、2019年に共同で日中両国民に対して行った第15回の日中世論調査の中の一問である。日中関係にメディアの貢献度について聞いたところ、中国人が貢献している（A&B）と答える比率は2018年と2019年の両年とも8割以上占めている。一方、日本では3割ぐらいの人が貢献している（A&B）と答えている。

このことから、中国で流れる日本に関する情報については、一定の割合で内容が積極的だと推測できる。一方、日本ではメディアから受ける中国に関する情報は、彼らの中国に対する好感度の増加にあまりつながらないと読み取れる。高井（2013）は、『日中対立を超える「発信力」』という本の中で書かれた毎日新聞前中国総局長の成沢健一の話を引用し、日本での中国報道に欠けている点を次のように述べた。「確かに反日デモや大気汚染など注目されるテーマでは衝撃的な場面や深刻な内容について詳しく報じている。だが、ストレートなニュースにならない等身大の中国、そして中国人の姿を伝える機会は非常に限られている」（高井、2013、p.154）というのである。

ニュース報道や新聞報道は、世論を誘導する力があり、ネット上に流れる情報も人為的にコントロールする可能性がある。これに対して、比較的に独立したストーリー、世界観のある映画の場合、相手国に対するイメージにどのような影響がもたらされているのかは、筆者が関心を寄せるところである。したがって、本研究は映画を切り口として、日中両国の国民が抱いている相手国に対する理解のギャップを究明したい。

またそれを究明するために、本研究は主に文献調査、データの収集と整理を通して、2つの部分に分けて考察していく予定である。1つ目は両国で公開された相手国の映画の本数、ジャンルなどに対する分析、比較をすることである。2つ目は公的機関が行った両国の国民の相手国に対するイメージ調査（第15回日中共同世論調査）の結果の一部を分析することである。

## 二、日中両国の相互理解におけるメディアの役割

魏（2014）によると、2000年代に入って「インターネットの普及につれて、日本のアニメ、マンガ、ドラマ、音楽、ファッションなど、ポピュラー文化に関するコンテンツの入手が容易になり、中国の若者がほぼリアルタイムで日本のポピュラーカルチャーを消費できるようになっている。また、留学や旅行など人的交流が盛んになるとともに、日本のポピュラーカルチャーにアプローチするルートも多元化している」（p.34）。

遠藤（2008）は、1980年以降に生まれた中国の若者を「中国動漫新人類」と定義している。そして遠藤（2008）によると、中国で接触する若者たちは「日本の同世代以上にアニメや漫画の作品について詳しいし、親しみを持っている。まさに『日本動漫が大好き！』なのだ」（p.11）。一方、歴史問題をめぐる「愛国主義教育」と日本の動漫を通して形成する日本に対する親近感という二つの感情が、どのように中国の若者の中で存在しているかについても言及している。遠藤（2008）によれば、二つの対日感情は現在、平行していて、一人の中国人の心の中で、互いに干渉することなく無関係に存在している。また中国人学生の取材からも、政治、歴史問題と動漫を分けてみる意見がほとんどであることが分かる。

一方、日本人はどのように中国を受け止めているのだろうか。藤野（2013）は、中国への旅行が自由という点、また日常的に中国人の留学生と交流できる点から、現在の日本人学生はかなり中国と交流しやすい環境に恵まれていると述べている。ただし、全般的に学生が本や新聞をあまり読まないという近年の傾向の影響もあり、中国に対する彼らの一般認識はまだ「格差社会」、「ニセモノ天国」、「反日」などと、おおむね画一的で単純なイメージに集約されると指摘している。同時に中国人の中でも日本に対して「軍国主義」というイメージを持つ人が少なくはない、とも述べられている。このような状況がなぜ生まれたか。藤野（2013）は「メディア報道（テレビ、新聞）が決定的とまで言えないものの、かなり重要なインパクトを及ぼしている」（p.269）と指摘している。

映画はどのように民衆に影響を与えているのか。いくつかの特定の監督の映画受容に関する研究からその様子がうかがわれる。蓋（2012）は、ジャジャンク（賈樟柯）映画の日本における受容について、「現代中国社会の真相を真摯に見据えた作品を創る、数少ない映画監督の一人であるといえよう。日本でも賈の映画はほぼすべて上映されており、また映画監督の北野武が所属するオフィス北野が賈の映画制作に出資を行うなど、彼の映画を支持する日本人の中国映画ファンは多い」（p.65）と述べている。また燕（2015）は陳凱歌監督の「さらば、わが愛」について、1994年に当該映画が日本で公開された時の盛況ぶり、日本での受賞状況、および世界で初めて日本で舞台化されたことから、その受容ぶりについて語っている。

一方、張（2017）は岩井俊二の映画「Love letter」のアジアにおける受容について、「1995年に日本全国で公開され、その約1年半後には香港で長期間にわたって上映され、続けて韓国や台湾や中国大陸で“情書熱（『Love letter』ブーム)”を引き起こした」(p.14)と述べている。特に中国大陸ではほかの地域と比べて、映画「Love letter」の公開が遅かったが、公開されてから「爆発的に流行し、多くの若者の間で好評を博して」(p.20)、中国本土の映画制作や中国人の北海道観光ブームにまで影響を与えたという。

テレビニュース、新聞報道およびポップカルチャーの動漫が相互理解のルートとしてよく取り上げられていて、そして特定の映画監督や特定の映画の受容に関する研究もよく見られる。しかし、日中両国で公開された相手国の映画の数、ジャンル、配給といったマクロな視点からの分析が少なく、映画の公開状況という視点から相手国に対するイメージへの影響を研究するものも蓄積が足りないと考えられる。本稿は2017年～2019年の3年間、実際に中国と日本で上映された相手国の映画をまとめて考察することによって、映画の公開状況という視点から、日中両国の国民の相互理解上のギャップを明らかにしたいと考えている。

# 三、考察

## 3-1　実際にお互いの国で上映された映画の量と内容から見るギャップ

中国の娯楽産業リサーチ会社の芸恩が提供する、2017年～2019年に中国の映画館で上映された日本映画のデータと、日本の映画情報データベースのムービーウォーカーが提供する2017年～2019年に日本の映画館で上映された中国映画のデータを筆者が整理した(**表1**。本文の中で2019年のデータのみを示している)。本稿で取り上げる映画はすべて実際に映画館で上映されたことのある映画で、DVDやインターネット上でのみ公開された作品は含まれていない。

2017年～2019年に中国で公開された日本の映画を見てみると、ほとんどはアニメ作品だということが分かる。そして、アニメ以外の映画も漫画実写化映画(「君の膵臓をたべたい」、「となりの怪物くん」)が多かった。これらのアニメ映画は映画化する前に、すでにTVアニメの形でかなり多くのファンを魅了し、潜在的な観客が日本のみならず中国にもたくさん存在しているのである。

また、アニメの内容を見てみると、ファンタジー、恋愛もしくは完全に架空な世界での出来事について描く作品がほとんどだが、これらのアニメ映画は、日本社会、日本人さらに日本文化をベースに作られたため、オーディエンスの日本に対する理解にポジティブな影響を与えると考えられる。

表1 2019年に中国で公開された日本映画

| 題名（日本語） | 題名（中国語） | ジャンル | 興行収入（人民元） | 制作 |
|---|---|---|---|---|
| 名探偵ピカチュウ | 大侦探皮卡丘 | アクション・ミステリー | 64072万 | 日本／アメリカ |
| 千と千尋の神隠し | 千与千寻 | アニメ | 48832万 | 日本 |
| 天気の子 | 天气之子 | アニメ | 28849万 | 日本 |
| 名探偵コナン 紺青の拳 | 名侦探柯南：绀青之拳 | アニメ | 23205万 | 日本 |
| ONE PIECE STAMPEDE | 航海王：狂热行动 | アニメ | 20503万 | 日本 |
| ドラえもん のび太の月面探査記 | 哆啦A梦：大雄的月球探险记 | アニメ | 13143万 | 日本 |
| 夏目友人帳 | 夏目友人帐 | アニメ | 11533万 | 日本 |
| 祈りの幕が下りる時 | 祈祷落幕时 | | 6771万 | 日本 |
| 僕のヒーローアカデミア THE MOVIE ～2人の英雄～ | 我的英雄学院：两位英雄 | アニメ | 3880万 | 日本 |
| 劇場版 Fate/stay night [Heaven's Feel] I. presage flower | 命运之夜——天之杯：恶兆之花 | アニメ | 3169万 | 日本 |
| ドラゴンボール超 ブロリー | 龙珠超：布罗利 | アニメ | 3166万 | 日本 |
| 劇場版 Fate/stay night [Heaven's Feel] II. lost butterfly | 命运之夜——天之杯II：迷失之蝶 | アニメ | 2970万 | 日本 |
| 君の膵臓をたべたい | 我想吃掉你的胰脏 | アニメ | 2392万 | 日本 |
| さよならの朝に約束の花をかざろう | 朝花夕誓：于离别之朝束起约定之花 | アニメ | 1726万 | 日本 |
| きみと、波にのれたら | 若能与你共乘海浪之上 | アニメ | 1398万 | 日本 |
| ノーゲーム・ノーライフ ゼロ | 游戏人生 零 | アニメ | 1396万 | 日本 |
| 検察側の罪人 | 检察方的罪人 | サスペンス・ミステリー | 1339万 | 日本 |
| 今夜、ロマンス劇場で | 今夜在浪漫剧场 | 恋愛ドラマ | 1232万 | 日本 |
| 機動戦士ガンダムNT | 机动战士高达NT | アニメ | 871万 | 日本 |
| 22年目の告白 ―私が殺人犯です― | 22年后的自白 | サスペンス・ミステリー | 535万 | 日本 |
| Ryuichi Sakamoto : CODA | 坂本龙一：终曲 | ドキュメンタリー | 502万 | 日本／アメリカ |
| BLEACH | 境・界 | アクション | 363万 | 日本 |
| ペンギン・ハイウェイ | 企鹅公路 | アニメ | 335万 | 日本 |
| となりの怪物くん | 邻座的怪同学 | 恋愛ドラマ | 236万 | 日本 |
| 劇場版 マジンガーZ | 魔神Z | アニメ | 40万 | 日本 |

出所：筆者作成

「千と千尋の神隠し」は2001年に公開されて以来、すでに18年を過ぎた2019年に初めて中国の映画館で上映された。しかも6月21日に封切りされると、7月30日の時点で興行収入は4億8652万元（約78億円）を突破し、動員数は1000万人を超える[1]という盛況だった。

また、ドラえもんシリーズとコナンシリーズの劇場版も、ほぼ毎年中国の映画館で見られる。特にドラえもんは中国の80後、90後[2]世代が子供の頃に見た思い出があるため、大人になった彼/彼女らは自分の子供を連れて映画館でドラえもん映画を見に行くのはよくある光景である。ドラえもん映画は、2017年の「ドラえもん のび太の南極カチコチ大冒険」、2018年の「ドラえもん のび太の宝島」、そして2019年の「ドラえもん のび太の月面探査記」と3年連続で上映されているが、それらよりも2015年に上映された『STAND BY ME ドラえもん』の方が人気があった。2015年5月28日の初演当日だけで2708万元（約5億円)、6月26日（興行終了日）までの累計収入は5.3億元（約106億円）を記録、中国で公開されたアニメ映画の興行収入の最高記録に迫る[3]成績を作った。

これらのアニメ映画が代表する日本映画は中国人の個人記憶、個人経験と密接なつながりがある。彼/彼女らはアニメ映画を鑑賞することを通して、映画の中に描かれた日本の風景、日本人、そして日本の文化に親近感を持つようになったのではないかと考えられる。

一方、中国で上映された日本映画は、特に歴史や深刻な社会問題に触れるテーマは少なかった。2018年にカンヌ国際映画祭で最高賞「パルムドール」を受賞した是枝裕和監督の「万引き家族」は、その中では異例だった。是枝監督は中国人、特に若者の中でとても人気のある日本人監督の一人である。彼の「万引き家族」は例年だと海外映画の封切りがない8月に公開されただけでなく、中国で公開された邦画実写の興行収入歴代1位となった[4]。

社会の現実を映し出し、むしろネガティブな要素が入った「万引き家族」はなぜ中国でヒットしたかというと、おそらく映画で描かれた社会の底辺に生きる人たちの心境や、「血のつながりのない家族」というテーマに共感を覚えたのではないかと考えられる。しかし、このような少し厳粛で深刻な社会の現実を映す映画は、やはり中国で一般公開された日本映画の中では数が少なかった。中国人の全面的な日本観の形成のためには、公開映画の多様性を見直す必要があると考えられる。

表2 2019年に日本で公開された中国映画

| 題名（日本語） | 題名（中国語） | ジャンル | 制作 |
|---|---|---|---|
| ワンス・アポン・ア・タイム・イン・チャイナ 南北英雄 | 黄飞鸿之南北英雄 | アクション | 中国 |
| エア・ストライク | 大轰炸 | アクション | 中国 |
| 芳華-Youth- | 芳华 | 文芸ドラマ | 中国 |
| ペガサス／飛馳人生 | 飞驰人生 | アクション | 中国 |
| The Crossing -ザ・クロッシング- PartI | 太平轮（上）・亂世浮生 | 戦争ドラマ | 中国 |
| The Crossing -ザ・クロッシング- PartII | 太平轮（下）・彼岸 | 戦争ドラマ | 中国 |
| ソード・オブ・レジェンド 古剣奇譚 | 古剑奇譚之流月昭明 | アクション・ファンタジー | 中国 |
| 背徳と貴婦人 | 画框里的女人 Le portrait interdit | ラブロマンス | 中国／フランス |
| SHADOW／影武者 | 影 | アクション | 中国 |
| 帰れない二人 | 江湖儿女 | ドラマ | 中国／フランス |
| トリプル・スレット | 三重威胁之跨国大营救 TRIPLE THREAT | アクション | 中国／タイ／アメリカ |
| 羅小黒戦記（ロシャオヘイセンキ） | 罗小黑战记 | アニメ | 中国 |
| 象は静かに座っている | 大象席地而坐 | ドラマ（インディーズ） | 中国 |

出所：筆者作成

日本で公開された中国映画の詳細（**表2**）を見ると、中国で公開された日本映画に比べ、ジャンルは多元化していることが分かる。インディーズ系、ドキュメンタリー、アニメ、歴史物語、ファンタジー、戦争、アクションなど様々である。特にアクション映画（とりわけジャッキー・チェンの映画は、2017年3本、2018年1本が公開されている）、戦争や歴史を題材とする映画が公開映画の半分以上を占める。

ただ、両国では配給システムに違いがある。中国では、メジャーの配給システムが主導する「院線制[5]」の下で、全国の映画館で一斉に同じ商業映画を上映する形を取っている。これに対して日本では、ハリウッドをはじめ、商業的に成功しそうな映画を上映するシネコン以外に、インディペンデント映画やドキュメンタリー映画といったアート系映画をロングラインで上映するミニシアターも存在している。ミニシアターが存在するからこそ、多様なジャンルの中国映画が日本で見られると考えられる。

中国の配給システムを通して上映された日本映画は、映画観客に普遍的で強い影響力を与える一方、日本の配給システムは関心を持つ愛好家に影響を与える傾向が強いと感じ取られる。これは両国の違う社会体制の下で生まれた形の違う配給方式がもたらした結果であるが、この違いは両国の国民に相手国に対するイメージの形成にも、ある程度の影響をもたらしたのではないかと考えられる。

### 3-2　イメージ調査（アンケート）から見るギャップ

本節で使うアンケート調査のデータは、日本の言論NGOと中国の国際出版集団が2019年に共同で日中両国民に対して行ったものである。当該調査の概要によると、調査の目的は、日中両国民の相互理解・相互認識の状況やその変化を継続的に把握することにある。日本での有効回収標本数は1000であり、回答者の性別は男性48.6%、女性51.4%である。一方、中国での有効回収標本は1597であり、回答者の性別は男性48.7%、女性51.3%である。まず日中両国民のお互いの国に対する印象を見てみよう。

図2　日中両国民が相手国に対するイメージ　　　単位：縦軸は%、横軸は年

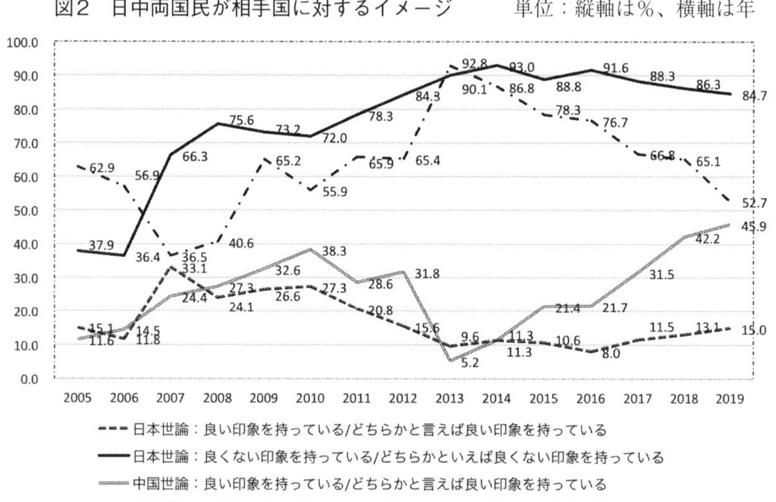


出所：第15回日中共同世論調査、2019年　https://www.genron-npo.net/pdf/15th.pdf

図2からわかるように、2013年を境に中国人の日本に対する好感度が年々上昇し、2019年の時点で「良い印象を持つ」比率と「良くない印象を持つ」比率の差は1割もないほどに接近した。一方、日本の世論では、中国に「良

い印象を持つ」人の比率が常に低位であり、「良くない印象を持つ」人の比率は常に高位を維持していることが分かる。

続いて相手国や日中関係についての情報源に関する質問では、それぞれの国の国民は次のように回答している（**表3**参照）。

**表3　相手国や日中関係についての情報源**　単位：%

| 日本世論 | | |
|---|---|---|
| 情報源 | 2019年 | 2018年 |
| 中国人との直接の会話 | 2.9 | 2.7 |
| 中国への訪問 | 1.2 | 1.4 |
| 日本のニュースメディア | 94.1 | 95.7 |
| 日本の書籍（教科書も含む） | 14.9 | 21.2 |
| 日本のテレビドラマ・情報番組、映画作品 | 29.7 | 33.2 |
| 中国のニュースメディア | 6.1 | 5.5 |
| 中国の書籍 | 0.4 | 0.1 |
| 中国の音楽 | 0.5 | 0.7 |
| 中国のアニメ | 0.1 | 0.2 |
| 中国のテレビドラマ・情報番組、映像作品 | 3.0 | 3.6 |
| 日本の他の人が行っている議論 | 10.6 | 9.6 |
| 家族や友人・知人、ネット・SNSを通じた会話・情報 | 18.7 | 16.5 |
| その他 | 1.1 | 0.5 |
| 無回答 | 0.2 | 0.6 |

| 中国世論 | | |
|---|---|---|
| 情報源 | 2019年 | 2018年 |
| 日本人との直接の会話 | 3.8 | 3.7 |
| 日本への訪問 | 3.9 | 4.7 |
| 中国のニュースメディア | 84.5 | 87.0 |
| 中国の書籍（教科書も含む） | 35.9 | 28.9 |
| 中国のテレビドラマ・情報番組、映画作品 | 59.5 | 49.5 |
| 日本のニュースメディア | 14.5 | 11.0 |
| 日本の書籍 | 4.3 | 3.0 |
| 日本の音楽 | 5.4 | 5.4 |
| 日本のアニメ | 7.7 | 9.7 |
| 日本のテレビドラマ・情報番組、映像作品 | 16.5 | 9.7 |
| 中国の他の人が行っている議論 | 5.3 | 5.9 |
| 家族や友人・知人、ネット・SNSを通じた会話・情報 | 16.9 | 23.1 |
| その他 | 0.4 | 0.0 |
| 無回答 | 0.1 | 0.1 |

出所：第15回日中共同世論調査、2019年　https://www.genron-npo.net/pdf/15th.pdf

両国とも最も多くの国民に選ばれた情報源は、ニュースメディアである。割合から見れば日本の方が高い。また2番目に多いのは本国のテレビドラマ・情報番組、映画作品である。こちらの割合は、中国人の方が高いことが分かる。ここで興味深いのは本国のニュースメディアという項目を除けば、ほぼすべての項目において、中国世論が日本世論を上回っていることである。特に相手国のメディア（書籍、音楽、アニメ、テレビドラマ、情報番組、映画作品、ニュース番組など）に接触する率は、中国世論が明らかに高いことが分かる。

さらに日中関係についての自国メディアの報道は客観的で公平かに関する質問では、次のような結果が出ている（**図3**参照）。「客観的で公平」と感じる中国人は常に6割以上を維持し、8割を超える時もある。一方、日本人は「客観的で公平」と感じる人は一番多い年でも4割に達しておらず、しかもこの割合は年々減少する傾向が表れている。

図3　自国のメディアの報道は客観的で公平か　　　　単位：縦軸は%、横軸は年

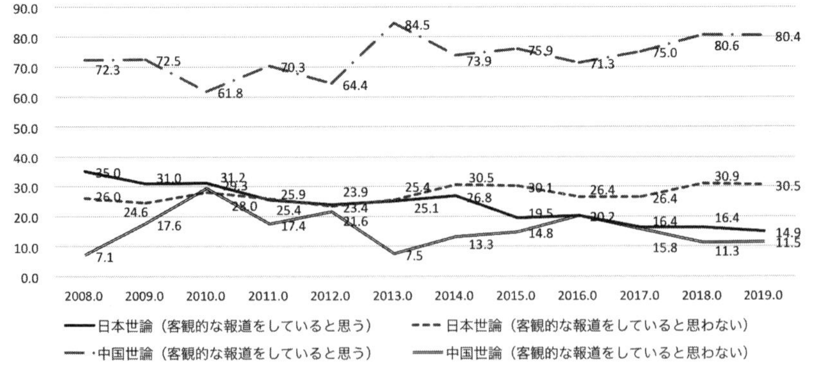


出所：第15回日中共同世論調査、2019年　https://www.genron-npo.net/pdf/15th.pdf

## 3-3　まとめ

近年、日中両国で上映された相手国の映画作品の概況及び2019年の世論調査の結果を総合的に考察した上で、筆者は日本と中国が相互理解の際に生じたギャップを以下のようにまとめた。

中国人は普段、日本に関する情報を自国のメディアを通して獲得する以外に、日本のニュースメディア、書籍、音楽、番組、映画など様々なメディアを情報源として利用している。中国で上映された日本映画のほとんどはアニメ映画であるが、これらの作品は同じく日本でも人気の作品であり、基本的に日本のポジティブな一面を中国観客に見せている。また、「統一的に管理し、統一的な映画を供給し、統一的に上映のスケジュールを組み、統一的に決算する」（韓, 2018, p.10）という垂直的な配給システムがもたらした強い社会的影響力もある。

中国人の日本に対する認識は、歴史問題や政治問題になるとよくないイメージになるかもしれないが、それ以外のところ、特にアニメやポップカルチャーの話題になると、むしろ好きな気持ちの方が強いという二分化する傾向が表れている。ただ、娯楽性の高いアニメ映画ばかりが上映されることは、中国の大衆の中で日本の社会・文化、そして日本人の考え方をさらに一歩深く探るチャンスを奪い、中立かつ客観的な見方が形成できず、二極分化のまま終わってしまうという結果をもたらしている。

一方、日本人は普遍的に自国のメディア報道の公平性に疑問を持っているが、彼/彼女らの中国に関する情報の主な情報源はまさに自国のニュースメディア、書籍、番組、映画などである。また、日本で上映された中国映画のジャンルは比較的に多元化しているが、中国のような全国で一斉に上映する規模がないため、映画の影響力は限定的としか言えない。したがって日本人の中国に対するイメージは、国民全体から見てまだステレオタイプにとどまる傾向が強い。中国に興味や関心を持つ領域もまだ限られているし、関心を持つ人も限られていることが分かる。

## おわりに

本稿では2017年～2019年の3年間に、中国と日本の映画館で公開された互いの国の映画の概況をまとめ、さらに2019年に日中両国共同で行われた世論調査の一部を取り上げて、両国民の互いの国に対する理解上のギャップについて分析と考察を行った。そして、中国人の対日イメージの態度の二極分化という特徴と、日本人の対中イメージのステレオタイプの傾向が強い特徴をまとめた。

歴史問題、政治問題など様々な難解な問題が存在する中でも、両国の民間交流は止まることなく続いてきた。毎年、映画館だけでこんなにたくさんの映画作品が上映されているなら、インターネットやほかのルートを通して接触できる作品はさらに多いだろう。繰り返しになるが、ニュースメディア、テレビ番組といった映像と音声で情報を伝える媒体と比べて、映画は相対的に完成度が高く、独立したストーリーで観客にメッセージを伝える媒体である。ゆえに、映画を通して、相手国に対して国民が持つ既存のステレオタイプをなくすとまでは言えないが、少しずつ改善させることができるのではないかと考えられる。

それに加えて、中国でも日本でも映画を上映する際に注意すべき問題点がある。中国で公開される日本映画のジャンルをもっと多元化するべきだし、日本で中国映画を上映する際にもっとその観客層に配慮し、歴史、戦争、アクションだけではなく、コメディドラマ、恋愛ドラマといった普通の中国人の日常生活を描く映画も多く取り入れるべきだと考えられる。こうした改善によって、映画の力が両国の相互理解に貢献できることを期待している。

本稿では日中両国における相手国の映画の公開状況という視点から、両国の国民の互いの国に対する理解のギャップについて検討した。今回の分析はまだ浅く触れた程度で、分析と調査の不足が否めない。ただ、本研究は今後の一つの研究の可能性と方向を提供することに意義を持っていると考えている。これから、本研究の知見を踏まえて、さらに研究の深化に努めていきたい。

**参考文献**

魏然「中国の若者における日本ポピュラーカルチャーの受容と対日イメージ: 青少年に対するアンケート調査を手がかりに」『学習院大学大学院政治学研究科政治学論集』(27)、pp.33 ～ 56、2014年

遠藤誉『中国動漫新人類:日本のアニメと漫画が中国を動かす』日経BP社、2008年

高井潔司『メディアが作る相手国イメージ:日中対立の一側面』CRCC研究会講演録59 ～ 69、pp.148 ～ 160、2013年

藤野彰『「嫌中」時代の中国論:異質な隣人といかに向き合うか』柏艪舎ネプチューンノンフィクションシリーズ、2013年

韓暁黎「改革開放40年我国電影発行放映業政策流変与院線制発展」『電影芸術』06期、pp.9 ～ 14、2018年

李珏「中国における映画上映新形態「大象点映」の利用者(オーディエンス)の特徴に関する考察」『国際広報メディア・観光学ジャーナル』(30)、pp.73 ～ 90、2020年

蓋暁星「日本における賈樟柯映画の受容:『世界』と『長江哀歌』を巡って」『東京大学中国語中国文学研究室紀要』(15)、pp.37—67、2012年

燕路「映画『さらば、わが愛 覇王別姫』の日本における受容の研究」『東京大学中国語中国文学研究室紀要』(18)、pp.107—141、2015年

張瑶「中国における岩井俊二:その映画と小説の受容の比較研究」東京大学博士学位論文、2017年

---

1 「『千と千尋の神隠し』中国大ヒットのポイントは“18年前の旧作”という背景」 https://eiga.com/news/20190804/1/ (2020年10月30日アクセス)

2 1980年代と1990年代に生まれた世代を指す。

3 「なぜ『ドラえもん』は中国人の心を動かすのか。たった1カ月で興行収入が100億円を突破」 https://toyokeizai.net/articles/-/78323 (2020年10月30日アクセス)

4 「中国の歴代No.1実写邦画に『万引き家族』、『となりのトトロ』もロングランヒット」 https://natalie.mu/eiga/news/317555 (2020年10月30日アクセス)

5 映画館チェーンを取りまとめて運営・管理・経営を行う組織。傘下に多くの加盟映画館を抱え、上映映画タイトルを一括で管理・運営する。院線により、映画の全国統一市場ができたといわれる。(全国統一型運営)(李、2020)

# 満鉄と近代中国の工業化

～中日関係における展望～

アメリカ・カナダ大学連合日本研究センター
2020年8月修了
武鐘吉

## はじめに

「満州」という地名は、第二次世界大戦と植民地主義とのつながりがあるゆえ、今日の中日関係における一種のタブーの話題である。このため、満州が近代中国の工業化過程にポジティブな影響を与えたということを知っている中日両国の若い人達は少ないだろう。しかし、満州から受け継がれた企業の組織構造は、今でも中国の経済発展に活力を与えている。

本稿の目的は、満州から生まれた企業の組織構造と近代中国の工業化との関係が、今日の日中関係に与えた意味を明らかにすることである。第1章では、南満州鉄道株式会社と戦後の日本の高度経済発展とのつながりを論じる。第2章では、南満州鉄道株式会社と近代中国の工業化過程との関係を検討する。第3章では、今後の中日関係において共通の歴史認識、経営管理の交流、また第三国での経済協力などを行う必要性を述べる。

## 一、南満州鉄道株式会社と戦後の日本の高度経済発展

### 1-1　南満州鉄道株式会社とは

「満洲国」は1932年に中国東北地方に出現し、1945年に消えた国家である。満洲国は独立国家であるかどうかと問われるが、満洲国は単なる植民地国家ではなく、欧米の帝国主義支配を排してアジアに理想的な国を建てる一種のユートピア実現の試みであると述べられることもある（山室2013、loc.112）。

「南満州鉄道株式会社」（以下、満鉄）は、満州にある鉄道を管理するために設立された。満鉄は「鉄道運輸事業と撫順炭鉱業の外港湾経営、製鉄業等

を直営する一方、57社という夥しき傍系および関係会社を持ち、海運業、運送業、瓦斯電気業その他各般の事業を兼営して（中略）一般の株式会社とは全くその趣を異にし、実質上国家と殆ど異ならざる諸機能と使命を具有し、所謂『満鉄王国』の名を辱めないのである」（馬郡1930、pp.76～77）とあるように、鉄道の経営だけではなく、鉄道会社の範囲を超えた多角経営を進めた。特に、昭和製鋼所と撫順炭鉱を経営し、製鉄鋼業と石炭産業における著しい発達を遂げた（満鉄1934、pp.92～93）。

満鉄は当時の満州の工業だけでなく、戦後日本にも大きな影響を与えた。小林英夫は日本経済を世界のトップの座に押し上げた日本型経済システムが、実は満鉄の調査部に源流があったという仮説を提示した（小林2012、p.4）。チャルマーズ・ジョンソンも、満鉄のような国策会社と戦後日本の高度経済成長を推進した通商産業省のつながりを研究した（Johnson 1982）。

満鉄と戦後の日本の経済発展のつながりの研究が多い一方で、満鉄と近代中国の関係における研究は少ない。エックステインは「1945年の満州は最も発展した地域であり、戦後の中国に大きな経済発展と工業化における貢献をした」と述べた（Eckstein 1974、pp.259～260）。峰毅は「大連のアンモニア・ソーダ・油脂化学をはじめ、撫順のオイルシェール、錦州の人造石油、錦西のフェノール、吉林のカーバイド等々の満州化学工業の主要な部分が、1952年までにほぼ満州国時代の形に復旧した。このような復興期に復旧されて生産を開始した一連の工場設備は（中略）継承されたと見てよいであろう」という結論を下した（峰2007、p.7）。以上のように、満州国時代の工業化と近代中国のつながりは、中国工業化の歴史的過程において満州から直接の影響を受けたということを示しているのである。

本稿では、満鉄の経営と近代中国の工業化は、深いところで緊密につながっており、満鉄の経営と近代中国の工業化過程には連続性があることを明らかにしたい。連続性を示す根拠は2つある。

第1に、満鉄は第二次世界大戦の日本帝国主義とつながりがあり、日中戦争史の一部であるからだ。言うまでもなく、日本帝国主義に関して、例えば、慰安婦問題、南京事件、満州第731部隊等々をめぐる議論が続いている。戦争の残酷さを忘れてはならない一方で、第二次世界大戦に起こったことを多角的に認識する必要がある。例えば、満州は今の日本と中国の経済発展に活力を与えたという可能性が考えられる。

第2に、満鉄が生み出した企業の仕組みには、19世紀末から20世紀初頭のアメリカに初めて出現してきた統合企業と共通点がある、などである。

### 1-2 国策会社である満鉄

満州国時代の国策会社は単純な民間企業ではなく、国家機関でありながら株式会社という民間企業でもある（加藤2019、loc.24）。満鉄が創立されたきっかけは、第二次世界大戦と緊密なつながりがあった。第一次大戦後、戦争は「総力戦」に転換した（山室2013、loc.417 ～ 428)。「総力戦」で勝利を得るためには、資源の自給自足が欠かせない。しかし、日本本土には資源が不足していたので、満洲の資源が必要になってきた（山室2013、loc.439)。

さらに小林英夫によると、満鉄は1929年アメリカの経済大恐慌の経験から、経済を野放しにするのではなく、統制を加える必要があることを理解した。すなわち満鉄は、企業家が目先の利益にとらわれることなく、製鉄業や機械器具産業の育成を優先する経済統制政策を立てた（小林2015、p.74)。満鉄の経験は、戦後経済復興とその後の戦後高度成長政策の原動力となっていったのである（小林2012、p.151)。例えば「経済安定本部」という復興機関の重要なポジションに、多数の満鉄出身者がいた。1952年以降、「経済安定本部」が廃止され、通産省が新設された（小林2015、pp.183 ～ 186)。

通産省は、戦後日本経済の復興で重要な役を果たした。チャルマーズ・ジョンソンは日本の高度経済成長は勤勉な国民性ではなく、通産省が戦前から作り上げてきた産業政策であると述べた（Johnson 1982、pp.17 ～ 20)。戦後の日本は官僚主導の経済システムによって先進国経済へのキャッチ・アップを目指し、著しい発展を遂げた。すなわち、満鉄から生まれた官僚主導の経済システムが戦後の日本に継承され、官僚主導の経済発展の知恵は満鉄の経済政策とつながりがあることを示しているのである。

## 二、満鉄と近代中国の工業化

### 2-1 総合工場の建設

満州工業発展の遅れについて関東州経済会は、「関東州は内地と異なり各種の工業は全面的に発達したわけではない」（関東州経済会1945、p.214）と言及していた。また、満鉄調査部は満州の鉄道工場について、「多数の機械は既に古く、規模も極めて小さい」と説明していた（満鉄調査部 1936 ～ 1939、p.27)。すなわち、当時満州の工業を急速に成長させ、満鉄の使命を果たすということは、決して簡単なことではなかっただろう。

しかし、満州のような後進国が工業化を果たすためには、様々な障害を乗り越えなければならない。その中で最も障害であったのは、各種の工業が全面的には発達していないということであった。アレクサンダー・ガーシェンクロンは「歴史的観点から見た経済後進性」の中で、「工業化の大きな障害を乗り越えるためには、産業革命が大規模に発展しなければならない」ということを示唆していた（Gerschenkron 1966、p.10）。満鉄の経営者も、多種多様な工業部門の間の緊密な関係を認識していた。

満鉄は経営合理化の原則に従い、各種の工業部門が企業内部に統合される「総合工場」を建設した。各種の工業部門が同一の企業内部に結合されれば、工業部門間の連係が強化され、工業が全面的に発達できるからである。「総合工場」には様々な利点がある。小島精一によると、「需要関係の計数的な調節、積極的な市場開拓、注文の合理的分配、購入及仕入上の節約と便宜（中略）が得られるし、更に生産工程においては作業の安定、冗費の節約、機械設備の改善、（技術上の共同研究）製品及生産方式の単一化及標準化、工場合理化の促進等々（中略）が得られ、資本の集約的使用によって、其の生産能率が非常に高められるのである」（小島1936、pp.48 ～ 49）という。満鉄が建設した「総合工場」は、後進国の工業化における問題を乗り超えられるだけではなく、生産能率が高められるのである。満州の「総合工場」は大量生産できる近代的産業企業の原型と言える可能性を含んでいる。

満州国時代に満鉄は、昭和製鋼所や撫順炭鉱等々大規模な総合工場を設立し、工業化を急速に遂行した。総合工場の建設は満州の工業化に欠かせないものであろう。後進国の工業化が発展する際、お互いに補い合う工業部門が企業内部に結合されれば、工業部門間の連係が強化され、工業を全面的に発展させられる。他方、満鉄が設立した総合工場は満州の工業化に貢献しただけではなく、戦後の中国にも知恵を与えた。中国は昭和製鋼所と撫順炭鉱の設備を受け継ぎ、総合工場のような企業の組織構造を産業全体にわたって採用した。

### 2-2　総合工場の意義と聯合企業の台頭

国共内戦後の中国は、20世紀初期の満州のように、工業が全面的に立ち後れたという状況であった。後進国であった満州と戦後の中国は急速に工業化するため、共通の難問に直面しなければならなかった。例えば、中国の経済学者は1950年代の初期に、中国工業の基盤が極めて脆弱であったと指摘していた。中国の工業が全面的に発達していなかったゆえ、当時の経済学者は「万能機械」且つ「万能工場」という解決策を主張した（王梦奎・董玉昇・邢俊芳1979、p.45）。万能機械という設備は1940年代の日本にも存在した。日本経済聯盟会調査課によると、万能機械とはどんな注文にも対応する設備である（日本経済聯盟会調査課1943、p.82）という。しかし、万能機械には何でもやれる代わりに、或る品物に対しては早くやれない、正確にやれない、熟練を要するという三つの欠点があった。大量生産を行ってもなかなか能率が上がらないという欠点があった（日本経済聯盟会調査課1943、p.82）。

万能工場のような企業の組織構造は、当時中国の工業化過程における難問を一時的に解決できたという考えには一理ある。なぜなら、万能工場は総合工場のように、各種の工業部門が一つの企業内部に結合されることによって、工業部門間の連係を強化し、工業を全面的に発展させられた。言い換えれば、万能工場は総合工場の前身としてとらえられるからだ。しかし、この両者の間には重大な違いがあった。なぜなら満鉄が経営した総合工場は、専門化した専門メーカーを統合した一方、万能工場は専門化していない工業部門を統合したのであった。従って、後者の生産能率は非常に低く、大量生産に適していなかった。

万能工場の欠陥が次第に浮き彫りになってきたため、中国の経済学者は生産を専門化する必要性を深刻に認識した（沢生・鴻儀・智偉・恩楨1965、p.54）。満鉄の経営者も専門化が大変重要であるということを説明していた。満鉄のシンクタンクであった満鉄調査部は、当時急速に発達したソ連の工業を研究し、生産の専門化と結合化の緊密なつながりに関して次の点を示していた。

生産の専門化は、労働の社会的分化過程を深める。生産過程が分化すればする程、労働の社会的分化の過程は深化するのである。しかしこのことは其れと同時に、全生産過程がその構成部分に依存する度合を強める。即ち社会的生産の連係を拡大するのである。個々の生産階段の協同化（中略）は、社会的に必要欠くべからざるものとなる。労働の分化、従って生産の専門化が進化すればする程、個々の生産部門間における連係確立の必要は大きくなるのである（南満洲鉄道株式会社調査部1941－1943、p.425）。

言い換えれば、生産の専門化は昭和製鋼所のような総合工場の基であった。総合工場は満州の工業化に欠かせないものであり、総合工場は製品の標準化かつ経営合理化を促進し、生産能率を非常に高めた。総合工場によって、大量且つ多種多様な工業製品が短時間で製造され、満州は急速に工業化していった。

1950年代初期以降、「聯合企業」という企業構造が中国で台頭してきた。

多くの経済学者は聯合企業を産業全体にわたって設立すべきだと提唱していた。当時の産業政策を立てた国家計画委員会の范慕韓は、聯合企業と万能工場の違いを詳しく説明していた。范慕韓は「言うまでもなく、聯合企業は何でもやれる万能工場と個々の生産部門における多くの生産の連係を無視する多角経営とは根本的に異なっている。なぜなら、聯合企業は生産の専門化に基づいて統合されている生産単位として設立されたのである。さらに、個々の生産単位の間に多くの生産のつながりがあるので（中略）聯合企業は最も合理的なかつ効率的な企業構造である」（范慕韓1963、p.5）と述べている。すなわち、このような企業構造は「聯合企業」と呼ばれたものの、本質的には満鉄が経営した総合工場のような製造会社であった。

さらに范慕韓は、4つの聯合企業の形を論じていた。第1に、原料加工の順番により結合される製造会社、第2に複雑な機械を生産するため、各種部品を製造する専門メーカーが結合される製造会社、第3に同じ製品を生産する専門メーカーが結合される製造会社、第4に廃物利用を目指し、原材料かつ資源の総合的利用ために結合される製造会社（范慕韓1963、p.4）である。特に第1種の聯合企業は昭和製鋼所と多くの共通性を持っており、第4種の聯合企業は撫順炭鉱と多くの共通性を持っていた。

### 2-3 総合工場の設立を試みたトラスト運動の中断

1960年代以降、国家主席である劉少奇は聯合企業の設立を推進する中で、全国的に「トラスト（托拉斯）」を創立すべきだという意見を述べていた（呂偉俊・昝中党1990、p.56）。劉少奇が主張したトラストは、一般に知られている市場独占的役割ばかりを目指す製造会社というよりは、むしろ全国的な「聯合企業」であった（戴伯勲1990、p.47）。このようなトラストは「生産合理化体たるトラスト」と驚くほど多くの共通点があった（小島1936、p.45）。小島精一によると「このようなトラストは、原料の合同購入から製品の定型化、単純化、合理化をも行い、当時に各組合員の作業分担を専門的に特化するのである（中略）其の作用から見れば寧ろ縦断的トラストの部類にさえ属すべきである（中略）又逆にこの作用が単に生産行程の専門化ないしは分化だけに止まっていて市場の独占的規律に触れないならばそれは寧ろ生産共同体とでも称せられるべきもの」（小島1936、p.45）であるという。

1960年代の中国で出現したトラストは、生産の専門化と合理化を遂行するため設立された生産共同体であった。このようなトラストは、多数の小規模な同族企業を統合することにより、生産能率が非常に高められた。戴伯勲によると、1963年から1964年まで、9社の大手国営トラストが設立された（戴伯勲1990、p.47）という。例えば、1964年に設立された中国煙草工業公司は、たばこ業界の小規模企業を統合し、これによって生産量が29％上昇したと同時に、平均生産コストを21％引き下げた（経済管理編集部1980、p.47）。

しかし劉少奇が提唱したトラストは、ある程度の成功を成し遂げたものの、1966年以降「文化大革命」という社会運動が起こり、劉少奇は資本主義の復活を目指す「走資派」として打倒された（呂偉俊・昝中党1990、p.59）。トラストも資本主義に関するものとして激しく批判され、少し前に設立されたトラストの大部分が全廃された（呂偉俊・昝中党1990、p.59）。文化大革命の10年間は、聯合企業とトラストに関する検討が停滞していた（戴伯勲1990、p.50）。このため工業化が止まっており、経済の近代化は大きく遅れた。

だが、トラスト運動は中断したものの、1980年代に台頭した集団公司（企業集団）の基になった。トラストの創立により、中国企業の生産の専門化と合理化が高められた。中国の経営者はトラストのような生産共同体を管理した経験があったために、さらに大規模な統合された産業企業も管理できたのである。

### 2-4　大規模企業集団（集団公司）の台頭と飛躍

1970年代、文化大革命の終焉と共に「改革開放」が始まる。鄧小平が率いる中国政府は経済復興を最優先し、様々な経済改革に着手し、聯合企業も巻き返してきた。さらに、戴伯勲は「1980年代から90年代にかけて、中国で多数の大規模企業集団（集団公司）が設立された」（戴伯勲1990、p.50）と述べている。この「集団公司」という概念は満鉄の総合工場から生まれた仕組みであったが、総合工場よりも複雑な企業の組織構造であった。1980年代に出現した集団公司は、各種の専門化した工場と付帯事業を統合し、多種かつ大量の製品を製造しただけではなく、さらに多数の小規模な同族企業を統合し、原料生産、加工、製造、研究施設、また学校を備えた大規模な統合された産業企業へ発達してきた（周开達1991、pp.112～114）。

集団公司で代表的な鞍山鋼鉄公司は、昭和製鋼所の組織構造を引き継ぎ、さらに大規模な企業集団になった。例えば、国務院東北経済計画委員会によると、鞍山鋼鉄公司は昭和製鋼所の組織構造を継承し、さらに7社の研究所、中学校から大学までの学校かつ企業立病院も設立した（国務院東北経済計画委員会1987、p.108）という。

鞍山鋼鉄公司のような集団公司は、鉄鋼業と化学工業などの産業を超え、様々な産業で活躍し、中国の経営者は満鉄から継承した企業の組織構造を産業全体へ押し広げた。例えば、多数の集団公司が自動車産業で設立され、一番代表的な自動車メーカーは長春にある「第一汽車製造」であった（国務院東北経済計画委員会1987、p.289)。

第一汽車製造は1952年に自動車メーカーとして創設されたものの、1986年以降「第一汽車集団公司」という企業集団へ発展してきた。人民日報は、「同社が80社を超える自動車産業の専門企業と緊密な関係を保っており、複数産業部門にわたって多角化した企業になった。具体的に言えば、同社は完成車工場、整備工場、部品工場、組立工場、また修理工場が統合された大規模多角企業であった」（人民日報1986年5月10日）と記述している。さらに、長春エンジン工場、鞍山自動車部品工場、ハルビン自動車用歯車専門メーカー、本渓クランクシャフト専門メーカーなど様々な専門化した会社との統合を行った（国務院東北経済計画委員会、pp.289-304)。結果として、生産を拡大した上に、積載量が1トンから80トンまであるあらゆる新しい自動車の生産に移転し得た（人民日報1986年5月10日)。さらに自動車の製造だけではなく、自動車に関する研究開発、検査作業、社員研修、顧客サービス、および経営管理を取り扱う部門も含まれていた（長春市地方史志編纂委員会1989、p.130)。

1980年代の中国では、鞍山鋼鉄公司と第一汽車集団公司のような企業集団は重工業と軽工業を超え、またホテル業界、外食産業、旅行業界、不動産業界へ進出することで、さらに洗練されてきた（周开達1991、pp.115～117)。集団公司に基づいた大規模な近代企業は、産業全体にわたって飛躍的に発達した。

すなわち満鉄から受け継がれた企業は、近代中国の中に生き続けており、さらに大規模な近代企業になってきた。現代の鞍山鋼鉄公司は、中国の工業化における重要な企業のひとつである。さらに満鉄から生まれた企業の組織構造は、中国の経済発展に極めて重要な役割を果たしてきた。満鉄から継承された企業の組織構造は、大規模で統合された産業企業の基であり、大量生産と大量流通に不可欠な要素と言える。このような近代産業企業は中国工業の生産力を飛躍的に高め、「改革開放」以降に発達してきた市場経済には欠かせないものだろう。ゆえに聯合企業の復興と集団公司の台頭は、こうして1970年代以降に中国経済が高度に発展し得た決定的な要因の一つであると思われる。

# 三、今日における満鉄の意義

## 3-1 工業化と経済の近代化

満鉄から生まれた企業の組織構造は、近代の中国企業の中にも生き続けていることを述べてきた。満鉄が経営した総合工場は、中国の工業化過程に対して大きな影響を与えた。しかし、この点に関しての研究は少ない。

また満鉄から生まれた企業の組織構造は、近代アメリカの大規模な統合された製造企業との共通性がある。アルフレッド・D・チャンドラーによると、「近代産業企業―今日の巨大株式会社の原型―は、単一企業内における、大量生産過程と大量流通過程を統合することによって生まれた（中略）単一企業は、ある系列の製品の製造と販売に包含される、多数の取引と過程を遂行した（中略）これらの活動の内部化と企業内部の部門間取引は、取引と情報のための費用を減少させた。しかし更に重要なことは、これによって企業は、需要と供給の間をより密接に調整し、労働力と資本設備をより集約的に利用することができるようになり、その結果として、単位原価を低減することができたことであった」という（チャンドラー 1979、p.499）。

このようにアメリカの近代産業企業は、満鉄が経営した総合工場のように、各種の工業部門間の取引を統合することによって、生産能率が高められたのであった。この共通点に対して、ヨシヒサ・マツサカも示唆している（Matsusaka 2003、pp.394）。すなわち、本稿で述べた総合工場また聯合企業は、先進国、後進国また帝国主義、社会主義、資本主義にかかわらず、工業化と経済の近代化にとって欠かせないものであったと言えるだろう。

## 3-2 共通の歴史問題

満鉄は現代の中日関係において、微妙な問題となっている。満州が「東洋においても屈指の近代産業を擁する地となっていた」（山室2013、loc.4105）としても、植民地支配に苦しんでいた人々のことを看過してはならないと思われる。いわゆる「歴史問題」は、中日関係の改善における大きな障害の一つである。2012年の両国世論調査結果によると、8割の人が日中関係の重要性を認めているものの、両国国民の相手方に対する信頼感は残念ながら低調に推移している（日中経済協会2012、p.2）。元駐中国大使である谷野作太郎は、「いずれにしても、両国が『歴史』の問題を乗り越えるにはまだまだ時間がかかりましょう。日本は若者達のこの面での教育をしっかりやるかたわら、中国の方々には、今日の平和に徹した日本人の生き様を理解していただく努力を私たちは今後とも辛抱強く続けていきたいと思っています」と述べている（谷野2000)。

しかし、満鉄はいわゆる「歴史の問題」の一部であるとしても、中国と日本の経営史にとっては価値がある存在なのではなかろうか。満鉄が経営した総合工場は中国の近代企業の源流であり、工業の近代化にとって基本的な役割を果たした。このような観点から見れば、満鉄は近代中国工業化の一種の先駆者と考えられるのではないだろうか。さらに満鉄と近代中国のつながりは、歴史的な意味を持っていただけではなく、これからの中日関係にも深い意味を持っている。

これからの中日関係の改善と進化のために、中日両国の若者達の相互理解、共通の歴史認識は欠かせないものだろう。たとえば、戦争の残酷さと植民地の人々の苦しみを看過せず共有する、更に、満鉄は近代中国工業化の一種の先駆者であることを認める、等である。歴史の一面のみを見るのではなく、また被害者と加害者という単純化しすぎた見方を捨てるべきだと思われる。このような歴史認識が進めば、中日両国の若者達が歴史認識を通じ、お互いの信頼関係を構築するということに期待が持てるのではないだろうか。

共通の歴史認識を持つため、次の2つのポイントが重要になると思われる。第1は、中日両国の歴史教科書の視点が変わることである。第2は、中日両国の若者達の相互理解を目的とした交流機会を作り出すことである。

今日の中日両国の歴史教科書の中に、互いの国に対する固定観念があることが、共通の歴史認識の障害となる一つの要因である。共通の歴史認識を実現可能にするため、中日両国の歴史教科書の視点を変えなくてはならないだろう。とりわけコロナ後の世界においては、広がりつつある過激な国粋主義を捨て、前向きな歴史観を取り入れることが欠かせないものと思われる。

筆者は中国で育ち、アメリカの大学で東亜史の分野の学士号を取得した。ゆえに、自国のナショナリズムにとらわれず、中立の歴史観をとる必要性を切実に感じている。言い換えれば、日本人と中国人、敗戦国と勝戦国、加害者と被害者という立場にかかわらず、人間として第二次世界大戦の歴史を直視することを考える必要がある。

具体的にいえば、一方では中国の歴史教科書は、戦争中の日本の国民も第二次世界大戦の被害者であることを認識し、また満鉄が近代中国の工業化と経済の近代化に貴重な貢献をしたことも認めることである。もう一方では、日本の歴史教科書は日本帝国主義とそれに関わる慰安婦問題、南京事件、満州第731部隊等々の出来事を認め、帝国主義を批判することである。両国の歴史教科書が変われば、未来の若者達が共通の歴史認識を持つ可能性が高められるのではないだろうか。

また教科書の視点が変わる以上に、中日両国の若者達が歴史に関する意見を交流する機会も大切である。SNSが普及している今の時代では、若者達はいつでもSNSで交流できる。しかしSNSコミュニケーションでは、誤解とあつれきが生じる可能性は高いので、共通の歴史認識を築き上げる場所ではないと思われる。SNSよりもむしろ授業で、中日両国の若者達（とりわけ高校生と大学生）が歴史についてディスカッションする可能性はどうなのだろうか。コロナ後の時代にリモートラーニング（遠隔学習）が普及しつつあり、両国の若者達がテクノロジーにより一緒に歴史の授業を受けることも実現可能になる。

若者達は中立の歴史観を持っている教科書の導きによって、また授業のディスカッションで意見を自由に交流することを通じて、両国の歴史に関する相互理解を深めるようになるのではないだろうか。こうすれば、お互いに対立する固定観念を打ち破り、歴史に関する誤解も解けるようになるだろう。谷野作太郎が「交流の無いところに相互理解はなく、相互理解無くしてお互いの間の信頼関係の構築は期待できません」（谷野2000）と述べているように、歴史に関する交流は共通の歴史認識の構築に欠かせないものなのである。

### 3-3　経営管理の交流

満鉄と近代中国のつながりは、在中日系企業と中国企業の間の経営管理の交流にも重要な意味を持っている。2007年以降、中国は日本にとって最大の貿易パートナーであり、日本と中国の相互依存関係の深化が進みつつある（日中経済協会2012、p.2）。2020年6月までには、中国でビジネスを展開する日本企業は総計で3万社超にも達した（@DIMEアットダイム2020）。

満鉄が経営した総合工場は、今日の中国の産業企業の原型であり、最も早い在中日系企業と言えるだろう。従って今でも、現在の日本企業や在中日系企業は、中国企業に何かしらの示唆を与えられる可能性を含んでいる。本稿で取り上げた大規模で統合された産業企業の組織構造は、第二次世界大戦後、日本で急速に普及してきた（チャンドラー1979、p.854）。

裘春暉は「現在の日本企業は中国企業より生産効率が高い上に、品質の高い商品を提供できる。日本企業の垂直分業は進んでいるため、必要な部品の提供をするサプライヤーとして統括し、品質管理、コスト管理の徹底によって、高い国際競争力を生み出してきた。しかし、中国企業間の分業は完全には発達していないので、多くの非効率的経営行為をとっている」として、中国企業と日系企業との取引関係を進化させる必要性を明らかにし、「今後の中国企業の企業間の関係づくりには、日系企業の役割が大いに期待できる」と述べている（裘2001)。3万社以上の在中日系企業は中国企業と経営管理の提携を強め、中日両政府はこれから在中日系企業と中国企業との間で、経営管理面の交流を促進させるべきと思われる。

### 3-4 中日関係と第三国

今後の中日関係において注目すべきことは、第三国における協力である。本稿で述べた企業の組織構造は、第三国におけるインフラ整備と産業協力にも極めて貴重なものとなろう。満鉄と近代中国は、後進国の工業化における共通の問題に直面し、総合工場と企業集団という突破口を生み出した。現在の新興国も統合された産業企業の組織構造を応用すれば、工業化のレベルを高められるのではないだろうか。中日両政府が第三国におけるインフラ整備と産業協力において、資金、人材、技術の提供だけではなく、経営管理のノウハウも提供するという可能性を探ってみては如何であろうか。

中国では、2013年から「一帯一路」構想を展開している。東南アジアからアフリカまで、中国企業が大規模インフラを建設し、中国の技術が浸透しつつある。大西康雄は、国際社会から「一帯一路」に関する様々な懸念があり、特に中国企業以外の参入が難しいなど公平性に欠けると指摘している（大西2019)。このような批判を踏まえてか、習近平国家主席は「一帯一路」構想が、「中国クラブ」ではないことを強調している（大西2019)。

2018年以降、中日両国は第三国での経済協力を推進しつつある。2018年5月の李克強総理訪日時の首脳会談では、第三国での日中民間経済協力についての合意がなされ、これに基づき同年10月の安倍総理訪中時に開催された『第1回日中第三国市場協力フォーラム』では、52本の協力覚書（MOU）の締結という進展が見られた（日中経済協会2019、p.9)。この52本の協力覚書の中には、新エネルギー自動車関連での充電規格や水素ステーション建設での協力、東南アジアにおける液化天然ガスプラント建設協力などの有望なプロジェクトが含まれている（大西2019)。

すなわち、これからの中日間の第三国に対する協力は大いに期待できる。日本政府や日本の民間企業が、第三国のインフラ整備や産業協力を行うことは重要な意味を持っている。なぜなら、中日両国は経済大国として、新興国に対する義務と責任がある。さらに中日両国とも、後進国の工業化における共通の問題に直面し、多くの類似点がある企業の組織構造を発達させた。従って、様々な新興国の経済発展と工業化に対し、中日両政府や企業は企業経営や企業管理などの側面で理解し合い、協力し合えるのではなかろうか。中日両国の役割は大いに期待できると思われる。

中日両国が第三国での経済協力を推進するには、管理職の人材と第三国の交流が欠かせない。とりわけビジネス・スクールの卒業生が、第三国での経済協力に貢献していくことが重要になると思われる。すなわち、中日両国が共同で第三国でのインフラ整備や産業協力のための企業管理者を養成できる。

例えば、両国の大企業が一流のビジネス・スクールの新卒を採用し、第三国での経済協力に関するプロジェクトに派遣するジョブローテーションを行うという可能性はどうだろうか。具体的にいえば、このようなジョブローテーション制度により、採用された中国のMBA（経営学修士）取得者は、自国の大企業に勤められる可能性が高い上に、日本の大企業での勤務経験も得られる。同様に、採用された日本のMBA取得者も両国の大企業で勤務経験を得られる。こうしてビジネス・スクールの卒業生は、中日両国企業の組織構造への理解を深め、中日第三国市場協力に関するプロジェクトに派遣された場合は、新興国の企業に貴重な経営管理のノウハウを提供できるのではないだろうか。

また経営管理のノウハウを提供するため、中日両国の企業管理の人材を養成する一方、第三国での企業管理の人材育成も欠かせないものだろう。現在新興国で専門的な大学院レベルのビジネス教育は十分に発達していないので、中日両国のビジネス・スクールの役割は大いに期待できる。

例えば両国の経営大学院が、新興国の入学希望者向けの全額給付の奨学金を設けるという可能性はどうなのだろうか。またビジネス・スクールを卒業した奨学金の受領者は、中日民間経済協力に関するプロジェクトに企業の管理者として参加できるのではないだろうか。すなわち、第三国での経済協力をさらに推進するため、日中両国また第三国の企業管理の人材の養成は、これから極めて重要な課題になる。とりわけ両国はビジネス・スクールの交流と協力を強化すべきだと思われる。

## おわりに

本稿では南満州鉄道株式会社が中国に与えた影響に注目し、中日両国が歴史問題を乗り越えること、在中日系企業と中国企業との管理経営の提携を強化すること、第三国に対して中日両国が協力を行っていくことなどを述べた。2020年はコロナウィルスの感染拡大により、世界経済成長の勢いが鈍化しつつあり、一部の国は保護主義的な政策を取っている。中日両国は世界経済の再生と進化に貢献していくべきである。本稿で述べた南満州鉄道株式会社と中国のつながりが、今後の中日関係の連携強化に少しでも貢献できれば幸いである。

**参考文献**

**日本語の文献**

チャンドラー Jr. A. D.（鳥羽欽一郎訳、小林袈裟治訳）『経営者の時代　アメリカ産業における近代企業の成立』東洋経済新報社、1979年
関東州経済会編『関東州経済年報 昭和19年版』関東州経済会、1945年
加藤聖文『満鉄全史 「国策会社」の全貌』講談社学術文庫（Kindle本）、2019年
小林英夫『満鉄から生んだ日本型経済システム』株式会社教育評論社、2012年
小林英夫『満鉄調査部』株式会社講談社、2015年
小島精一『自由と統制』千倉書房、1936年
馬郡健次郎『満蒙開発への躍進』人格社、1930年
満鉄調査部編『満洲経済年報 1934年版』改造社、1934年
満鉄調査部編『産業調査資料 第33編』満鉄調査部、1936 ～ 1939年
南満洲鉄道株式会社調査部編『ソ聯研究資料 第60号 ソ聯邦製鐵業經濟學』南満洲鉄道調査部、1941 ～ 1943年
峰毅「中華人民共和国に継承されて満州化学工業」東京大学大学院経済学研究科博士論文、2007年
日中経済協会「世界に貢献する新たな日中関係の構築 ―日中韓FTAの早期成立と戦略的互恵関係の深化― 21世紀日中関係展望委員会（第8回）提言書」、2012年　https://www.jc-web.or.jp/publics/index/489/（2020年9月23日閲覧）
日中経済協会「グローバル・ガバナンスの革新－日中協力の新たな地平を拓く―21世紀日中関係展望委員会（第16回）提言書」、2019年　https://www.jc-web.or.jp/files/lib/4/605/201909191408425824.pdf（2020年9月23日閲覧）
日本経済聯盟会調査課編『多量生産方式実現の具体策』山海堂、1943年
大西康雄「『一帯一路』構想の展開と日本の対応」日本貿易振興機構アジア経済研究所、2019年　https://www.ide.go.jp/Japanese/Publish/Download/PolicyBrief/Ajiken/123.html（2020年9月23日閲覧）
谷野作太郎（2000）「21世紀における世界の中の日中関係」谷野作太郎在中国大使講演（於：外交学院）、2000年6月7日　https://www.mofa.go.jp/mofaj/press/enzetsu/12/sei_0607.html（2020年9月23日閲覧）
山室　信一『キメラ 満洲国の肖像 増補版』中央公論新社（Kindle本）、2013年
@DIMEアットダイム「中国でビジネスを展開する日本企業は3万社超、多くが中国沿岸部に集中」、2020年　https://dime.jp/genre/930177/（2020年9月23日閲覧）

**中国語の文献**

長春市地方史志編纂委員会・《長春年鑑》編纂委員会編『長春年鑑』吉林人民出版社、1989年
戴伯勲編『経済聯合企業集団企業兼併』遼寧大学出版社、1990年
範慕韓「論工業生産協作化」『経済研究』（11）、1963年、pp.1 ～ 6
国務院東北経済計劃委員会編『中国東北経済　第三巻』国務院東北経済計劃委員会、1987年
経済管理編輯部編『経済管理雑志増刊1：工業経済基本知識』経済管理雑志社、1980年

呂偉俊・昝中党「試弁(辦)託拉斯始末」『山東大学学報（哲学社会科学版)』(4)、1990年、pp.55 ～59

人民日報「全国一百二十家企業与一汽組成聯営公司 解放汽車工業集団廠廠盈利 已生産出従一噸到八十噸的各種型号汽車一百二十種」、1986年5月10日

王夢奎・董玉昇・邢俊芳「論工業生産専業化協作」『経済研究』(14)、1979年、pp.43～50

沢生・鴻儀・智偉・恩楨「加強専業化協作 進一歩発掘生産潜力—上海起重運輸機械廠鋳造車間併入順昌機器翻砂廠試点的調査」『学術月刊』(4)、1965年、pp.52～57

周開達『企業聯合』上海社会科学院出版社、1991年

**外国語の文献**

Eckstein, Alexander, Kang Chao and John Chang「The Economic Development of Manchuria: The Rise of a Frontier Economy」『The Journal of Economic History』(34)、1974、239～264

Gerschenkron, Alexander『Economic Backwardness in Historical Perspective』Belknap Press、1966

Johnson, Chalmers A.『MITI and the Japanese Miracle: The Growth of Industrial Policy, 1925～1975』Stanford University Press、1982

Matsusaka, Yoshihisa Tak『The Making of Japanese Manchuria, 1904-1932』Harvard University Asia Center、2003

# 南原繁の大学教育論

## ～中国における大学教育の現状に対する啓発～

北京外国語大学日本学研究センター
博士課程前期2年
王慧

## はじめに

2020年10月13日、大連理工大学の男子学生一人（大学院生）が、ウェイボー[1]に1通の遺書を残し、実験室で自殺した。大連理工大学と言えば、中国が世界一流を目指す「双一流[2]大学」の1つである。

この遺書は、ユーモアと優しさに満ちていたため、瞬く間に拡がって大きな物議を醸した。太宰治の『人間失格』を想起させる遺書の中で、彼は自分の状況を「教授から有効な指導を受けられないため、自分で文献を参考にしながら、試行錯誤を重ね、卒業課題を完成させなければならなかった」と描いた。しかも、実験器材が正常な作動をせずに故障してしまい、測定したデータの正しささすら証明できなかったという。加えて、コロナ禍の影響によって、彼の卒業が延期される可能性も高かった。これらのことが重なって、彼は自己否定に陥り、生きる意味を失い、最後に自分の命を絶ってしまった。

大きな物議を醸した理由は、彼の遺書が多くの人の共鳴を引き起こしたことにある。うつ病患者と違い、彼の文章を読めば、最初は研究と生活に熱中していながら、そのうちに1人で大きな圧力を受け止めることとなり、最後には耐えられなくなる彼の姿が明らかに見えてくる。

この事件に対し、インターネット経由で多くの学生からコメントが寄せられた。その内容は大体2つに分けられる。ある学生は、似たような経験と悩みをシェアし、「在学中に、死にたいと一度でも考えたことがない人はいないだろう」といったコメントを残した。ほかの学生からは「自分に対する要求水準を下げて」、「平凡な自分と和解しよう」などのコメントがあった。

しかし、自殺した男性であれ、コメントを残した学生であれ、彼らすべての発言は、現在の中国の大学における教育の欠点を反映したものと思う。なぜならば、学生たちにそれほど辛く感じさせる大学教育は、必ずどこかに欠点を抱えているからである。また、この欠点は制度にあるだけでなく、学生と先生の観念の上にも存在している。制度の変更は困難であり、通常は長時間を要するが、学生と先生の観念の転換はもっとたやすく、効果的ではないかと思う。

従って、本論文では中国の大学の制度面の問題はひとまず脇に置き、学生と先生の観念の転換に着眼し、中国の教育現状を改善できる観念のあり方を探し出し、分析し、解明することを試みたい。そのような問題意識を抱え、理想的な教育観念がどこにあるか探した時、日本の戦後教育改革の中心人物・南原繁の教育観念に出会った。彼が行った戦後日本の大学教育における問題点の指摘、及びそれを解決するための大学改革理念の解明と分析は、中国の大学教育の現状にもいろいろなヒントを与えることができる。数十年過ぎた今でも、大学で育成すべき「人間」のあり方には、依然として変わりはないと言えるだろう。

## 一、南原繁の大学教育改革論の構築

### 1-1　南原繁について

南原繁は儒学、キリスト教及びドイツ理想哲学の影響を受けた優秀な政治思想史家であり、戦後教育改革の重要基本問題を審議した教育刷新委員会[3]の委員長、さらには戦後初めての東京大学総長（1945年から1950年まで在任）を務めた日本教育改革の中心人物でもある。彼は戦前・戦中から日本の「民族共同体」及び新しい文化国家の建設・再建を考え始め、戦後に貴族院議員に選ばれ、新憲法制定過程で審議に参加し、教育改革を指導した。

戦後日本で行われた教育改革が、アメリカによる押しつけの産物と思う人は少なくないが、近年の占領軍関係文書の研究を通じて、日本側の自主性が明らかになっている。連合国軍にリベラルな教育者として承認された南原が、戦後教育に核心的な役割を果たしたことに間違いはない。

彼によれば、「祖国の再建と新しい文化国家の建設は、学問と教育のほかにはなく、そして大学はまさにその主導的地位にある[4]」として、「南原繁著作集」第7巻『文化と国家』の中で、大学教育の改革を詳しく展開した。その中には、南原が東京大学総長として、東京大学の教師と学生に向けて行われた講演が数多くあり、これを読むと彼の教育理念を理解できるだけでなく、戦後日本の教育改革に心血を注いだ彼の苦心にも感動させられる。

### 1-2　南原の教育改革論の基礎――共同体論

南原の著作の中には、「民族／国民共同体」、「文化共同体」という言葉が数多く現れる。また、彼の思想を総合的に分析すれば、1920年代から個人自由主義を批判し、その上で1930年代から共同体論の構想へと向かった。つまり南原の思想は、「共同体論」という核心をめぐって展開されたものと言えるだろう。

実際には、個人自由主義の批判であれ、共同体論の形成であれ、南原は一貫して個人の育成に大きな関心を持っていた。南原によれば、個人自由主義の主張は、「人間を人格的個性としてではなく、原始的『個』として[5]」のみ捉え、このような個人は真の「個性」を持たない。そして、「人間は孤立して存在するものでなく、社会のうちに他人と共同して生活するものであるから、おのおのの人格の道徳的意志と行為は、自己が他人に対する関係、あるいは社会の全体に対する関係を問題とする[6]」。つまり、自由な個人の育成は共同体なしには実現しえない。南原の共同体論は正に個人と共同体の統一の産物である。

南原の教育改革論は、上述のような共同体論を基礎として展開されたと思われる。そのため、その中には個人の育成と共同体の構築という両面の内容を含んでいる。

## 二、南原の教育改革論の内容及び中国の現状に対する啓発

### 2-1　大学の根本的機能について

#### 2-1-1 南原の理念

南原によれば、すべての知識は「己れ自身を知れ[7]」ということに帰着し、大学の根本的な任務は「単に知性の啓発のみでなく、人間『性格』の形成、深く豊かな情操をも含めて『全人』の教育[8]」である。大学によって、「ただに有能な吏員・弁護士・教育者・医師・技術者をつくり出すのみでなく、善良にして高貴な人間――自由にしてよく責任を解する人士を、新しく社会の各層に向かって送り出すことである。中にも彼らは大学卒業者として何よりも真理を愛し、正義を重んじ、これが実現のためにはいかなる犠牲をも顧みず、それによって国家社会の改造を企てる者である[9]」。この過程の中で、確かに「選良」が完成するが、この「良」は決して技術や才能の高低によって決められたものではなく、人間性の完備程度によって決定される。

「真理」、「正義」及び「人間性」は、一見したところ、古く、ぼんやりとか

すんでいて、現実から離れるような感じがあるだろう。しかし、南原がそれらを大学の中で着実に実現できるものにし、それらに向かって努力しなければならないと繰り返し強調した。先生、学生、教育制度のいずれにおいても、真理と正義を追求する「『人間』の育成」を究極的な目標にするべきである。

### 2-1-2 中国の問題

現代中国では、「教育の機能は何か」と聞くと、大多数は「立身出世」、「輝かしい前途を得る」、「運命を変える」、「家族の栄光を守る」と答えるだろう。

学生はそれらの功利目的を考えすぎると、成功の獲得のために一歩一歩を「慎重」に計画しなければならないだろう。例えば、卒業する時に良い仕事に就きたいなら、「優れた」履歴書を有しなければならない。そのため、2年生から、採点が高い先生の授業を選択し、自分でそれほど頑張らなくても高成績を取ることができるようにする。それと同時に、能力を向上できるかどうかにかかわらず、有名な大手会社でのインターンシップに力を入れ、素晴らしいインターンシップ証明書を手に入れる。

就職時の自身の競争力を向上させるためには、上述のようなことは確かによい選択である。しかし、多くの学生がますますそのようになると、大学はただ学歴を証明するものとなり、ブランドさえ得られれば、その内実はあってもなくても良いこととなる。

就職するつもりの学生だけではなく、大学院に進学する学生や、留学する学生も、すべてそうした傾向にある。課程の選択、ボランティア活動への参加、資格の取得など、すべてが以下のロジックに支配されている。大学はただの飛び板であり、4年間での自分の成長よりも、4年後の自分の成功こそが最も気にかけるべきことである。

しかし、問題はこの「成功」が本物の成功であるかどうかである。それらの世俗的「成功」をひたすらに追求するならば、世俗的「成功」という評価基準に縛られることを意味する。それが賢明であるかどうかはともかく、危険な要素が含まれるに違いない。例えば、冒頭に記した悲劇が発生する一つの理由は、彼がそのような評価基準の中に陥り、研究それ自体の意義及び自分の成長をおろそかにしたことである。もし、彼が観念を変え、無事に卒業できるかどうかといった世俗的な成功を考慮せずに、もっと真理と正義に対する追求に注力すれば、日々自分の成長に喜び、生きる意味を失わずにすんだのではないか思う。

## 2-2 「学問」について

### 2-2-1 南原の理念

南原によれば、学問の目的と研究態度には基本的に以下の3つのポイントが含まれる。

第1に、「何よりも真理のための真理の探求である。真理の世界は宇宙よりも涯しなく無限であり、しかもそれ自ら秩序と法則を具え、全体として調和と統一を持つ世界であって、われわれの個々の行動も自然の一物の現象も、それに基づかずしては生起するものではない[10]」。そのため、真理を探求する純粋な楽しみ及び意義を理解する必要がある。また、「学問的真理は、生を享受するための、あるいは単に職に就くための手段や条件ではない。学問の真の意味を理解した者は、世間的欲望や権勢目的を糞土の如く棄てて、真理を所有するがために一切をささげて悔いない[11]」。いわゆる、真理を探究する過程では、窮乏と孤独の苦しみを耐え忍ばなければならないかもしれないが、自分の信念を曲げてはいけない。真理の尊厳とその研鑽の悦びを理解しようとしない学生に対し、南原は「汝等徒らに席を塞ぐな」と直言した。

「真理の研究には思想及び学問の自由が絶対の要件である[12]」。それは国家や社会が大学の研究に介入してはいけないことだけではなく、先生と学生が「真理への勇気」を抱えなければならないことを求める。つまり自分の学説や結論が、社会制度或いは大衆が普遍的に認めた観念と異なる場合、それを「各自の良心に従って自由に論じ、論ぜしめねばならない[13]」。また、ほかの人が大衆観念と違う学説を持つ場合、大衆の力を以ってそれを誹謗したり、抑圧したりしてはいけない。特に大学の先生は、「公平と寛容の精神を失わず、他の思想学説に対しても正当な評価と考察を怠[14]」ってはいけない。

第2に、「学問の研究は普遍的教養の基礎の上に、それ自身ひとつの中心を持たねばならぬ[15]」。「教養」は南原により繰り返し強調された言葉であり、また戦後日本の大学における「一般教養科目」の誕生も南原と深く関わりがある。簡単に言うと、「教養」は世界と人間と社会についての理念である。具体的には、自然科学、哲学・文学・芸術などの人文の世界、及びこの2つの世界の中間にある政治学・法律学・社会学・経済学等の社会科学が含まれる。「教養」を身につけることは、既に知られている自然・人文・社会の知識を総合・組織化し、時代の到達した知識の水準と文化の特質を把握することを意味している。「それによってその生きる社会と世界に対する自らの精神態度を培うことができ、また将来の専門的研究に対する一般的基礎を獲得することができる[16]」。

無論、学問の業は、あれやこれやの知識を断片的に掻き集めることではなく、1つのこと、即ち「専攻」に深く徹しなければならない。しかし、すべての「専攻」は全体につながる有機的な部分であり、「大学における学問研究の方法は、一切の学問の全体的連関についての正しい認識から生れる[17]」。従って、常に自己の「専攻」が全体の中で占める位置を知り、自らの学問の中心に立ち、そこから他の学問との結合を企てることが必要である。そうすれば、「その研究には絶えず興味があり、熱意と生気を失わ[18]」ない。

また、学生だけにそれを要求するのではなく、教師にも「ひとり科学的知識においてのみでなく、一般の哲学的教養を身につけ[19]」ることを要求する。なぜならば、教師の「知性が普遍的な高次のイデーに根基し、人間と世界の全体の把握を目指してこそ、初めて学生を指導し[20]」、「教師」或いは「教育者」の名に値するからである。

第3に、「学問研究における格率は『学習せよ、そして創造せよ』ということである[21]」。大学の教育は「単なる科目の習得と訓練のみでなく、進んで自主的に自ら研究し創造するよう努力しなければなら[22]」ない。先生の講義を筆記し、記憶し、繰り返し練習し、そして最後の試験に高い点数を取ることが学習の目的ではない。講義や課業を通じて知識を蓄積し、またインスピレーションや興味を探し出し、問題の所在とその解決の方向を知り、その上で自らの思惟と判断を活用し、ヴィジョンの力を発揮し、新たな発見と構想を創造することこそ、学習の価値である。

### 2-2-2 中国の問題

大学をただの飛び板にするという心理に基づき、中国の大学生は毎日「どのようにして高い点数を取れるか」だけに苦しめられている。また長年の訓練を通じて、学生が皆、段々と試験により上手になる状況の下では、点数と実際に有する能力が一致していなくても不思議ではない。

試験だけではなく、課程の選択にも「攻略」がある。自分が何について興味があるかよりも、どの先生が出席率を求めないか、日頃の宿題をそんなに多く出さないか、高く採点するかに注目する。大部分の大学生にとっては、課程の難度が低く、高い点数をたやすく取れる課程が最高の選択である。

その結果、大部分の大学生にとって、講義と宿題だけが思考する必要のあるものであり、創造はおろか、インスピレーションと興味すら抹殺される。毎日、「未来」のために学習し、南原が言う真理の探究から得られる純粋な喜びを全然感じられない。そのようにして、彼らは自然と創造しなくなり、創造できなくなる。

学生だけではなく、先生にも問題がないわけではない。自分の研究に全力を傾け、学生に対する指導を怠る状況や、学術研究以外の方面、例えば、行政の仕事に大きな力を入れ、研究への精力が奪われ、創造的成果が出せなくなる状況などが、いずれもよく見られる。冒頭の悲劇の中にあった、学生に適切な指導をせず、実験器材の正常な作動を保証できない先生が失格であることは言うまでもないだろう。

## 三、「精神」について

### 3-1　南原の理念

大学は、科学的真理の探求と同時に、学生の「精神と魂の純化の場所であり、各人が自分を掘り下げて、自己自身を形成することを努め[23]」なければならない。ここでの「精神と魂の純化」は「個性の完成」とも言われ、具体的には、「高い徳性を具えた完全な人間となる[24]」ことを指す。

それについて、南原はまず教師の責任を強調した。「学者は須らく道徳的にもその時代の最善の人間でなければならぬ」といった先哲の言葉の実現は難しいが、せめて教師が「国家社会の理性あるいは良心として、人類一般の進歩と不断の向上のために見守り、社会における一切の出来事に対しても注視する義務[25]」を持っている。

また、良い教師の指導に基づいた学生自身の経験と反省が、最も重要視される。南原によれば、「個性の完成」は授業外での、自らの苦闘と体験によって獲得しなければならないものである。「一個の人間として、現実と戦いつつ、迷いと過ちのなかをどこまでも一筋に純化向上の道を歩みつづけるぐらい、人生にとって高貴にして勇気あるものはない[26]」。つまり悩みや迷いを恐れず、どんな困難に遭っても諦めずに勇敢に前へ進めば、個人の個性を完成できる。このような精神の純化は各人によって異なるので、誰も頼りにできない時はよくあるが、くじけずにやり遂げてみて初めて、生きる意義を探し出し、「人間」という名に値する人物となる。

### 3-2　中国の問題

2000年代に入り、中国の教育は、受験での合格を目指す「応試教育（受験教育)」から、学生のさまざまな素質や人間性を育てようとする「素質教育」へ転換した。「素質教育」は何かというと、理想、道徳、文化を兼備し、全面的に発達した社会主義事業の後継者の育成ということである。しかし、現代中国の「素質教育」において、人格の育成が重視されていないことは否定できない。

学生は、自分自身の人格の完成よりも、世俗的な成功及びほかの人に勝ることをもっと重視している。何か予想外の困難に遭ったら、悩んでたまらなくなり、それを「試練」と見なして、勇敢にチャレンジする精神を持たない。日々成功と競争を考えるだけで、「自分の本当の個性はどのようなものか」、「一体どのようにしたら本当の『人間』になれるのか」といった問題を考える時間すらないのではないかと思う。

また先生の中には、自分が優れた研究と学術の能力を持っているので、優れた人格を備えなくても大丈夫と思う人も多い。そのため、教師ともあろうものが、教え子に良心のかけらもないことをしたりする。近年、メディアの発達につれて、ますます多くの失格教師を人目に晒している。教師として、学生の権利と利益を損なわせないだけでなく、道徳的な手本となる自覚を持つ必要がある。しかし、残念ながら、現在このような自覚を持っている大学教授は少ないのではないかと思う。

## 四、「共同体」について

### 4-1　南原の理念

前述したように、南原の教育論の基底に、共同体と個人を統一する彼の共同体論がある。そのため南原によれば、学問の探究でも、個人の育成においても、大学の共同体を構築しなければならない。

南原によれば、学問の探究において、「自主的主体的とは主我的排他的ということではない[17]」。学生であろうと先生であろうと、真理の発見に互いに協力し、成果を共同にシェアすることを心がけなければならない。それはなぜかというと、「ともに真理の発見と所有に協働努力してこそ、真理は開示し発展されるものである。（中略）何人も他の人々のために労することなくしては自己自身のために働くことは出来ず、また真に自己のために労作することなしには他人のために役立つことはできない[28]」からである。従って、すべての人が種々の意見を余すことなく発表し、そして互いに討論し、批判と反省を加えることによって、真理の発見のために共同で努力しなければならない。

個人の育成についても同じであり、人々は「互に自由な理性的存在者として、自らに対する他人の作用があり、また自らが他に反作用することによって、初めて自他完成を図ることができる[29]」。また、「おのおの個性を保持しつつ、互に相触れ相磨きつつ、師友相携えて、真実と敬愛によって結ばれる人格の共同体こそが大学生活の核心[30]」である。つまり、多様な個性の間に生ずる互いの愛と協力、及び全体の調和と合一こそ、南原における理想的な大学像である。また、このような共同体になって初めて、人々が真の真理を探求でき、真の個性を育成できる。

### 4-2　中国の問題

現代中国の大学における学問の交流は発達しているが、「人格の共同体」という目標にはまだほど遠いと思う。その目標と個人の人格育成とは、相互に関連している。人々が個人の人格育成すら考えていない現在、「人格の共同体」の構築も自然には実現できないだろう。そのため、ここでは詳しい分析を略したいと思う。

### 4-3　中国の現状に対する解決策――観念を変える

冒頭に述べたように、本論文は制度の改善については検討せず、教師と学生の観念の転換に着目し、論を展開してきた。具体的には、何よりもまず、大学教育の根本的な目的を「立身出世」から「『人間』の育成」へ転換しなければならない。そして、「『人間』の育成」のために、学問の探究と精神の純化を両立させる必要がある。

学問については、真理のための真理の探究、教養と専攻の結合、究極的な目的としての創造を心がけなければならない。とりわけ、教養を身につけることが大切である。南原によれば、近代における人間性の分裂と喪失は、もともと「知識の統一」を意味する大学の統一性の崩壊と関係がある。学生は自分の専門の意義を、他の学問と連関させ、できるだけ包括的な領域の中で考え、人類が共有する最善の思想や理想に関心を持つ必要がある。精神については、自らの苦闘と体験が個性の形成に不可欠なものであることを自覚する必要がある。

最後に、「『人間』の育成」と「共同体の構築」は互いに促し合う関係であるから、教師間でも、学生間でも、教師と学生の間でも、真実と敬愛によって緊密に結合し、真理と正義に向って共同して歩まなければならない。

# おわりに

南原の教育理念は、中国の儒学、西方の理想主義哲学の影響を受け、戦後日本の状況を踏まえて、じっくり考えられた上で、形成されたものである。その中には、中国儒学の伝統もはっきり見える。ドイツの政治学者マックス・ウェーバーが『儒教と道教』の中で、以下のように中国儒教の独特さをまとめた。

西洋の宗教と違い、古代中国の儒教は此岸を重視し、教化の力[31]を活用した。士が最も多くの経典を読み、一番教養を備える階級として、一般人に崇拝され、社会的地位と生活の質も保障された。即ち、古代中国では、学識と教養を持つ限り、特権を享受できた。そして、総合的に統一された価値観があることから、君子に憧れる人が多かった。

無論、現代中国では、そのような総合的に統一された価値観が崩壊している。学問と教養がある知識人は、優れた社会的地位や生活の質を自然と獲得することができなくなった。大部分の人がお金だけを追求するこの社会において、「人間」の育成はますます多くの人々から忘れられた。しかし大学こそが、「人間」の育成を根本的な機能とするところではないかと思う。

「われわれの掲げる理想が直ちに実現せられず、現実の世界に今これに対応する方法が存しないからといって、単なる空想としてしりぞけられてはならない[32]」。確かに世俗的な評価基準はすぐには変更されず、大学の制度もたやすく改善はされないが、われわれは観念を転換できる。そして、我々の努力は自分一人のためだけではなく、いつの間にか全社会の改革を進める力になることを心から信じている。

南原の教育観念は、伝統儒学の現代社会における受容とも言えるだろう。同じ儒学の背景を持っていることから、世界中で南原の教育理念を最も受け入れやすいのは中国人であると思う。それ故に、日本と中国は優れた人間育成の理念を共有して、互いに文化に対する理解を深め、より良い協力関係を築くことができるだろう。

**参考文献**

南原繁『南原繁著作集 第二巻』岩波書店、1973年
南原繁『南原繁著作集 第三巻』岩波書店、1973年
南原繁『南原繁著作集 第七巻』岩波書店、1973年
南原繁『南原繁著作集 第九巻』岩波書店、1973年
加藤節『南原繁近代日本と知識人』岩波書店、1997年
小熊英二『〈民主〉と〈愛国〉―― 戦後日本のナショナリズムと公共性』新曜社、2002年

マックス・ウェーバー著、森岡弘通訳『儒教と道教』筑摩書房、1970年
梅原宏司「南原繁の文化国家論―個人と共同体の関係について―」『文学・芸術・文化：近畿大学文芸学部論集』第 29 巻第 2 号、2018年
金井徹「南原繁の共同体論――教育改革論との関連性に着目して」東北大学大学院教育学研究科研究年報 56（1)、2007年
西田彰一「宗教ナショナリズムと南原繁」『立命館大学人文科学研究所紀要』97号、2012年
小幡啓靖「教育基本法第九条の再解釈にむけて（1)：南原繁における宗教と倫理の間」東京大学大学院教育学研究科教育行政学研究室紀要（18)、1999年
小出達夫「公共性と教育（5)：教育基本法と南原繁（2)」公教育システム研究（15)、2016年
金井徹「戦後改革期における民族共同体構想の検討：教育理念をめぐる議論に着目して」東北大学大学院教育学研究科研究年報60（2)、2012年
田崎嗣人「南原繁における『戦後』―『敗戦』と『贖罪』」『政治思想研究』第6号、2006年、pp.221 ～ 250
金杭「南原繁と『万人の敵』：戦後民主主義の臨界点」『A Pirate's View of World History：
A Reversed Perception of the Order of Things From a Global Perspective』、2017年、pp.95 ～ 105
栩木憲一郎「南原繁のフィヒテ受容」『千葉大学人文社会科学研究科研究プロジェクト報告書』、2013年
崔先鎬「白樂濬と南原繁における教育理念と政治思想の展開　二人の「伝統」と「西欧」思想に対する認識を中心として」法学志林 104（3)、2007年
苅部直「「遊び」とデモクラシー：南原繁と丸山眞男の大学教育論（特集 政治と教育)」年報政治学 = The annuals of Japanese Political Science Association 2016（1)、2016年
呉秀文「南原繁の思考に関する一考察：宗教と国家観を中心に」日本語文學 = Journal of the Society of Japanese Language and Literature, Japanology 69、2015年
森川多聞「南原繁の「個人」：フィヒテ的「宗教」理解をめぐって」日本思想史研究（45)、2013年
盧麗「南原繁研究［D]」東北師範大学、2011年

1　中国で最大規模のSNSサービス。
2　双一流とは、高等教育強国を築き上げることを目標に、中国政府が掲げた「世界の一流大学・一流学科」というスローガン。2017年9月に、教育部は世界一流を目指す大学として42校、世界一流を目指す学科として465学科をそれぞれ選んだ。
3　学校制度全般および大学に関わる制度について審議を行い、35回におよぶ建議を提出した。
4　南原繁「祖国を興すもの」『南原繁著作集 第七巻』岩波書店、1973年、p.40
5　南原繁「自由主義の批判的考察」『南原繁著作集 第三巻』岩波書店、1973年、p.16
6　南原繁「フィヒテの政治哲学」『南原繁著作集 第二巻』岩波書店、1973年、p.141
7　南原繁「真理の闘い」『南原繁著作集 第七巻』岩波書店、1973年年、p.183
8　南原繁「祖国を興すもの」『南原繁著作集 第七巻』岩波書店、1973年、p.46
9　同上
10　南原繁「真理の闘い」『南原繁著作集 第七巻』岩波書店、1973年、p.177
11　南原繁「真理の闘い」『南原繁著作集 第七巻』岩波書店、1973年、p.178
12　南原繁「祖国を興すもの」『南原繁著作集 第七巻』岩波書店、1973年、p.71
13　南原繁「祖国を興すもの」『南原繁著作集 第七巻』岩波書店、1973年、p.72
14　南原繁「人間革命」『南原繁著作集 第七巻』岩波書店、1973年、p.121
15　南原繁「真理の闘い」『南原繁著作集 第七巻』岩波書店、1973年、p.179
16　南原繁「真理の闘い」『南原繁著作集 第七巻』岩波書店、1973年、p.218
17　南原繁「真理の闘い」『南原繁著作集 第七巻』岩波書店、1973年、p.180
18　南原繁「真理の闘い」『南原繁著作集 第七巻』岩波書店、1973年、p.181

19 南原繁「祖国を興すもの」『南原繁著作集 第七巻』岩波書店、1973年、p.47
20 同上
21 南原繁「真理の闘い」『南原繁著作集 第七巻』岩波書店、1973年、p.181
22 南原繁「人間革命」『南原繁著作集 第七巻』岩波書店、1973年、p.110
23 南原繁「人間革命」『南原繁著作集 第七巻』岩波書店、1973年、p.112
24 南原繁「祖国を興すもの」『南原繁著作集 第七巻』岩波書店、1973年、p.67
25 南原繁「祖国を興すもの」『南原繁著作集 第七巻』岩波書店、1973年、p.48
26 南原繁「人間革命」『南原繁著作集 第七巻』岩波書店、1973年、p.113
27 南原繁「祖国を興すもの」『南原繁著作集 第七巻』岩波書店、1973年、p.64
28 同上
29 南原繁「祖国を興すもの」『南原繁著作集 第七巻』岩波書店、1973年、p.67
30 南原繁「人間革命」『南原繁著作集 第七巻』岩波書店、1973年、p.113
31 教化の力とは「古典を読む、礼法に従うような人文教育」を意味している。マックス・ウェーバーによれば、西洋は「宗教」を重視し、世俗の世界を否定し、神の国に入る傾向があるのに対して、中国は「教化」を重視し、来世を否定し、現世（此岸）で「君子になる」ことを目指す。
32 南原繁「祖国を興すもの」『南原繁著作集 第七巻』岩波書店、1973 年、p.51

# 日本の歴史的観光地に対する中国人観光客の評価に関する考察

～浅草寺を例に～

北京外国語大学日本学研究センター
文化コース博士課程前期2年
**張語鑠**

## はじめに

中日交流史において、旅行は直接交流として重要な役割を果たしてきた。近年になると、訪日中国人観光者数は急増していて、2008年に100万人を突破し、2019年になると、900万人を超え、960万人近くに達した（図1参照）。コロナ禍の影響で、2020年は激減したが、パンデミック終息後、観光業はすぐ復活できると確信している。

図1　訪日中国人観光者数（2017年～2020年9月）単位：人

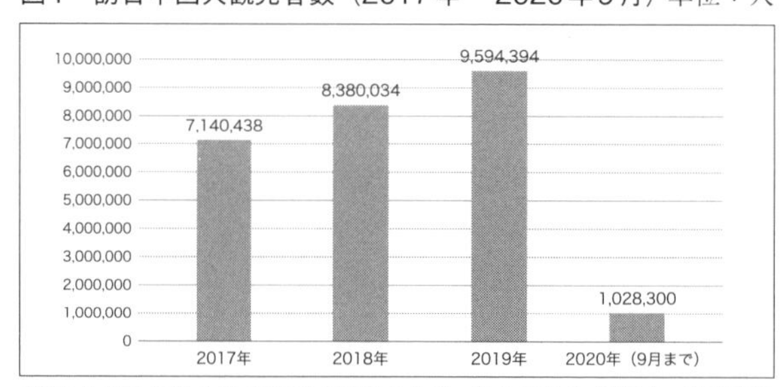


出所：日本政府観光局（JNTO）「国籍／月別　訪日外客数（2003年～2020年）」
https://you.ctrip.com/sight/tokyo294/13243.html

観光地は、ディズニーランドやユニバーサル・スタジオ・ジャパンのような現代的な観光地と、浅草寺や伊勢神宮のような歴史的観光地に分けられる。中日相互理解の促進には、現代的な観光地も重要であるが、日本の歴史と伝統文化を伝える歴史的観光地も、重要な役割を演じている。というのは普段、中国で見られないものを見たり、経験できないことを経験したりすることを通じ、日本のイメージを形成しやすいからだ。

では歴史的観光地で、中国人観光客はどのような要素に関心を持つのだろうか。そして、その旅行を通じ、日本への理解をどれほど深めたのであろうか。旅行の満喫を妨げることや改善できるところはあるのだろうか。以上の問題意識を踏まえ、人気の高い歴史観光地、浅草寺を対象として、中国人観光客の評価を収集し、単語の出現回数と意味論ネットワークと感情分析を通じ、現状を明らかにする。そして、観光事業の発展と中日相互理解の推進のために提言する。

## 一、調査過程と情報処理

### 1-1　調査対象

本調査は浅草寺を対象とし、シートリップ（Ctrip[1]）における浅草寺に対する評価を収集する。

シートリップは、中国発のOTA（Online Travel Agency）で、オンライン旅行サイトとして中国のトップであり、世界第3位の規模となっている[2]。このサイトには、観光客たちによって書かれた評価とレビューがある。歴史的観光地として浅草寺を選んだのは、シートリップにおいて、浅草寺が人気最高の歴史観光地だからだ。

### 1-2　調査方法

本調査はまず、Webスクレイピングツール Octoparse[3]で、シートリップにおける浅草寺に対する評価を抽出する。そして、テキスト分析ツール ROST CM6[4]を使って、収集した評価のテキストを単語に分割し、単語の出現回数と意味論ネットワークを考察し、感情分析を行い、観光客の考え方を明らかにする。

### 1-3　情報収集

情報の有効性を考慮して、本調査は2017年1月1日以降の評価を対象とする。そして、できるだけ新しいものを入れるため、2020年10月15日までの評価を分析に入れる。抽出した結果、2017年1月1日から2020年10月15日までの評価を1341箇条収集した。そして、広告や他のサイトのものをコピーし、こちらに貼り付けるといったものを削除し、有効な評価を1148箇条入手した。

### 1-4　情報処理

入手した1148箇条の評価に対して、よく出現する同じ意味の用語を統一する。具体的には、ネット用語の「盆友圈」を「朋友圈」に、「風雷神門」を「雷門」に、「五重宝塔」を「五重塔」に、「仲見世街」を「仲見世」に、「打卡点」を「打卡地[5]」に替える。そして、処理された情報をTXTファイル[6]に書き込む。1148箇条の評価の合計は85397文字になる。

## 二、調査結果と分析

### 2-1　頻出語について

頻出語を考察することは、観光客が関心を持つことを見つける重要な分析方法だ。本研究は、出現回数の最も高い100個の頻出語を抽出する。そして、「许多（たくさん）」や「一座（一つ）」のような単独でほとんど意味のない修飾語と、「东京（東京）」や「日本（日本）」や「浅草寺（浅草寺）」のような広い範囲を意味する言葉を排除して、残った言葉を「風景」、「文化体験」、「関連消費」と「その他」の4種類に分ける。

表1　浅草寺に対する評価の頻出語

| 種類 | | 中国語（日本語） | 回数 |
|---|---|---|---|
| 風景 | 自然風景 | 樱花（桜） | 43 |
| | 人工的なもの | 雷门（雷門） | 260 |
| | | 香火（線香） | 106 |
| | | 古老（古い歴史を持つ） | 99 |
| | | 建筑（建物） | 84 |
| | | 灯笼（灯籠） | 72 |
| | | 晚上（夜） | 52 |
| | | 神社（神社） | 60 |
| | | 五重塔（五重の塔） | 32 |
| 文化体験 | 和服関連 | 和服（和服） | 152 |
| | | 拍照（写真を撮ること） | 76 |
| | おみくじ関連 | 求签（くじを求める） | 106 |
| | | 抽签（くじを引く） | 87 |
| | | 祈福（祈る） | 79 |
| | | 灵验（当たる） | 54 |
| 関連消費 | | 小吃（食べ物） | 106 |
| | | 纪念品（記念品） | 80 |
| | | 商业街（商店街） | 75 |
| | | 小店（店舗） | 54 |
| | | 仲见世（仲見世） | 53 |
| | | 吃的（食べ物） | 36 |
| その他 | 便利さ | 地铁（地下鉄） | 53 |
| | | 方便（便利） | 43 |
| | チケット | 免费（無料） | 48 |
| | | 门票（チケット） | 32 |
| | 近くの観光地 | 浅草神社（浅草神社） | 46 |
| | | 晴空塔（東京スカイツリー） | 42 |
| 全体に対する評価 | | 历史（歴史） | 76 |
| | | 有名（有名） | 72 |
| | | 值得（値打ちがある） | 68 |
| | | 漂亮（美しい） | 55 |
| | | 传统（伝統） | 51 |
| | | 人气（人気） | 42 |
| | | 人山人海（人が溢れる） | 41 |
| | | 悠久（悠久） | 37 |
| | | 人多（人が多い） | 33 |
| | | 日式（日本式） | 31 |
| | | 有意思（面白い） | 29 |
| | | 干净（清潔） | 24 |

出所：筆者作成

風景は自然風景と人工的なものに分けられる。観光客が関心を持つ自然風景は桜だということは、**表1**から分かる。そして人工的なものについて見ると、雷門と五重の塔に人気がある。浅草寺の隣にある浅草神社に言及した人も少なくない。雷門では、観光客は「雷門」という文字のある灯籠に関心を持つ。「夜」もよく言及されている。「夜に訪れました。人が少なかったね」、「夜になると、静かだ。気分がいい」、「夜になると、人が少なくなる。夜景もいいね」といった「夜」に言及した評価から、人混みを避けるために、夜に浅草寺に訪れる人が少なくないと分かる。

文化体験の面で観光客が参加したものは、主に和服体験と籤引きである。多くの人にとって、和服を着るのは、写真を撮るためだ。和服に関する評論では、「和服を着る人の多くは、写真を撮るために来ました」、「浅草の隣にある道を歩んで、和服のレンタルの店で、和服を着替え、写真を撮って！非常に美しい」のようなものが、その大部分を占めている。そこから、多くの観光客にとって和服を着るのは、文化を理解するためではなく、美しさを追求するためだということが分かる。

もう一つの文化体験はおみくじだ。「当たる」の出現回数が高いということは、観光客が浅草寺のおみくじについて簡単に納得できて、参加しやすいということを示す。それは、おみくじが中日共通の文化で、理解されやすいからだろう。

消費関連の面を見ると、出現回数が最も多い言葉は食べ物で、「吃的（食べ物）」と「小吃（食べ物）」を合わせて、142回になる。その中で、抹茶アイスクリーム、人形焼やどら焼きなどが人気商品だ。次は記念品だが、具体的な商品名は殆ど言及されていないものの、買い物をする場所として仲見世は観光地の重要な要素となっている。

他には、便利さ、チケット、近くの観光地に関する頻出語がある。地下鉄で簡単に行けることや、東京スカイツリーが見えることなどが好評を博する要因となっている。

そして、全体に対する評価の言葉には、「歴史」、「有名」、「値打ちがある」、「美しい」など、ポジティブなものが大部分を占めている。だが「人が溢れている」「人が多い」と感じた反応もある。だから上述のような、夜に訪れる観光客も出てくる。

まとめてみれば、中国人観光客は主に雷門、五重の塔、桜、和服、おみくじ、食べ物に関心を寄せ、浅草寺を評価している。ただし、最後に一点、付け加えておきたい。それは、観光客が浅草寺の文化より、買い物の方により関心を持っているということだ。と言うのは、単語の出現回数が示しているように、商店街の出現回数は神社の出現回数を上回り、仲見世の出現回数も五重の塔を上回っていて、そして具体的評価に買い物に関するものが多いからだ。

## 2-2　意味論ネットワークについて

頻出語は観光客が関心を寄せるものを示してくれるが、言葉と言葉の関係が示されない。意味論ネットワークを通じて、さらに考察する必要がある。本題に入る前に、まず、意味論ネットワークを紹介する。ある特定の単語からの連想語や、一連の会話の中における単語や動詞、目的語などのつながり（＝これが意味論のネットワークを意味する）には、関連性のゆるやかなものから関連性の全くないものまである。これらの関連性をある尺度（例：頻度）や基準（統語の中で論理的繋がり）によってグループ化し、ネットワーク上の配列できる意味の関連図が意味論ネットワークあるいは意味ネットワークである[7]。

図2　浅草寺に対する評価の意味論ネットワーク

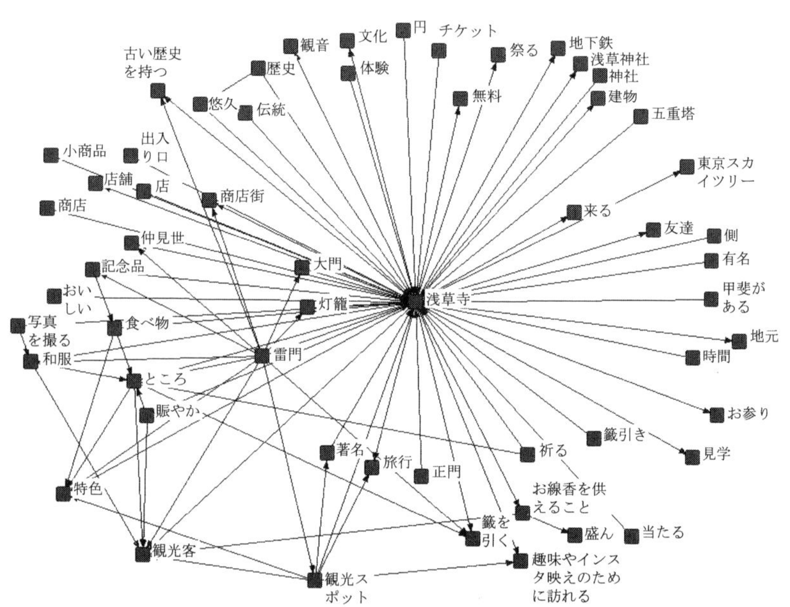


出所：筆者作成

出現回数の最も多い150個の言葉で、意味論ネットワークを作成した。線が多ければ多いほど、関係が深い。だが、その図はあまりにも複雑なので、「日本」や「東京」のような広範囲を意味する言葉と「に位置する」のような単独で情報を提供できない言葉を排除して整理し、**図2**を作成した。

**図2**で、浅草寺は一番重要な中心で、雷門はもう一つの中心だ。観光客の視点からの言葉である「特色」、「観光客」、「観光スポット」、「ところ」も、多くの言葉と関係を持つ。

まず、浅草寺と雷門について考察する。浅草寺と関わるものがたくさんある。**表1**から、歴史があり、交通が便利で、行く甲斐があると言った評価が多いことと、友だちと一緒に来た人が多いことと、和服とおみくじを体験した人も多いことが分かる。雷門については、灯籠に関心を寄せる人が多い。以上のことは、2-1に詳しく述べたので、ここでは繰り返さないことにしたい。

では、観光客の視点から考察してみよう。「特色」があると思っているものは、「食べ物」、「雷門」だ。「観光客」と関わるものは「和服」と「お線香を供えること」などだ。「ところ」と関わるものは「おみくじを引く」、「食べ物」、「雷門」、「和服」、「祈る」などだ。

まとめてみると、観光客の活動は、おみくじと祈り、買い物、そして、和服体験だけで、結構少ないと思われる。浅草寺の宝蔵門、本堂、二天門に触れた評価が非常に少ない。おみくじは中国にもあることだし、和服体験は観光客が基本的に美を追求し、写真を撮るために行うことである。日本文化への理解の促進には、以上の活動も役立つが、より効果的な方法があるのではないかと思われる。これについては、第3章「現状と提言」で詳しく述べることにしたい。

## 2-3　感情分析

感情分析はテキスト分類の応用として著名な分野の一つである。感情分析とは与えられた文章に対して、その文章の極性（肯定的か否定的か）を付与するものである[8]。本研究はROST CM6で感情分析を行う。ROST CM6は評価の感情値を判断する。感情がポジティブなものであれば、感情値が正数になり、感情がニュートラルなものであれば、感情値が0になり、感情がネガティブなものであれば、感情値が負数になる。感情値の絶対値が大きければ大きいほど、感情が強い。

**表2**が示している通り、浅草寺に対する中国人観光客の満足度は高い。旅行後、ポジティブな感情を含む評価は85.37%（980箇条）に達している。そ

のうち、高度なポジティブ感情を含むものは312箇条（27.18%）あり、中等なポジティブ感情を含むものは322箇条（28.05%）、そして低度なポジティブ感情を含むものは346箇条（30.14%）ある。ニュートラルな感情を含む評価は全体の6.27%（72箇条）を占める。ネガティブな感情を表した評価は全体の8.36%（96箇条）で、そのうち低度なネガティブ感情を含むものは75箇条（6.53%）、中等なネガティブ感情を含むものは13箇条（1.14%）である。すなわち、否定的な態度を持つ観光客は10%にも達していない。その理由を探っていけば、ポジティブなもの、あるいはニュートラルな感情に転換させることが出来るかもしれない。

表2　感情分析の結果

| 感情 | 評価数（箇条） | 割合（%） | 感情値 | 評価数（箇条） | 割合（%） |
|---|---|---|---|---|---|
| ポジティブ | 980 | 85.37 | 高度（20以上） | 312 | 27.18 |
| | | | 中等（10～20） | 322 | 28.05 |
| | | | 低度（0～10） | 346 | 30.14 |
| ニュートラル | 72 | 6.27 | | | |
| ネガティブ | 96 | 8.36 | 低度（0～－10） | 75 | 6.53 |
| | | | 中等（－20～－10） | 13 | 1.14 |
| | | | 高度（－20以下） | 0 | 0.00 |

出所：筆者作成

ネガティブな感情を含む評価は2種類に分けられる。第1の種類は、歴史的かつ文化的期待が満足できないことを理由に、不満を言った人の評価だ。例えば、「正直に言うと、予め情報を入手して理解しないと、長年の文化を実感できませんでしたよ。旅行中、私は、浅草寺のことがよく分からなくて、ウロウロしちゃって、浅草寺の歴史って全然知りませんでした」という評価があり、「有名なところに来るだけでした。食べ物の街にも興味を持っていないし、宗教と文化に対しても共感がないから、もう行きませんよ」という評価もある。このような問題に対して、いくつかの解決案がある。解決案については、第3章で述べることにしたい。

第2に、人が溢れていることへの文句が挙げられる。中国人観光客がたくさんいると言及した評価が多くある。そして、浅草寺の隣にある浅草神社に訪れる人が少ないという評価もある。上述のように、2019年に日本を訪れた中国人観光客は900万人を超えたので、有名な観光地に中国人が多くいるのは当然のことだろう。このような現状を踏まえれば、新たな観光地を開発し、そこに観光客を誘致するのは、よい解決案だと思われる。

# 三、現状と提言

## 3-1 現状

以上の調査と分析から、中国人観光客の訪れる主要な場所は雷門と仲見世だと分かった。宝蔵門や本堂や二天門などに触れたものはほとんどない。和服体験や籤引きや買い物が主要な活動だ。そして、85%以上の中国人観光客は浅草寺に対して、ポジティブな感情を持っている。理由として、美しい風景、便利な交通手段、美味しい食べ物や清潔な環境が挙げられる。不満の理由として、歴史と文化への理解が足りないことと、人が溢れていることがある。以上の分析を踏まえ、日本の歴史的観光地の発展について提言したい。

## 3-2 提言

これから4つのことを提言する。第1点と第2点の提言は、文化交流という視点からのもので、相互理解の促進を目指すものだ。第3点は、文化交流だけでなく経済とも関係のあるものだ。第4点は、旅行業の視点からの提言である。

### 3-2-1 浅草寺をより詳しく紹介すること

観光客は雷門と仲見世を中心に観光するが、この2つのところの歴史についてよく知っていない。本堂や石橋などの場所について、歴史どころか、旅行後、どんな様子だったかさえ覚えていない人もいる。浅草寺の歴史と文化をうまく理解できないことは、文化に興味を持つ観光客を満喫させられないだけでなく、両国の文化交流をも妨げる。

では、なぜこのような現状になったのだろうか。旅行前、中国人観光客が中国のネットで浅草寺の情報を探しても、理解しやすい情報を入手することができないことが、その要因の1つだと思われる。バイドゥ（Baidu）という中国最大の検索エンジンで「浅草寺」を探すと、最初に出るのは「百度百科」である。「百度百科」は百度が公開したオンライン百科事典で、多くの人がこれを使って「浅草寺」の歴史を知ろうとするのだろう。だが、「百度百科」[9]に掲載された情報は書き言葉で書かれたもので、面白くない。それだけではなく、その紹介は非常に簡単なもので、写真も少ない。例えば、二天門について、「重要文化財」とだけ書いてある。それに対し、日本語のウィキペディア[10]には、227文字の紹介文があるだけでなく、「二天門」の写真も載せている。しかし、日本語のできない中国人が多くいるし、中国人にとって、中国語版ウィキペディアは普段閲覧不可である。論文などの学術的なものを除いて、ネットで浅草寺の歴史を知るのは簡単なことではない。

このような現状を踏まえ、以下の3つのことを提言する。第1は、「百度百科」の情報を補充することだ。「百度百科」は誰でも編輯できるものだから、法律に違反しない限り、補充することができる。第2に、もしできれば、中国の旅行会社と連携し、中国語の紹介ビデオを出したら、とても役に立つと思われる。第3に、歴史的観光地の近くの民宿やホテルで、中国語の紹介ハンドブックを販売したり、歴史的観光地に音声紹介サービスを提供したりすることなどが挙げられる。

### 3-2-2　記念品を詳しく紹介すること

評価の中で、人形焼きやすき焼などの食べ物の名称はあるが、記念品の名称は殆どない。記念品を買っても、ただ見た目のために買っただけで、その中に潜んでいる文化についてよく知らないようだ。中国語の説明文があれば、日本文化へのさらなる理解に非常に役立つと思われる。

### 3-2-3　旅行会社がサービスの多様化に取り組むこと

中国人観光客には、美を追求する人もいれば、文化と歴史を知ろうとする人もいる。美を追求する人はより多くの時間を割いて写真を撮ったり、和服を体験したりしようとするが、文化と歴史を知ろうとする人は出来るだけ歴史などを聞こうとする。だから、目的の違う観光客に、それぞれアレンジされたサービス提供することは、満足度を向上させるよい方法だと思われる。

### 3-2-4　新しい観光地を開発すること

新しい観光地を開発することは、経済のさらなる発展に繋がるだけでなく、有名な観光地の混雑を減少させることで、観光客の満足度の向上にも役立つかもしれない。例えば、評価には「浅草神社が浅草寺の側にあると気づきました。でも人が少ないね」というものや、「浅草神社が浅草寺の側にあるが、人気のある浅草寺と比べると、人が少なく、静かなところですね。建物は美しいです。素朴な感じがします」という評価がある。つまり、そんなに有名なところでなくても、中国人観光客は興味を持っている。日本には観光客がたくさん行くが、その中には人の少ないところに行きたいとか、ちょっと無名なところの雰囲気が好きだという人も少なくない。新しい観光地の開発は、よい解決案だと思われる。

## おわりに

本研究では、浅草寺を例として、歴史的観光地に対する中国人観光客の考え方を考察した。シートリップから収集した1148箇条の評価をテキストとして、単語の出現回数と意味論ネットワークを考察し、感情分析を行った。その結論として、中国人観光客の訪れる主要な場所が雷門と仲見世で、宝蔵門や本堂や二天門などに言及した評価がほとんどないということ、観光客が主に和服体験や籤引きや買い物をするということ、そして、85%以上の中国人観光客は浅草寺に対して、ポジティブな感情を持っていることなどが挙げられる。

そして、歴史と文化への理解が足りず、人が溢れているという不満の理由を踏まえ、4つのことを提案した。それは、浅草寺をより詳しく紹介すること、記念品についても詳しく紹介すること、旅行会社がサービスの多様化に取り組むこと、そして新しい観光地を開発することだ。そうすることによって、経済活動をより活発にし、観光客の満足度を向上させ、中日両国の相互理解を促進することが期待できると思われる。

本研究においては、中国人観光客の立場から考察を行って、彼らの声と考え方を日本の方々に伝えようと考えたが、日本の歴史的観光地で現場の調査はしていないので、提案には不十分なところがあると思う。今後の課題にしたい。

**参考文献**

シートリップ「浅草寺」 https://you.ctrip.com/sight/tokyo294/13243.html

日本政府観光局（JNTO）「国籍/月別 訪日外客数（2003年〜2020年）」 https://you.ctrip.com/sight/tokyo294/13243.html

孔令建「ネット通信販売における価値共創モデルに関する一研究」Strategic Management Journal、2020年

池田光穂「意味論ネットワーク」 htttps://www.cscd.osaka-u.ac.jp/user/rosaldo/061205sema.html

西本慎之介、能地宏、松本裕治「データ拡張による感情分析のアスペクト推定」言語処理学会第23回年次大会発表論文集、2017年

百度百科「浅草寺」 https://baike.baidu.com/item/浅草寺/1860497?fr=aladdin

ウィキペディア「浅草寺」 https://ja.wikipedia.org/wiki/浅草寺

---

1　シートリップ「浅草寺」https://you.ctrip.com/sight/tokyo294/13243.html

2　孔令建「ネット通信販売における価値共創モデルに関する一研究　Strategic Management Journal、2020年

3　Octoparseは、インターネット上にある情報の中から、必要なデータを欲しい形で自動収集（Webクローリング）するWebクローラーである（日本語版のウェブサイトhttps://www.octoparse.jp/Productを参照）。中国語版のウェブサイトはhttps://www.bazhuayu.com。

4　ROST Content Mining System。清華大学の沈陽教授によって開発された。

5　「打卡地」とは、趣味やインスタ映えのために、訪れる有名な観光スポット。

6　ROST CM6で分析するため、ExcelファイルをTXTファイルに変換する必要がある。

7　池田光穂「意味論ネットワーク」 https://www.cscd.osaka-u.ac.jp/user/rosaldo/061205sema.html

8　西本慎之介、能地宏、松本裕治「データ拡張による感情分析のアスペクト推定」言語処理学会第23回年次大会、発表論文集、2017年

9　百度百科「浅草寺」 https://baike.baidu.com/item/浅草寺/1860497?fr=aladdin

10　ウィキペディア「浅草寺」https://ja.wikipedia.org/wiki/浅草寺

# 日中関係学会主催「第9回宮本賞（学生懸賞論文）」募集要項

2020年6月

日中関係学会では以下の要領で、「第9回宮本賞(学生懸賞論文)」の論文募集を行います。若い世代の皆さんが日本と中国ないし東アジアの関係に強い関心を持ち、よりよい関係の構築のために大きな力を発揮していただきたい。また日中関係学会の諸活動に積極的にご参加いただき、この地域の世論をリードしていってもらいたい。宮本賞はそのための人材発掘・育成を目的とし、2012年からスタートしました。

論文のテーマは日中の政治、経済、文化など幅広い分野を対象としています。専門性の高い研究論文ももちろん歓迎しますが、それだけに限りません。実践報告や体験談をレポート形式でまとめていただいても構いません。オリジナリティがあり、これからの日中関係について明確なメッセージを持った論文・レポートを期待しています。

応募は「学部生の部」と「大学院生の部」に分かれており、審査によってそれぞれの部から最優秀賞1本、優秀賞若干本を選びます。また応募者多数の場合には、特別賞（若干本）をそれぞれに設けます。最優秀賞には副賞として10万日本円、優秀賞には3万日本円、特別賞には5000日本円（図書券）をそれぞれ贈呈します。また受賞者論文集を日本僑報社から発刊予定です。

昨年の第8回宮本賞には、「学部生の部」に54本、「大学院生の部」に33本、合計87本の過去最多の応募がありました。この中から「学部生の部」では最優秀賞1本、優秀賞3本、特別賞4本を選びました。また、「大学院生の部」では、優秀賞3本、特別賞3本を選びました。

このほか、受賞者全員に日中関係学会への入会資格が与えられます（大学院を含め、卒業まで年会費無料）。また、中国国内の各大学から応募し、受賞した方の中から、特に優れた3～4名を東京で開催の受賞者表彰式・若者シンポジウムに招待します（3月後半に開催予定。航空運賃など交通費・宿泊費は学会が負担）。

新型コロナの流行は大学の授業にも様々な影響を与えていると思いますが、むしろ自宅学習の増えたこの機会を利用して、宮本賞への応募にチャレンジされてはいかがでしょうか。皆さん、奮ってご応募ください！

（宮本賞の詳細はhttp://www.mmjp.or.jp/nichu-kankei/を参照）

## 第9回宮本賞
## 推薦・指導いただいた主な団体・各大学の先生・過去受賞の皆様

### 諸団体

日本華人教授会議（代表：熊達雲）、NPO中国留学生交流支援・立志会（理事長：王紅）、九州中国研究会（会長：田中旬一）、日中交流研究所（所長：段躍中）、日本科学協会（会長：高橋正征）

### 日本の大学

阿古智子（東京大学大学院教授）、王敏（前法政大学教授）、柿沼亮介（早稲田大学高等学院教諭）、郝燕書（明治大学教授）、菅野真一郎（東京国際大学特任教授）、川村範行（名古屋外国語大学特任教授）、刈間文俊（東京大学名誉教授）、郝仁平（東洋大学教授）、金群（早稲田大学教授）、黄磷（神戸大学教授）、朱建榮（東洋学園大学教授）、周瑋生（立命館大学教授）、高久保豊（日本大学教授）、高原明生（東京大学教授）、張兵（山梨県立大学教授）、露口洋介（帝京大学教授）、唐亮（早稲田大学教授）、范云涛（亜細亜大学教授）、寶劔久俊（関西学院大学教授）、真家陽一（名古屋外国語大学教授）、藪内正樹（敬愛大学経済学部中国ビジネス総合研究所）、結城佐織（アメリカ・カナダ大学連合日本研究センター講師）、熊達雲（山梨学院大学教授）、兪敏浩（名古屋商科大学准教授）、劉永鴿（東洋大学経営学部教授）

### 中国の大学

袁志海（西安外国語大学准教授）、王奕紅（南京大学教授）、王忻（杭州師範大学教授）、王建英（華東師範大学教授）、王書瑋（北京科技大学教授）、王静波（浙江工業大学講師）、郭挙昆（重慶師範大学教授）、郭連友（北京外国語大学教授）、夏晶（武漢大学准教授）、賈臨宇（浙江工商大学准教授）、姜弘（北京師範大学外文学院日文系准教授）、邢永鳳（山東大学教授）、高潔（上海外国語大学教授）、黄育紅（華東理工大学准教授）、孔繁志（首都師範大学教授）、呉英傑（対外経済貿易大学外語学院准教授）、呉春燕（広東工業大学外国語学部准教授）、呉少華（西安外国語大学教授）、胡鳴（浙江省旅游職業学院教授）、呉琳（西安交通大学外国語学院日語系専任講師）、蔡建国（同済大学教授）、謝秦（上海外国語大学准教授）、肖霞（山東大学教授）、肖平（浙江工商大学教授）、蒋芳婧（天津外国語大学高級翻訳院准教授）、盛文忠（上海外国語大学教授）、銭昕怡（中国人民大学准教授）、孫偉（首都師範大学准教授）、宋剛（北京外国語大学准教授）、孫若聖（東華大学准教授）、湯伊心（海南師範大学講師）、張艶萍（西北大学教授）、張彦麗（北京外国語大学日本学研究センター准教授）、張建（上海外国語大学教授）、張厚泉（東華大学教授）、張平（四川大学准教授）、沈海涛

（吉林大学国際政治研究所教授）、陳毅立（同済大学准教授）、陳雪（華東理工大学講師）、陳多友（広東外語外貿大学教授）、丁紅衛（北京外国語大学北京日本学研究センター准教授）、程莉（武漢大学講師）、竇心浩（上海外国語大学教授）、鄧超群（湖南大学助教）、任川海（上海外国語大学准教授）、馬永平（西南民族大学教授）、潘蕾（北京外国語大学北京日本学研究センター准教授）、毋育新（西安外国語大学教授）、彭曦（南京大学准教授）、葉琳（南京大学教授）、李静（瀋陽師範学院講師）、李東軍（蘇州大学教授）、劉芳（大連外国語大学准教授）、呂雷寧（上海財経大学准教授）

**過去受賞者**

江暉（中山大学外国語学院准教授、第2回最優秀賞）、方淑芬（日本大学、第4回最優秀賞）、張鴻鵬（信陽師範学院教授、第4回優秀賞）、勾宇威（中国人民大学、第5回特別賞）、陳星竹（北京大学、第6回特別賞）、朱杭珈（一橋大学、第6回特別賞）、王羽晴（中山大学、第7回最優秀賞）、邱吉（関西大学、第7回優秀賞）、李嫣然（南京大学、第7回優秀賞）

## 第9回宮本賞　審査委員会・実行委員会メンバー

**審査委員会**

審査委員長：宮本雄二（元駐中国大使、日中関係学会会長）

審査委員（学部生の部）：大久保勲（福山大学名誉教授、日中関係学会顧問）、杉本勝則（元参議院法制局法制主幹、日中関係学会理事、アジア・ユーラシア総合研究所研究員）、露口洋介（帝京大学経済学部教授、日本銀行初代北京事務所長、日中関係学会評議員）、林千野（双日株式会社海外業務部中国デスクリーダー、日中関係学会副会長）、藤村幸義（拓殖大学名誉教授、日中関係学会監事）、村山義久（時事総合研究所客員研究員、日中関係学会評議員）

審査委員（大学院生の部）：安井三吉（神戸大学名誉教授、神戸華僑歴史博物館館長（代行）、孫文記念館名誉館長、日中関係学会理事）、加藤青延（NHK解説委員、日中関係学会副会長）、国吉澄夫（元東芝中国室長、日中関係学会副会長）、高山勇一（元現代文化研究所常務取締役、日中関係学会理事）、村上太輝夫（朝日新聞オピニオン編集部解説面編集長、日中関係学会理事）、吉田明（前清華大学外国語学部日本語教員、元朝日新聞記者、日中関係学会会員）

**実行委員会**

委員長：林千野

副委員長：国吉澄夫、村上太輝夫、川村範行、伊藤正一

委員：内田葉子、高山勇一、三村守、方淑芬、朱杭珈、江越眞、藤村幸義

## これまでの主な応募大学一覧　（あいうえお順）

### 中国大陸の大学

●青島大学（山東）　●青島濱海学院（山東）　●煙台大学（山東）　●外交学院（北京）　●華東師範大学（上海）　●華東理工大学（上海）　●華南師範大学（広東）　●広東外国語外貿大学（広東）　●広東工業大学（広東）　●広東財経大学（広東）　●曲阜師範大学（山東）　●吉林大学（吉林）　●吉林華僑外国語学院（吉林）　●杭州師範大学（浙江）　●江西理工大学（広西）　●湖南大学（湖南）　●湖南師範大学（湖南）　●三江大学（江蘇）　●山東大学（山東）　●山東財経大学（山東）　●四川軽化工業大学（四川）　●上海外国語大学（上海）　●上海海事大学（上海）　●上海交通大学（上海）　●上海財経大学（上海）　●上海師範大学（上海）　●上海商学院（上海）　●重慶師範大学（重慶）　●首都師範大学（北京）　●瀋陽工業大学（遼寧）　●信陽師範学院（河南）　●西安外国語大学（陝西）　●西安交通大学（陝西）　●清華大学（北京）●西南大学（重慶）●西南民族大学（四川）　●西北大学（陝西）　●浙江工業大学（浙江）　●浙江工商大学（浙江）　●蘇州大学（江蘇）●対外経済貿易大学（北京）　●大連外国語大学（遼寧）　●大連民族大学（遼寧）●中国江南大学（江蘇）　●中国人民大学（北京）　●中国政法大学（北京）　●中山大学（広東）●中南大学（湖南）　●天津外国語大学（天津）●天津師範大学（天津）　●東華大学（上海）　●同済大学（上海）　●南開大学（天津）●南京大学（江蘇）　●南京工業大学（江蘇）　●南京師範大学（江蘇）　●南通大学（江蘇）●武漢大学（湖北）　●复旦大学（上海）　●北京大学（北京）　●北京外国語大学（北京）　●北京科技大学（北京）　●北京師範大学（北京）　●北京第二外国語学院（北京）　●北京理工大学（北京）　●遼寧師範大学（遼寧）

### 日本国内の大学

●愛知大学　●愛知県立大学　●青山学院大学　●亜細亜大学　●アメリカ・カナダ大学連合日本学研究センター　●大阪大学　●桜美林大学　●神奈川大学●関西大学　●関東学院大学　●関西外国語大学　●京都大学　●京都外国語大学　●杏林大学　●慶応義塾大学　●神戸大学　●静岡県立大学　●大東文化大学　●拓殖大学　●東京大学　●東京外国語大学　●東京学芸大学　●東京工業大学　●東京都立大学　●東北大学　●東洋大学　●中央大学　●同志社大学●名古屋大学　●名古屋学院大学　●日本大学　●二松学舎大学　●一橋大学●北海道大学　●明海大学　●明治大学　●名城大学　●明星大学　●山梨県立大学　●横浜国立大学　●立教大学　●立命館大学　●麗澤大学　●早稲田大学

## 第1回宮本賞受賞者（2012年）

### 最優秀賞（1編）

謝宇飛（日本大学大学院商学研究科博士前期課程2年）
アジアの未来と新思考経営理論 ―「中国発企業家精神」に学ぶもの―

### 優秀賞（2編）

宣京哲（神奈川大学大学院経営学研究科博士後期課程修了）
中国における日系企業の企業広報の新展開 ―「期待応答型広報」の提唱と実践に向けて―

馬嘉繁（北海道大学大学院経済学研究科博士後期課程）
中国国有企業における民主的人事考課の実相 ―遼寧省における国有銀行の事例分析―

### 奨励賞（3編）

周曙光（法政大学大学院人文科学研究科修士課程2年）
清末日本留学と辛亥革命 ―留学ブームの成因及び辛亥革命への影響の一考察―

長谷亮介（法政大学大学院人文科学研究科博士後期課程1年）
現状において日中関係を阻害する要因の考察と両国の将来についての展望

山本美智子（中国・清華大学国際関係学研究科修士課程）
日中国交正常化以降の両国間の経済貿易関係
―日中経済貿易関係に影響を与える政治要因を分析する―

### 努力賞（1編）

沈道静（拓殖大学国際学部4年）　尖閣問題を乗り越えるには

## 第2回宮本賞受賞者（2013年）

### 最優秀賞（1編）

江暉（東京大学学際情報学府Ⅲ博士課程）　中国人の『外国認識』の現状図
～8ヶ国イメージ比較を通じて日本の位置づけに焦点を当てて

### 優秀賞（3編）

長谷川玲奈（麗澤大学外国語学部4年）
中国人富裕層をターゲットとするメディカルツーリズムの可能性
～亀田総合病院の事例研究を中心に～

周会（青島大学日本語学部3年）　冬来たりなば春遠からじ ―中日関係への体験談―

佐々木亜矢（愛知大学現代中国語学部卒業、中青旅日本株式会社中部営業本部勤務）
華僑・華人のアイデンティティについて ―変化し続けるアイデンティティ―

### 佳作（4編）

鈴木菜々子（明治大学経営学部4年）
中国における日系小売業の企業内教育に関する一考察 ―CIY社の事例より―

劉暁雨（立命館アジア太平洋大学アジア太平洋学部4年）
心の繋がりからみる東アジア平和的な未来

桑建坤（西南大学4年）　中日両国の社訓に関する対照考察

龔奕珑（上海外国語大学研究生部修士課程卒業）
中国市場におけるユニクロの成功要因 ―ブランド構築を中心に―

## 第3回宮本賞受賞者（2014年）

### 最優秀賞（1編）

間瀬有麻奈（愛知県立大学外国語学部中国学科4年）　日中間の多面的な相互理解を求めて

### 優秀賞（6編）

佐々木沙耶（山梨県立大学国際政策学部3年）
日中間における歴史教育の違いに関する一考察

陸小璇（中国人民大学4年）
日本人の『甘え』心理の働き方 ―漫画『ドラえもん』を中心に―

韓静ほか6人（日本大学商学部3年）
日本における外国人学生の就職と大学の支援施策に関する一考察

陳嵩（東京大学大学院学際情報学府博士課程後期課程5年）
尖閣諸島（釣魚島）問題をめぐる反日デモに対する中国民衆の参加意欲
および規定要因に関する所得階層ごとの分析

丁偉偉（同志社大学大学院社会学研究科博士後期課程２年）
日中関係促進とテレビ番組の役割に関する一考察
―中国中央テレビ『岩松が日本を見る』の分析を例に―

王鳳陽（立命館大学・政策科学研究科・D2）
食品安全協力の視点から日中関係の改善を考える

### 佳作（5編）

丸山健太（早稲田大学政治経済学部国際政治経済学科３年、北京大学国際関係学院双学位留学生）
中国における非効率的市場の存続
―売り手の行動に着目したゲーム理論的分析とその原因の考察―

渡辺航平（早稲田大学法学部3年、北京大学国際関係学院）
僕らの日中友好@北京活動報告レポート

耿小蘅（中国人民大学日本語学科13年卒業）
日本メディアの中国進出についての研究
―『朝日新聞中文網』の中国報道記事を中心に―

王暁健さん（中国人民大学国際関係学院外交学系大学院1年）
中日協力の視点から見る東アジア経済一体化の可能策

張鶴達（神戸大学大学院法学研究科国際関係論研究生）
日本の対中政策における支援と抑止 －長期的戦略と短期的目標－

## 第4回宮本賞受賞者（2015年）

### 最優秀賞（1編）

方淑芬（日本大学商学部3年）、董星（同4年）、関野憲（同3年）、
陳文君（同3年）、小泉裕梨絵（同2年）、姜楠（同2年）
日中経済交流の次世代構想　～華人華僑の新しい日本展開を巡って～

**優秀賞（7編）**

幡野佳奈（山梨県立大学国際政策学部4年）
日中映画交流の歴史と意義 ～高倉健の事例を中心に～

倪木強（日本大学商学部3年）、佐藤伸彦（同4年）、
趙宇鑫（同3年）、韓姜美（同3年）、林智英（同2年）
日本企業は中国リスクをどう捉えるか
～中国労働者の権利意識に関するアンケート調査からの示唆～

福井麻友（明治大学経営学部4年）
在中日系企業の中間管理者の確保に関する一考察

張鴻鵬（名城大学法学研究科博士課程後期3年）
陸軍中将遠藤三郎の『非戦平和』思想と日中友好活動

龍蕾（広東外語外貿大学東方言語文化学院日本語言語文化研究科博士課程前期2年）
中国清朝末期における福沢諭吉認識への一考察

堀内弘司（早稲田大学アジア太平洋研究科博士課程2015年3月修了）
中国在住の日本人ビジネスパーソンらの異文化社会適応のアスペクト
―Swidlerの『道具箱としての文化』の理論を援用した考察―

胡優（立命館大学大学院政策科学研究科博士課程前期2年）
日中韓三国の排出権取引制度のリンクについて

**佳作（5編）**

西野浩尉（明治大学経営学部4年）
日中企業の評価制度比較と企業経営への影響

艾鑫（北京師範大学外国言語文学学院4年）
戦後国民党対日賠償放棄の出発点についての研究
―蒋介石『以徳報怨』の方針と賠償請求権の放棄をめぐって

盧永妮（北京外国語大学北京日本学研究センター社会コース博士課程前期2年）
21世紀初頭における日本経済界の対中認識について

宋鄧鵬（広東外語外貿大学東方言語文化学院日本語言語文化研究科博士課程前期1年）
中国人の爆買いをめぐる一考察

李書琴（北京外国語大学北京日本学研究センター社会コース博士課程前期2年）
中日関係における国家中心主義及びその衝撃

## 第5回宮本賞受賞者（2016年）

**最優秀賞（2編）**

苑意（東京大学教養学部3年）、李文心（同3年）
日中外交関係の改善における環境協力の役割 ―歴史と展望―

楊湘云（北京第二外国語学院日本語言語文学研究科2015年7月卒業）
21世紀中国における日本文学翻訳の特徴 ～文潔若『春の雪』新旧訳の比較を通して～

**優秀賞（6編）**

高橋豪（早稲田大学法学部3年）
日中関係のカギを握るメディア ―CRI日本語部での経験を交えて―

王嘉龍（北京第二外国語学院日本語学部2016 年7月卒業）
日系企業の中国進出についての文化経営研究 ―ユニクロを例にして―

宮嵜健太（早稲田大学商学部１年）
『草の根』の日中関係の新たな構築 ～農業者、農協の交流を通して～

田中マリア（早稲田大学政治学研究科博士課程後期2016年3月満期退学）
日中関係における競争と協力のメカニズム ～アジア開発銀行（ADB）とアジアインフラ投資銀行（AIIB）の相互作用を事例として～

李坤（南京大学外国語学部博士課程前期２年） 中日におけるパンダ交流の考察

賈玉龍（大阪大学大学院人間科学研究科博士課程後期１年）
草の根からの日中平和 ―紫金草平和運動を中心に―

**特別賞（7 編）**

渡邊進太郎（日本大学商学部3年＝代表）、岡野正吾（同4年）、
河合紗莉亜（同2年）、橋本清汰（同2年）、山口掌（同2年）
ハイアールのネット化戦略を読み解く ―日立、アイリスオーヤマとの比較を中心に―

戴岑仔（上海外国語大学日本文化経済学院4年） 日中における東アジアFTA政策

小泉裕梨絵（日本大学商学部3年＝代表）、原田朋子（同4年）、林智英（同3年）、
池田真也（同3年）、伊東耕（同2年）、仲井真優豪（同2年）
アリババが生む中国的ビジネスイノベーション ―ビジネス・エコシステムの新展開―

岩波直輝（明治大学経営学部4年） 爆買いの衰退から見る日中関係

エバン・ウェルス（アメリカ・カナダ大学連合日本研究センターウィスコンシン大学マディソン校歴史学部博士課程後期3年）
大豆貿易の政治的商品への過程 ―日中の協力と競争をめぐって―

勾宇威（北京師範大学歴史学院博士課程前期1年）
歴史認識と中日の未来 ～歴史に学び、歴史に束縛されないように～

村上昂音（東京外国語大学総合国際学研究科博士課程後期２年）
日中における生活系廃棄物減量化について
～ベストプラクティスに見るゴミを減らすためのソリューション～

## 第6回宮本賞受賞者（2017年）

**最優秀賞（1 編）**

浦道雄大（横浜国立大学経済学部3年） 日中経済とシェアリングエコノミー

**優秀賞（7 編）**

河合紗莉亜（日本大学商学部3年＝代表）、魏英（同3年）、山口掌（同3年）、有田俊稀（同2年）、大平英佑（同2年）、影浦秀一（同2年）、伴場小百合（同2年）、山縣涼香（同2年）、山中舜（同2年）
訪日中国人に伊豆の国市の魅力を伝える ～中国人留学生とのパンフレット作製を通じて～

山本晟太（大阪大学外国語学部4年）
フィールドを通じて深まる日中相互理解と協働関係構築への試み
～雲南省でのフィールドワークを例に～

王婧瀅（清華大学人文学部3年）
中日国民関係の改善におけるメディアの役割 ～落語『死神』からの発想～

張嘉琳（明治大学経営学部4年）
在中国日系企業における現場改善活動に関する一考察

白宇（南京大学外国語学院博士課程前期2年）、坂井華海（九州大学大学院地球社会統合科学府博士課程前期1年）
日本語を専門とする中国人学生の日本語学習動機と習得状況の関係
～蘭州理工大学と南京大学の比較を通して～

徐博晨（東京大学大学院総合文化研究科博士課程後期4年）
北朝鮮核問題におけるアメリカの外交戦略と中国と日本の役割
～強制外交及び安心供与の視点から

陶一然（立命館大学社会学研究科博士課程前期1年）
日中戦争初期における中国世論の影響
～『申報』から見る中国『徹底抗戦』世論の形成と戦争の拡大

## 特別賞（8編）

朱杭珈（中国嘉興学院外国語学院2016年卒）
三ツ星『日中民間交流活動』作り方探索～日中民間交流活動のあり方についての体験談～

長澤成悟（日本大学商学部3年＝代表）、池田真也（同4年）、黄鶯（同3年）、谷口滉（同3年）、金子拓斗（同2年）、結城里菜（同2年）
中国・日本のメイカームーブメントから探るモノづくりの新たな一断面
～衆創空間の深化に着目して～

陳星竹（西安交通大学外国語学部2017年6月卒業）
テキストマイニングに基づく日本外交談話の分析
～外務省記者会見における談話を例として～

趙書心（上海外国語大学日本文化経済学院2017年6月卒業）
太宰治『十二月八日』におけるアイロニー

中島大地（一橋大学大学院言語社会研究科博士課程前期2年）
青年層における日中文化交流の現状と展望
～小説、映画、アニメ、伝統文化、観光の概観を通して～

丹波秀夫（復旦大学外国語学院日語語言文学系博士課程2年）
中国の日本語学科生における学習動機の変遷と教師の役割についての考察
～学習継続プロセスの仮説モデル提起の試み～

周渝陽（武漢大学外国語言文学学院博士課程前期3年）
大正期の総合雑誌における五四運動の捉え方
～1919年の『中央公論』と『太陽』を中心に～

宋暁煜（名古屋大学大学院国際言語文化研究科博士課程後期満期退学）
スペンサーの進化論の翻訳と重訳
～日本語訳『政法哲学』とその二つの中国語訳をめぐって～

# 第7回宮本賞受賞者（2018年）

## 最優秀賞（2編）

王羽晴（中山大学外国語学部日本語学科4年）
新たな時代の中国における日本文化の流行
～時代・国家・企業・メディアと個人からの考察～

李国輝（早稲田大学アジア太平洋研究科博士課程後期4年）
国際緊急援助と災害外交　～四川大震災後における日中の地震外交～

## 優秀賞（5編）

劉崢（南開大学外国語学院日本言語文学科2年）
中日モバイル決済の比較研究

山宮朋美（明治大学経営学部3年＝代表）、荻原菜都子（同3年）、中村悠河（同3年）、阿部アンドレ（同3年）、黄嘉欣（同3年）
アメーバ経営の中国導入の考察

李嫣然（南京大学外国語学部日本語科博士課程前期2年）
中国の日本ブームにおけるセルフメディアの有様と役割
～2014年から2017年にかけて～

邱吉（関西大学東アジア文化研究科博士課程前期2年）
王一亭の日本交友からみた日中関係と今後への模索
～水野梅暁・長尾雨山・山本竟山を中心に～

張姝蕊（遼寧師範大学外国語学部日本語科博士課程前期1年）
日本の文化財保護に関する一考察及び中国への啓発

## 特別賞（7編）

呉沁霖（同済大学外国語学部日本語学科3年）
日中関係と介護サービス

大西達也（明治大学経営学部4年）
なぜ中国ではスタートアップ・ベンチャー企業が育ちやすいのか？

結城里菜（日本大学商学部3年＝代表）、黄鶯（同4年）、有田俊稀（同3年）、李鍾榮（同3年）、加藤司（同3年）、孔繁羽（同3年）、王思鋭（同2年）、武田実沙子（同2年）
ロボットが繋ぐ日中関係
～広がる「中国智造」への波～

邵馨儀（上海外国語大学日本文化経済学院日本語科2018年6月卒業）
翻訳における人工知能の応用と啓示

王継洲（早稲田大学社会科学研究科博士課程後期4年）
蠟山政道の東亜協同体論
～日中戦争を収拾する手段として～

文佰平（大連外国語大学日本語学院日本語言語文学科博士課程前期3年）
「訳文学」理論に基づく日本現代詩歌の中国語訳について
～日本の「三行情書」を中心に～

張鳳煕（武漢大学外国語学院日本語言語研究科2018年6月卒業）
知の越境　～中国新聞学草創期における日本新聞学著作の受容～

# 第8回宮本賞受賞者（2019年）

## 最優秀賞（1編）

鈴木日和（慶應義塾大学法学部政治学科2年）
日本の若年層を中心とする対中世論改善の可能性

## 優秀賞（6編）

辜傲然（上海師範大学外国語学部日本語学科3年）
近代日本のアジア主義とその現代における可能性

査怡彤（東洋大学経済学部国際経済学科3年）
地域創生に着目した日中学生から発信する文化交流事業
～新たな交流でグローバル人材を育成～

橋本紗弥（日本大学商学部3年＝代表）、岩渕晶（同3年）、孔繁羽（同3年）、楊旻昊（同3年）、
川内皓平（同3年）、柴田大成（同3年）、齊藤隆太（同3年）、林冠璇（同3年）
民泊ビジネス飛躍への示唆　～途家（トゥージア）の経営手法に着目して～

劉毅（中山大学外国語学院日本語言語文学研究科博士課程前期２年）、盤大琳（同2年）
中国における2020年東京五輪に関するネット世論の研究
～ウェイボー内容の感情分析に基づき～

楊亜楠（早稲田大学社会科学研究科博士課程後期4年）
中国男女別定年制及びその改正に関する研究
～日本の裁判例による示唆に基づいて～

馬雲雷（北京外国語大学北京日本学研究センター博士課程前期２年）
方正県石碑事件についての一考察

## 特別賞（7編）

向宇（海南師範大学外国語学院日本語専攻2019年6月卒）
日本マンゴー産業のブランド化を例に　～海南マンゴー産業発展の考察～

王潤紅（湖南師範大学外国語学院日本語学部3年）、高慧（同3年）、田原（同3年）
中国における日本映像ファンサブの現状調査

末次礼奈（明治大学経営学部3年＝代表）、森山凌平（同3年）、川辺瑠美（同3年）、
小嶋巴幾（同3年）、王錦濤（同3年）
製造ライン自動化における多能工人材の存在意義を問う
～中国からはじまる自動化～

羅静雯（広東工業大学外国語学院日本語学部4年）
食卓上の精神

周晨曦（上海外国語大学日本文化経済学院日本近現代文学研究科博士課程後期2018年6月卒業）
武田泰淳の「侠女」世界　～『十三妹』論～

韓亦男（南京大学外国語学院日本語比較文学研究科博士課程前期2年）
中国都市ゴミ処理の課題　～日本のゴミ分別に何を学ぶか～

韓梅（華東理工大学外国語学院日本語研究科博士課程前期1年）
ゴミ分別で何が変わる？　～「食品ロス」削減への提案～

■監修　宮本雄二（みやもと ゆうじ）

1969年外務省入省。以降3度にわたりアジア局中国課に籍を置くとともに、北京の在中華人民共和国日本国大使館駐在は3回を数える。90年から91年には中国課長を、2006年から10年まで特命全権大使を務める。このほか、85年から87年には軍縮課長、94年にはアトランタ総領事、01年には軍備管理・科学審議官、02年には駐ミャンマー特命全権大使、04年には沖縄担当大使を歴任。現在は宮本アジア研究所代表、日中友好会館会長代行、日本日中関係学会会長。著書に『これから、中国とどう付き合うか』（日本経済新聞出版社）、『激変ミャンマーを読み解く』（東京書籍）、『習近平の中国』（新潮新書）、『強硬外交を反省する中国』（PHP新書）、『日中の失敗の本質――新時代の中国との付き合い方』（中公新書ラクレ）。

■編者　日本日中関係学会

21世紀の日中関係を考えるオープンフォーラムで、「誰でも参加できる」「自由に発言できる」「中国の幅広い人々と交流していく」をキャッチフレーズに掲げている。主な活動としては、①研究会・シンポジウムを随時開催、②毎年、「宮本賞」学生懸賞論文を募集、③学生を中心とした青年交流部会を開催、④ビジネス実務者による中国ビジネス事情研究会の開催、⑤ホームページ「中国NOW」で、中国の政治・経済などの情報を提供、⑥newsletter（年3回）の発行、などがある。会員は約500名。

若者が考える「日中の未来」vol.7

**中国でドローン産業が育つのはなぜか？**

**—第9回宮本賞受賞論文集—**

2021年4月26日　初版第1刷発行

監　修　宮本雄二（みやもと ゆうじ）

編　者　日本日中関係学会

発行者　段景子

発売所　株式会社日本僑報

〒171-0021 東京都豊島区西池袋3-17-15

TEL03-5956-2808　FAX03-5956-2809

info@duan.jp

http://jp.duan.jp

中国研究書店 http://duan.jp

2021 Printed in Japan.　ISBN978-4-86185-306-7　C0036

# 日本僑報社好評既刊書籍

## 手を携えて 新型肺炎と闘う

**孔鉉佑** 駐日中国大使
「互いに見守り助け合う隣人の道」掲載

人民日報国際部
日中交流研究所 編著

中国が日本や世界と連携し新型肺炎の脅威に立ち向かう。「中国国内」、「中国と世界」、「中国と日本」の3つのテーマから最新情報を紹介！

四六判244頁 並製 定価1900円＋税
2020年刊 ISBN 978-4-86185-297-8

## 中国古典を引用した 習近平主席珠玉のスピーチ集

本書編集委員会 編著
日中翻訳学院 訳

中国中央テレビCCTVの特集番組の書籍版を邦訳。QRコードから習近平主席のスピーチ（生声）やテレビ番組の動画を視聴できる。中国古典の名言や中華文化を学ぶ上でも役立つ一冊。

A5判360頁 並製 定価3600円＋税
2020年刊 ISBN 978-4-86185-291-6

## アジア共同体の構築 ～実践と課題～

山梨学院大学教授 熊達雲 編著

21世紀の今、アジアが最も注目する地域連携構想「アジア共同体（ワンアジア）」。その課題とこれからの行方について、世界で活躍する研究者らの多角的な視点と考察で検証する斬新な一冊。

A5判224頁 並製 定価3600円＋税
2021年刊 ISBN 978-4-86185-307-4

## 日本人70名が 見た 感じた 驚いた 新中国70年の変化と発展

笹川陽平、島田晴雄、近藤昭一、西田実仁、伊佐進一、小島康誉、池谷田鶴子 など70人 著

中国は2019年に成立70周年を迎えた。日本人たちは隣人である中国の変化と発展をどう見ているのか。日本の各界人士70人からのメッセージを収録。

A5判568頁 上製 定価4900円＋税
2019年刊 ISBN 978-4-86185-283-1

## 屠呦呦（ト・ユウユウ） 中国初の女性ノーベル賞受賞科学者

同時にノーベル生理学・医学賞受賞を果たした**大村智**博士推薦！

『屠呦呦伝』編集委員会 著
日中翻訳学院 西岡一人 訳

中国の伝統医薬から画期的なマラリア新薬を生み出し、2015年に中国人の女性として初のノーベル賞受賞を成し遂げた女性研究者の物語。

四六判144頁 並製 定価1800円＋税
2019年刊 ISBN 978-4-86185-218-3

## 二階俊博 全身政治家

石川好 著

当選12回を数える現役衆議院議員、二階俊博。彼はなぜ、年と共に「進化」と「深化」を続けられるのか。その「全身政治家」の本質と人となりに鋭く迫る最新版本格評伝。

四六判312頁 上製 定価2200円＋税
2017年刊 ISBN 978-4-86185-251-0

## 中国人ブロガー22人の「ありのまま」体験記 来た！見た！感じた!! ナゾの国 おどろきの国 でも気になる国日本

中国人気ブロガー招へいプロジェクトチーム 編著

誤解も偏見も一見にしかず！SNS大国・中国から来日したブロガーがネットユーザーに発信した「100％体験済み」の日本論。

A5判208頁 並製 定価2400円＋税
2017年刊 ISBN 978-4-86185-189-6

## 新装版 「ことづくりの国」日本へ そのための「喜怒哀楽」世界地図

俳優・旅人 **関口知宏** 著

NHK「中国鉄道大紀行」で知られる著者が、世界を旅してわかった日本の目指すべき指針とは「ことづくり」だった！ 人の気質要素をそれぞれの国に当てはめてみる「『喜怒哀楽』世界地図」持論を展開。

四六判248頁 並製 定価1800円＋税
2018年刊 ISBN 978-4-86185-266-4

## 病院で困らないための日中英対訳 医学実用辞典

**推薦** 公衆衛生学専門家、ジョンズ·ホプキンス大学学士会終身会員、岡山大学医学部名誉教授 **青山英康先生**
国際看護師協会元会長 **南裕子先生**

海外留学·出張時に安心、医療従事者必携! 指さし会話集&医学用語辞典。本書は初版から根強い人気を誇るロングセラー。すべて日本語・英語・中国語(ピンインつき)対応。豊富な文例・用語を収録。

松本洋子 編著　2014年刊　A5判312頁 並製　ISBN 978-4-86185-153-7　定価2500円+税

## 日中文化DNA解読
### 心理文化の深層構造の視点から

**北京大学教授 尚会鵬 著　日本女子大学教授 谷中信一 訳**

中国人と日本人の違いとは何なのか?　経済や政治など時代によって移り変わる表層ではなく、文化の根本部分、すなわち文化のDNAに着目しそれを解読する。文化学者としての客観的な視点と豊富な知識から日本人と中国人の文化を解説。昨今の皮相な日本論、中国論とは一線を画す名著。

2016年刊　四六判250頁 並製　ISBN 978-4-86185-225-1　定価2600円+税

日中翻訳学院の
授業内容を凝縮!

**日中中日翻訳必携**
**シリーズ好評発売中!**

### 日中中日翻訳必携 実戦編Ⅱ
**脱・翻訳調を目指す訳文のコツ**

武吉次朗 著

ワンランク上の訳文に仕上げるコツを全36回の課題と訳例・講評で学ぶ。プロ翻訳者を目指す方に役立つ必携テキスト。

四六判192頁 並製　定価1800円+税
2016年刊　ISBN 978-4-86185-211-4

### 日中中日翻訳必携 基礎編
**翻訳の達人が軽妙に明かすノウハウ**

武吉次朗 著

古川 裕(中国語教育学会会長·大阪大学教授)推薦のロングセラー。著者の四十年にわたる通訳·翻訳歴と講座主宰及び大学での教授の経験をまとめた労作。

四六判177頁 並製　定価1800円+税
2021年4刷　ISBN 978-4-86185-055-4

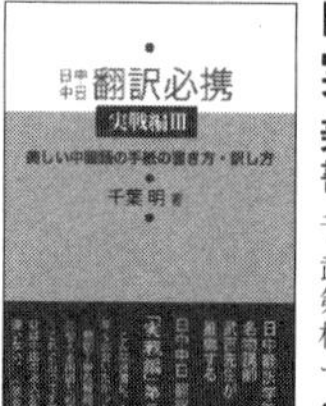


### 日中中日翻訳必携 実戦編Ⅲ
**美しい中国語の手紙の書き方・訳し方**

千葉明 著

武吉次朗先生が推薦する『実戦編』第三弾!　中国語手紙の構造を分析して日本人向けに再構成し、テーマ別に役に立つフレーズを厳選。

A5判202頁 並製　定価1900円+税
2017年刊　ISBN 978-4-86185-249-7

### 日中中日翻訳必携 実戦編
**よりよい訳文のテクニック**

武吉次朗 著

実戦的な翻訳のエッセンスを課題と訳例・講評で学ぶ。より良い訳文づくりのためのヒントが満載された一冊。

四六判177頁 並製　定価1800円+税
2014年刊　ISBN 978-4-86185-160-5

### 日中中日翻訳必携 実戦編Ⅳ
**こなれた訳文に仕上げるコツ**

武吉次朗 編著

「解説編」「例文編」「体験談」の各項目に分かれ、豊かな知識と経験に裏打ちされた講評に加え、翻訳者デビューした受講者たちの率直な感想を伝える。

四六判176頁 並製　定価1800円+税
2018年刊　ISBN 978-4-86185-259-6

# 中国政治経済史論

胡鞍鋼……著　日中翻訳学院本書翻訳チーム……訳

大反響!!

## 毎日新聞書評　評者橋爪大三郎氏

## 毛沢東時代

毎日新聞　2018年1月14日(日)

橋爪　大三郎　評

### 中国政治経済史論　毛沢東時代（1949～1976）

胡鞍鋼著（日本僑報社・1万7280円）

### データで明らかにする新中国の骨格

アメリカを抜く、世界最大の経済に迫る中国。その波乱の現代史を、指導者らの実像を織り込んで構成する大作だ。ぶ厚い二巻本の前半、毛沢東時代の部分が今回訳出された。

著者・胡鞍鋼教授は、中国指折りの経済学者。文化大革命時に東北の農村で七年間の辛酸をなめ、入試が復活するや猛勉強で理工系大学に合格。その後経済学も独学でマスターし、認められて米国に留学、帰国後は清華大学のシンクタンク「国情研究中心」を舞台に、膨大な著書や提言を発表し続けている。

中国の経済は政治と不可分である。それを熟知する著者は、党や政府の幹部に向けた政策レポートを書き続けるうち、政治との密接不可分な関係を検証する「歴史」研究こそ経済の本質に届くのだと思い定める。そこで、文化大革命がどういう原因で生じ、どれだけ災厄をもたらしたか、また改革開放がいかに可能となり、どれだけ成長をもたらしたかを、政府統計や党の文書を精査して洗い出した。信頼すべきデータと方法に基づき新中国の政治経済史の骨格を明らかにする、本格的業績だ。

文化大革命の前奏曲が、大躍進だった。経済を理解しない毛沢東がソ連と張り合って、十五年で英米に追いつくとぶち上げた。党中央は熱に浮かされた。ノルマは下級に伝えられるたび膨らみ、無能と思われないための水増し報告が積み上がった。大豊作、大増産の一人歩きだ。人民公社の食堂の食べ放題も輪をかけた。大飢饉が始まり、餓死者は一千五百万人に達した。劉少奇は人民公社を手直しし、家族に責任を持たせて生産をテコ入れした。大躍進の責任を追及された毛沢東は深く恨み、劉少奇の打倒を決意する。資本主義復活を企む実権派と戦う、共産党内の階級闘争が始まった。

≪毛沢東個人の意見が全党で可決した決議とぶつかった時には前者が優先され、指導者個人が党を凌駕し始めた≫。党が正しいルールに戻る機会が何度かあったが空しかった。文化大革命で劉少奇が命を失い、鄧小平が打倒され、林彪が失脚し、多くの党員が悲惨な運命に見舞われた。この異様な党のあり方を深刻に反省した鄧小平は、のちに改革開放で党の何をどう変えるかの骨格を頭に刻んだ。

毛沢東時代をどう評価すべきか。≪一九五二～一九七八年の間に工業総生産額は一七倍に増加し、年平均成長率は一一・三%≫だった。実際この時期の成長は目覚ましかった。が、大躍進と文化大革命がダメージを与えた。胡教授の推計によると、長期潜在成長率約九%に対し≪一九五七～一九七八年が五・四%≫で≪政策決定の誤りによる経済損失は、経済成長率の三分の一～四分の一に相当する≫、という。このほか、教育機会を奪われた人材の喪失や人心の荒廃、社会秩序の混乱も深刻だ。

毛沢東の失政をもたらしたのは体制の欠陥だと著者は言う。指導者の終身制。党規約の空文化。≪「文化大革命」は鄧小平が改革開放を始めた直接的動機であり、政治的・社会的安定を保つことができた根本的要因でもあった≫。文革の災厄から、人びとは教訓を学んだのだ。

毛沢東の歴史的評価は中国では、現在でも「敏感」な問題である。胡教授は公平に、客観的・科学的に、この問題を追い詰める。動乱の渦中で青年期を過ごした経験と、経済学者としての見識に基づき、党関係の膨大な資料を読み抜いた本書は、待望の中国の自己認識の書だ。日本語訳文も正確で読みやすい。中国関連の必須図書として、全国のなるべく多くの図書館に一冊ずつ備えてもらいたい。

（日中翻訳学院　本書翻訳チーム訳）

16000円＋税　ISBN 978-4-86185-221-3

## 鄧小平時代

毎日新聞　2019年8月25日(日)

### 中国政治経済史論　鄧小平時代

胡鞍鋼著、日中翻訳学院本書翻訳チーム訳（日本僑報社・1万9440円）

鄧小平の改革開放が、現代中国の基盤をつくった。この世界史的な出来事を、中国経済の第一人者が豊富なデータを駆使して論じ切る。

著者は一九五三年生まれ。農村にやられて苦労し、独学で大学入試に合格。経済学を学んでアメリカに留学し、帰国後は清華大学で政策科学を講じている。本書は前著『毛沢東時代』に続く第二巻。清華大学での人気講義が元になっている。翻訳で七〇〇頁を超える大作だ。

本書で印象的なのは、改革開放を決めた十一期三中全会から「八九」政治動乱（天安門事件のこと）に至る約一〇年間の中国経済の軌跡を、党の文献や基本データを駆使して描き切っていること。次書に予定される『江沢民時代』と三冊で、現代中国を理解するための必読文献だ。

本書は個々の指導者にも、踏み込んだコメントを加える。華国鋒は誠実で率直。趙紫陽は彼に及ばない。八六年の学生運動を前に、胡耀邦は政治的に未熟だった。趙紫陽は八九年、判断を誤り事態を悪化させた。のように、敏感な問題も多いので、中国語版は書店で入手できない。図書館はぜひ本書を揃えて、日本の読者に提供してもらいたい。（橋）

18000円＋税　ISBN 978-4-86185-264-0

# 日本僑報社好評既刊書籍

**中国で最も権威性のあるチャイナ・パブリッシング・ブルーブック 初邦訳！**

## 中国デジタル出版産業 Vol.1

張立ほか 編著　日中翻訳学院 監訳
日中翻訳学院 田中京碁・西岡一人 訳

中国デジタル出版産業の動向を中心に、各分野のデジタル化や標準化、著作権保護、産業育成製作など、中国政府系出版シンクタンクが調査した公的データと、それに基づいた気鋭の専門家による多角的な分析。

A5判484頁 並製　定価8800円＋税
2020年刊　ISBN 978-4-86185-275-6

## 中国アニメ・漫画・ゲーム産業 Vol.1

魏玉山ほか 編著　日中翻訳学院 監訳
日中翻訳学院 大久保健・佐々木惠司 訳

世界に台頭しつつある中国アニメ・漫画・ゲーム産業。モバイル普及の波に乗り、今や一大産業および一大市場へと発展しつつある実態を中国政府系出版シンクタンクが調査した公的データに基づき分析。

A5判408頁 並製　定価7700円＋税
2020年刊　ISBN 978-4-86185-272-5

---

## 中国人の苦楽観
### その理想と処世術

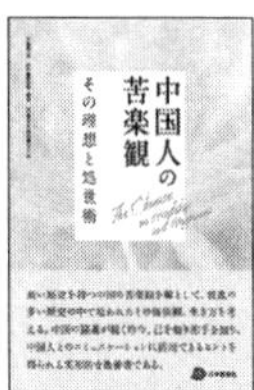


李振鋼 著　日中翻訳学院 監訳
日中翻訳学院 福田櫻など 訳

中国人の苦とは何か、喜びとは何か。長い歴史を持つ中国史上の名士たちの生き様と苦楽観を軸に中国文化を概観する。中国人とのコミュニケーションのヒントを得られる実用的な教養書。

四六判184頁 並製　定価2800円＋税
2020年刊　ISBN 978-4-86185-298-5

## 愛蔵版 中国人の食文化ガイド
### 心と身体の免疫力を高める秘訣

熊四智 著　日中翻訳学院 監訳
日中翻訳学院 山本美那子 訳・イラスト

"料理の鉄人"
陳建一氏 推薦!!

読売新聞書評掲載
（2021/1/24）

第5位
Amazonベストセラー〈中国の地理・地域研究〉（2020/12/2）

四六判384頁 並製
定価3600円＋税
2020年刊　ISBN 978-4-86185-300-5

---

第3回「忘れられない中国滞在エピソード」受賞作品集

## 中国産の現場を訪ねて

衆議院議員 海江田万里、
参議院議員 矢倉克夫、
池松俊哉など82人 著
段躍中 編

第7位
Amazonベストセラー〈中国の地理・地域研究〉（2020/12/1）

中国に行ったことのある全ての日本人を対象にしたコンクールの受賞作品集。最優秀賞・中国大使賞の「百聞は一見に如かず」ほか82編の受賞作を収録。

A5判328頁 並製　定価2600円＋税
2020年刊　ISBN 978-4-86185-304-3

第16回中国人の日本語作文コンクール受賞作品集

## コロナと闘った中国人たち
### 日本の支援に「ありがとう！」伝える若者からの生の声

段躍中 編

日本語を学ぶ中国人学生による第16回日本語作文コンクール受賞作81本を収録。新型肺炎との闘いと未来への希望を綴る中国の若者たちの「生の声」からは、日中関係の明るい未来への希望が感じ取れる。

A5判276頁 並製　定価2000円＋税
2020年刊　ISBN 978-4-86185-305-0

---

日中語学対照研究シリーズ

## 中日対照言語学概論
### —その発想と表現—

大東文化大学名誉教授 高橋弥守彦 著

中日両言語は、語順や文型、単語など、いったいなぜこうも表現形式に違いがあるのか。
現代中国語文法学と中日対照文法学を専門とする高橋弥守彦教授が、最新の研究成果をまとめ、中日両言語の違いをわかりやすく解き明かす。

A5判256頁 並製　定価3600円＋税
2017年刊　ISBN 978-4-86185-240-4

## 「阿Q正伝」の作品研究

冉秀 著

村上林造 放送大学客員教授・博士 推薦

——本書は『阿Q正伝』研究に新しい知見を付け加えるのに成功しており、その学問的意義は明確であるといえる。

A5判208頁 上製　定価6800円＋税
2019年刊　ISBN 978-4-86185-281-7